中央民族大学"985" "211"工程项目成果
中央民族大学管理学文库

数字时代的企业信息管理

理论与案例

Enterprise Information Management in the Digital Aga

Theory&Cases

郭捷◆编著

中央民族大学出版社
China Minzu University Press

图书在版编目（CIP）数据

数字时代的企业信息管理：理论与案例/郭捷编著．—北京：中央民族大学出版社，2013.11

ISBN 978－7－5660－0573－1

Ⅰ．①数…　Ⅱ．①郭…　Ⅲ．①企业管理—信息管理—高等学校—教材
Ⅳ．①F270.7

中国版本图书馆 CIP 数据核字（2013）第 278352 号

数字时代的企业信息管理：理论与案例

编　　著　郭　捷
责任编辑　杨爱新
封面设计　范　凡
出 版 者　中央民族大学出版社
　　　　　北京市海淀区中关村南大街 27 号　邮编：100081
　　　　　电话：68472815(发行部)　传真:68932751(发行部)
　　　　　　　　68932218(总编室)　　　68932447(办公室)
发 行 者　全国各地新华书店
印 刷 厂　北京华正印刷有限公司
开　　本　787×1092（毫米）　1/16　印张：13.25
字　　数　275 千字
版　　次　2014 年 11 月第 1 版　2014 年 11 月第 1 次印刷
书　　号　ISBN 978－7－5660－0573－1
定　　价　33.00 元

总 序

中央民族大学管理学院从2002年12月组建至今已逾十载，现在已发展成为横跨管理学和法学两大学科门类，设有九个本科专业、十四个硕士学位（含两个专业学位）点、两个博士学位点的综合性管理学院。伴随着这种进步与成长，学校的管理学科也从无到有，逐渐成长壮大，初步形成了以研究民族地区管理问题为中心的特色，对促进少数民族地区社会发展产生了积极影响。

要使这种正面效应长期稳定地发展下去，需要借助多种途径，搭建多个平台，让研究者有展示成果的渠道，也使社会有了解我们的窗口。基于这种认识，为了激发广大教师研究民族地区管理问题的热情与坚持，深化和拓展大家的科研意识，增强全院教师教书育人、追求真理的历史使命感，在探索和碰撞中产生新的思想、培养科学精神、形成新的理论，进而推动学科的发展，我们决定资助出版“中央民族大学管理学文库”，探索建立适合中国少数民族地区管理研究的模式。

从学科建设的角度看，国内外的经验表明，高校是科学研究和培养人才的重要基地，学科的综合实力体现了学校的水平，是社会评价和认识学校的重要指标。世界上一流大学无不有若干学科居于国际前列。建设和完善特色鲜明的管理学科，不仅是管理学院发展所需，也是学校总体学科建设的重要组成部分。建设优秀的师资队伍是学科建设的根本所在，积极开展和促进国际、国内的学术交流，出版学术书刊，为研究者开辟成果展示窗口，有利于形成浓郁的学术氛围，提升学科的科研水平，是支持和培育师资的一个重要方式。

策划和出版我院研究成果是酝酿已久的事情。早在五年以前，我们就在“学生论文大赛”“青年学者论丛”“博士文库”等几个方面做了尝试，并取得了初步成果，积累了一定的经验。以此为基础，为了便于管理、统一格式规范，从整体上提高著作成果的质量，协调研究内容，我们将把得到院内资助的出版成果统称为“中央民族大学管理学文库”。

需要说明的是，目前的出版资助成果是以学院已有的学科为基础形成的，在内容上涵盖了公共管理、工商管理、政治学等几大门类，这些成果或是以研究者的教学为基础提炼形成的教材，或是以研究者的科研课题为基础产生的独立成果，或者是两者兼具。但不论如何，都直接或间接地服务于教学，促进了我院整体教学水平的提升，发挥了科研带动教学水平提高的作用。随着学术研究的深化，会有一些新兴学科出现，相应的，我们的教学和科研也会有新的调整，资助出版的成果也要顺应这种变化。高等教育不仅要教书育人，也要不断寻找新的学科生长点，努力创新和追踪知识发展，这样才能使教学和学科建设充满生机。

学科建设的载体是科学研究，关键是梯队建设，特别是学科带头人的培养。要想在当前竞争激烈的环境中求得生存、赢得发展，确立自身的地位，就需要形成特色鲜明的学科，选择能在国内外产生重大影响或独辟蹊径的研究方向。中央民族大学所肩负的历史使命，要求我们学院从管理学的角度为国家培养人才，为党和政府建言献策，促进社会的和谐有序发展。民族地区的特殊环境、我们所担负的特殊使命，为我们发展特色学科提供了独特的条件。

管理是一种人与人交往的活动，需要以尊重彼此的文化风俗习惯为基础，在相互作用中形成合力、发挥作用。民族在本质上是一个文化共同体，相互之间的差别主要在于信仰、价值观与生活习惯的独特性。如何将现代管理学理论应用于特定的文化环境，解决具体的问题，是目前管理学研究需要化解的困境。本丛书即以研究普遍性管理学理论的特殊化应用为着力点。

回顾十余载的发展历程，我们清晰地认识到学院学科的发展脉络：必须立足于少数民族地区、必须深入实地了解具体情况、必须着眼并服务于党和国家的工作大局，为国家统一、民族团结进步发挥智库功能。管理学讲求效率，我们要积极为国家在资源配置、公平价值建设等方面发挥应有的作用。

学术的发展需要长时间的积累，是一个前赴后继的承继过程。我们建设“管理学文库”，就是要倡导传承学院已有的文化，弘扬开拓精神，激发广大教师对教育、科研事业的热爱、投入，增强其自身的使命意识。我们编纂的这套“管理学文库”，从不同角度、以不同形式探寻了民族地区管理学的应用特征，分析其演化源流，揭示了理论适用的条件，弥补、充实了已有认识的不足。

这套丛书不论形式、文体如何，要向社会传递的信息是：少数民族地区的管理问题是中国管理学的有机组成部分，与我们的国情紧紧相连，它亟须得到开拓、深化，以适应、引领不断发展变化的建设实践。

我们积累今天，是为了丰富未来。“日出江花红胜火，春来江水绿如蓝”，管理学科在中国的发展正值一个百花齐放、春意盎然的时节。“春山磔磔鸣春禽，此间不可无我吟”。中央民族大学的管理学研究虽然起步较晚，但发展势头强劲，特色优势明显。我们广大教学科研人员对知识、真理孜孜以求，对民族地区管理学的发展前景充满了期待，坚信通过大家的共同努力，会在教书育人、学科发展、社会建设等方面发挥积极效应。

在这套丛书出版之际，谨以此为序，作为对研究者的希冀和对社会的郑重承诺！真诚希望广大读者提出宝贵意见和建议。

李俊清

2013 年 11 月

序

信息技术和信息系统对企业来讲，是一把双刃剑，在提高企业的核心竞争力，创造更多的战略机会的同时，也可能面临“信息化黑洞”。大量实证研究和统计分析表明，企业信息系统管理成功的关键是社会因素或非技术因素。在数字化的今天，企业信息系统的管理者和使用者，更需要了解企业信息资源开发与利用对管理和决策的重要性，从而领会企业信息系统在企业管理和决策中的作用；了解企业信息化建设中应具有的信息技术基础知识，熟悉企业中各类信息系统的结构和功能；学会理解或表达信息系统用户的需求，企业信息系统建设和管理中的组织结构和流程分析；更关键的是要深刻领会企业信息化建设成功因素，熟悉处理企业信息化建设和管理中出现的各种问题；了解如何化解信息技术和信息系统在企业管理中双刃剑的矛盾以及如何结合本企业的实际，运用典型的系统类型来构建自己的系统模式等。

本书重点围绕用户和管理者在企业信息系统建设，应用和管理中的应具备的知识体系，来阐述企业信息系统的基本理论、基础技术，基本原理及典型应用。全书分 3 篇 9 章：第 1 篇章基础知识与技术，包括信息与信息系统，计算机网络技术，信息处理与数据资源管理；第 2 篇章是企业信息系统的应用，介绍几种典型的企业信息系统的应用，包括电子商务，企业资源规划，客户关系管理，供应链管理；第 3 篇章，主要介绍企业信息系统建设与管理，企业信息系统安全。

本书从学科的发展和教学的实际需求出发，每章后面都附上丰富的经典案例，为读者提供充分体现互联网技术的最新应用和未来发展趋势，涉及新型商业模式、大数据营销、客户关系管理、信息系统安全管理等方面的 18 个案例情景，以及相关的各种信息系统管理决策活动、从管理视角对企业信息和信息系统的理论和技术，对企业信息系统建设和应用中的问题通过案例，生动再现，适合用作高等学校经管类各专业平台课程和信息管理与信息系统、电子商务等专业教材或参考资料，也适合相关管理人员使用。

本书是中央民族大学 985 工程项目建设成果。本书在编写过程中，参考和引用了部分国内外专家、学者的研究成果和文献资料，在此对这些资料的作者一并表示诚挚的谢意。本书的顺利出版，得到了中央民族大学管理学院的各位领导和同事的关心和指导，中央民族大学出版社杨爱新女士的大力支持，以及中央民族大学工商管理专业的部分学生的帮助，在此，对他们的辛勤付出致以衷心的感谢。由于水平有限，加上时间仓促，错误和不足之处在所难免，恳请读者批评指正。

目　　录

第一章　信息与企业信息系统

新生在入学报到时可能碰到过这样的场景：长时间来回穿梭在学校的一个又一个办公室，排队办理入学方面的手续，如学院新生报到、银行支付学费、宿舍楼入住、各种卡的办理、课程选择等。当有问题需要解决时，可能得到简单的回答，或被告知这个问题必须找其他人来解决，等等。但幸运的学生也碰到这样的场景：完全可以在一小时内完成所有入学报到手续，包括在线缴费、注册、选课、学号获取、校园一卡通办理、网络在线咨询等，整个过程便捷、快速、准确。

第一节　数据、信息与知识

一、信息的定义

人类自古就对信息（Information）有一定的认识，“信息”一词作为科学的概念，是随着信息技术飞速发展，在通信理论中以专门术语的方式被提出来的。信息论的奠基人申农（C. E. Shannon）将信息定义为“用来消除不确定性的东西”，即具有消除不确定性的功能的东西称之为信息。而控制论的创始人维纳在《控制论——动物和机器中的通信与控制问题》中指出，“信息是人们在适应外部世界，并使这种适应反作用于外部的过程中，同外界进行互相交换的内容的名称”。计算机科学家则认为信息是电子线路中传输的信号，物理学家视信息为熵。

自20世纪以来，信息从来没有像现在这样对人类组织产生如此广泛、深入、持久的影响。在管理学研究和企业管理实践中，经济管理方面的学者认为，信息是对组织的管理决策和实现管理目标具有参考价值的有效数据。但在使用信息这个概念时，其具体内容有时指的是消息，有时指的是数据，有时指的是知识。

一般来说，数据是一组表示数量、行动和目标的非随机的可鉴别的符号。这些符号是对客观事物的性质、状态以及相互关系等进行的记载。如生产进度表、学生学号、产品合格率等。这些符号不仅包括数字，而且包括字符、文字、图形等，如描述5个人可以用5、五、伍、正、101（二进制）、five、☆、条形码等形式。

从企业信息管理的角度，本书将信息定义为：信息是经过加工后对接收者的行为能产生影响、对接收者决策具有价值的可通信的数据。

首先，信息来源于数据。数据是将客观事物记录下来的可以识别的符号。这些符号的形式可以是数字、字符、图形等。数据经过处理和解释后才能成为信息。如行驶的汽车中里程表上的数据不是信息，只有当司机看了里程表后作了加速或减速的决定，那个数据才是信息。再如，股票价格是用来表示客观事实的，对于不炒股的人来说，这些数字只是一些简单的符号，所以它只是数据。发票和单据对会计人员来说，是原始数据。当会计人员按照一定的规定和处理顺序对它们进行加工，形成各种不同需求的账目和报表时，它们才能用来提供各种信息。

其次，信息是可以通信的。由于人们通过感觉器官获得的信息相当有限，大量的信息需要通过信息的传输工具获得，如信息系统。消息是传递过程中的信息。如果传递的信息全面而准确，则消息就是真实的；如果传递的信息片面或错误，则消息就是虚假的。消息的真假还与传递的媒介有关，信息在传递媒介中失真也会导致消息的不真实。

最后，信息对接收者的决策具有价值。管理者的重要决策与及时信息的获取、应用是分不开的。人们经历过“数据丰富，信息贫乏”的尴尬，在大型数据库中快速增添着海量数据，但存储了大量数据的数据库变成了“数据坟墓”，就是因为没能很好地将这些海量数据处理转变成信息。实际上，不同的人对同一个数据可能会有不同的解释，从而得到不同的信息来做出不同的决策。对数据解释的正确与否取决于对数据来源的认知程度。

某种程度上，信息和数据相互联系又相互区别。

（一）信息和数据都是对客观事实的反映

数据是物理的反映，而信息是抽象的反映。例如，要对产品加工这一运动过程进行描述，可以采用绘制工序图、拍照片、录像、写文字说明和报告等手段来反映。所得到的图表、图片、说明书、报告等为数据，而关于“该产品的加工技术”这一抽象认识则是信息。

（二）信息是数据内在逻辑关系的体现

如果将数据比喻为原料，信息则是产品。同一数据，因每个人对其解释的差异，其对决策的影响也可能不同。如派车单对司机来说可能是信息，而对公司副总经理来说只是数据。一个系统输出的信息可能成为另一个系统的输入数据。如原始凭证经过会计分录后输入到记账凭证，对于输入过程来说，原始凭证是数据，记账凭证是信息。当将记账凭证按一级科目或明细科目汇总到总账或明细账时，对汇总过程来说，记账凭证是数据，总账或明细则为信息。

（三）数据是信息的符号表示，或称载体，而信息是数据的内涵，是数据的语义解释

数据是信息存在的一种形式，只有通过解释或处理才能成为有用的信息。数据可用形式的不同表示，而信息不会随数据形式的不同而改变。例如，某一时间段的CPI就是一个信息，它不会因为这个信息的描述形式是数据、图表或语言等形式而改变。

与信息相关的另一个概率是知识。一般来讲，知识是指以某种方式把一个或多个信息关联在一起的信息结构，是客观世界规律性的总结。

二、数据、信息和知识的关系

在某些不需要严格区分的场合，也可以把三者不加区别地使用，例如数据源可以说成信息源，信息处理也可以说成数据处理。

1998年，世界银行推出了《1998年世界发展报告——知识促进发展》，对数据、信息和知识之间的区别进行了阐述，报告指出：数据是未经组织的数字、词语、声音、图像等；信息是以有意义的形式加以排列和处理的数据（有意义的数据）；知识是用于生产的信息（有意义的信息），信息经过加工处理、应用于生产，才能转变为知识。

从一个简单的"购物筐"的例子可以看出数据、信息、知识以及智慧的关联。一个杂货店收集和存储了有关顾客购物的交易数据，包括了如下数据元素：货物名称、数量、价格、日期等，这些数据元素个体本身没有任何的实际意义，但这些数据元素都处于一定的上下文结构中，它们在这种结构中就提供了信息，比如某种货物在某个时间以什么样的价格销售出多少，通过货物的数量和价格能够计算出货物的销售额等等。对以上数据所提供的信息进行分析，利用数据分析与挖掘工具从信息中发现关联、分类、趋势等规则，比如对杂货店的存储信息按照某种模式进行分析，可以发现尿布和啤酒的销售受到时间周期的影响，而谷物、面包等则保持稳定的销售态势。在企业制定销售策略时，这种趋势将引起重视。或者通过关联规则分析可以得出一条结论：买尿布的顾客通常有一半时候也买啤酒。对数据和信息进行类似的规则和模式探索，企业便获得了宝贵的知识。比如根据上述规则，企业采取相应的销售策略，把尿布与啤酒摆放位置拉近，或者举办相应的促销活动，提高两者的销售额。

数据、信息及知识是处于一个平面上的三元关系，分别从语法、语义以及效用三个层面反映了人们的认知深化的过程，即信息是基于数据进行上下文解释和分析

得到的有规律的数据，知识则是在信息基础上进行行为解释而得到的有价值的信息。三者之间的关系如图 1－1 所示。

图 1－1　数据、信息、知识关系图

三、信息的特征

（一）客观性

客观性是信息的第一属性。事实是信息的中心价值，不符合事实的信息不仅没有价值，而且可能价值为负，既害别人，也害自己。信息必须真实、准确，必须如实地反映客观实际。而破坏信息的客观性在实际管理中是普遍存在的，如粉饰财务报表、散布谣言、谎报销售量等。维护信息的客观性，也就是维护信息的真实性、准确性、精确性。

（二）时效性

信息的时效性是指从信息源发送信息，经过接受、加工、传递，到利用的时间间隔对信息价值的影响。时间间隔太长，信息可能已经失去作用。时间间隔越短，信息使用越及时，使用程度越高，则时效性越强。有些信息的时效性特别强，例如期货价格和天气预报信息等。

（三）不完全性

客观事物的无限复杂与动态变化，决定了信息的不完全性。信息的完全性只能是相对的，而其不完全性则是绝对的。因此，在信息处理的过程中，要在信息不完全的情况下，以各种可能的方法，进行分析和判断，舍弃无用的和次要的信息，才能正确使用信息，从而提供比较合理的信息服务与支持。

（四）可压缩性

利用图形、摘要、模型等可以对信息进行压缩、集中、概括和综合，而不失去信息的本质。在压缩的过程中，可以舍弃一些不重要的或无用的干扰信息和冗余信息等。现代社会产生的信息数量成倍增长，增加了信息传输、存储和接收的困难。通过信息的压缩，排除其中的冗余信息，可以提高信息存储、传输和利用的效率。

（五）可共享性

从信息的固有性质来说，信息是可以共享的。如一个企业采购原材料的信息，既可传递给生产部门，也可传递给财务部门和销售部门，使企业的许多相关部门都掌握原材料的供应情况。严格地说，只有实现企业信息的共享，信息才能真正成为企业的资源。

信息共享是非零和的，一方告诉另一方一个消息，并不会使告之方失去对该消息的记忆。共享性使信息的供给具有无穷大的规模效应，具有巨大的经济价值。信息的分享不会造成直接的损失，但有时也会造成间接的损失。如共享信息可能提高员工的士气，也可能会导致员工士气的低落。另外，信息产品的消费具有非排他性，一个人的消费并不能排除别人的消费，如软件、音乐、文学作品都具有相同的性质。因此，创作新诗、编写程序、开发新产品的思想经常处于被无偿占用的威胁之中。

（六）可传输性

信息可以传输，并且其传输成本远远低于物质和能源的传输。利用现代通信设备和先进的传输形式，可以对各种形式的信息进行传输。信息的传递存在两面性，一方面，信息的可传输性加快了资源的交流，加快了社会的变化；另一方面，可能造成信息的贬值。

（七）增殖性

信息是经过加工并对生产经营活动产生影响的数据，是由劳动创造的，是一种资源，因而是有价值的。索取一份经济情报或者利用大型数据库查阅文献所支出的费用是信息价值的部分体现。信息是自增殖积累，越用越多，在量变的基础上可能产生质变，在积累的基础上可能产生飞跃。比如天气预报的信息，预报期过后，对指导生产生活就不再有用，但可以用来和各年同时期的天气比较，总结变化规律，验证模型。信息的增殖性和再生性，使我们可以从信息废品中提炼有用信息。同时，信息产品不能等值交换，如 1KB 的信息与另 1KB 的信息不存在等值关系。比如，嵌入式操作系统的核心代码只有 2KB 但价值连城；连篇累牍的会议文章、垃圾新闻却没有任何价值。

（八）资源性

信息具有稀缺性，因而也是一种资源。信息资源因以非物质形态存在，被称为非物质资源或无形资源。信息资源对组织的管理、控制和决策有重要的支持作用，它是信息社会的一种战略性资源，具有独特的经济价值。

（九）扩散性

扩散是信息的本质。信息通过各种渠道向各个方向扩散，信息的密度越高，信息源和接收者之间的梯度越大，则扩散的速度越快，扩散的面越广。越离奇的消息、越耸人听闻的新闻，其传播速度越快，扩散的面越广。信息的扩散可能带来正面或负面的影响，正面的影响有利于加速知识的传播，负面的影响可能造成混乱和恐慌。如通过远程网络电视会议，企业更多的人可以更方便地参与会议，提升会议效率；而如果通过网络传播虚假和有损身心健康的信息，则会对社会造成危害。

（十）等级性

管理系统是分等级的（如公司级、工厂级、车间级等），处在不同级别的管理者有不同的职责，处理的决策类型不同，需要的信息也不一样。因此，信息也是分级的。通常把管理信息分为以下 3 级：

1. 战略级

战略级信息是关系到企业长远发展战略和目标的信息，涉及企业的目标、为达到这一目标所必需的资源水平和种类，以及确定获得资源、使用资源和处理资源等指导方针等进行决策的信息，如产品投产、停产、新厂厂址选择、开拓新市场等与决策相关的信息。制定战略要大量地获取来自外部的信息，管理部门往往把外部信息和内部信息结合起来进行预测。

2. 策略级

战术级信息是与企业运营管理相关的信息，如月度计划生产状况、供应状况、产品成本信息。管理人员通过对资源利用情况的掌握，将实际结果与计划相比较，从而了解是否达到预定目标，并采取必要措施更有效地利用资源。策略级信息一般来自所属各部门，并跨越于各部门之间。

3. 执行级

执行级信息是与企业业务处理相关的信息，如职工考勤情况、设备运行状况信息等。它与组织日常活动有关，并用以保证切实完成具体任务。

不同等级的信息在信息来源、信息使用寿命、保密程度、加工方法、使用的频率、信息的精度等方面有所不同，如图 1－2 所示。

信息可以从不同的角度划分为多种类型。按照管理层次可分为战略信息、策略信息和执行信息；按加工的深度可以分为一次信息、二次信息和三次信息；按应用领域可以分为科技信息、经济信息、管理信息；按表现形式可以分为数字信息、图像信息和声音信息等。

信息还有其他方面的特征，如生产信息的固定成本很高，边际成本却很低。微软公司开发 Windows 操作系统以及其他系统软件，投资数亿美元，而制作一张光盘的成本不足一美元。这些都丰富了信息的内涵。

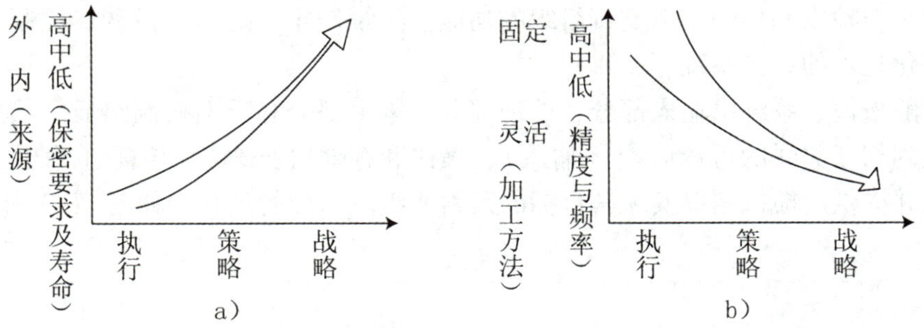

图 1－2　不同层次信息的属性比较

第二节　企业信息与信息系统

一、企业信息

企业信息是产生于企业内部或应用于企业部分的信息，是企业管理工作中企业内外人员之间传递的反映企业管理活动和管理对象的状态、特征和反映企业目标、需求、行为等方面的信息。

企业活动中形成的文件、报表、档案、单据等是企业信息的物化表现形式。企业信息是企业管理活动的基础和核心，有利于系统目标的设立。同时，企业信息也是组织和控制管理活动的重要手段，是联系各个管理环节的纽带，对系统目标实现过程进行有效控制。并且，企业信息是提高企业管理效益的关键，它能使管理者对组织资源做出合理安排。

系统是由若干个相互联系、相互制约的要素构成的具有特定的目标、功能和结构的有机整体。可以说，处处是系统，事事是系统。系统具有整体性，系统由相互关联、相互依存和相互制约的部件组成，一个系统要生存和具有活力就必须适应环境的变化，并随环境的变化而动态变化。

企业信息系统有很多要素，人、财、原料、能源这些都是资源信息，企业目标就是为社会提供一定的产品和服务，取得经济效益。而企业是由各个要素组合而成的，企业本身就是一个系统。与其说系统是一种具体对象，还不如说它是一种研究事物的方法。

二、信息系统

信息系统是指由人、硬件、软件和数据源组成的，对信息进行采集、处理、存储、管理、检索和传输，以支持组织的功能、决策制定、通信、协调、控制、分析与可视化显示的人机系统。

一般来说，系统由输入部分、处理部分、输出部分和反馈机制组成。信息系统是一系列相互关联的可以收集（输入）、操作和存储（处理）、传播（输出）数据和信息并提供反馈机制以实现其目标的元素或组成部分的集合，如图 1－3 所示。

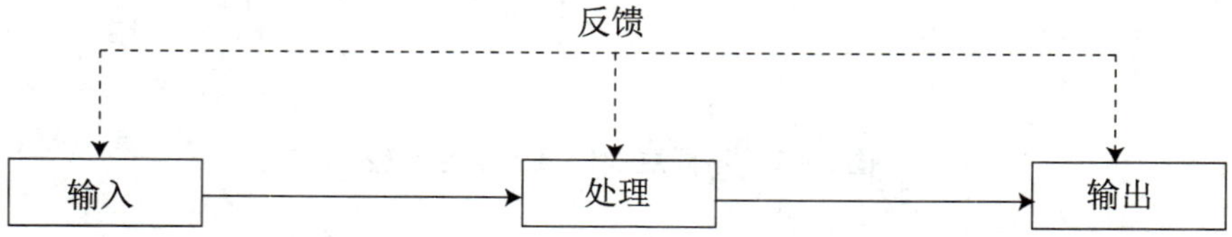

图 1－3　信息系统的组成

三、信息系统类型

根据组织内部系统使用的不同组织层次，信息系统可划分为以下 4 种：操作层（作业层）、知识层、管理层（控制层）和战略层。

操作层信息系统支持日常管理人员对基本经营活动和交易进行跟踪和记录，如销售、接收、现金、工资、原材料进出、劳动等数据。系统的主要任务是记录日常交易活动、解决日常规范问题，如销售系统中今天销售多少、库存多少等基本问题；如业务处理系统（TPS）。

知识层信息系统用来支持知识和数据工作人员工作，帮助公司整理和提炼有用信息和知识，减少对纸张的依赖，提高信息处理的效率和效用。如销售统计人员统计和分析销售情况，供上级进行管理和决策使用，解决的主要是结构化问题，如办公自动化（OAS）、知识工作系统（KWS）等。

管理层信息系统是用来为中层经理的监督、控制、决策以及管理活动提供服务的，管理层提供的是中期报告而不是即时报告，主要用来管理业务进行如何、存在什么问题等，以充分发挥组织内部效用，主要解决半结构化问题；如管理信息系统（MIS）、决策支持系统（DSS）等。

战略管理层信息系统主要关注外部环境和企业内部规划的长期发展方向，关注现有组织能力能否适应外部环境变化，以及企业的长期发展和行业发展趋势问题，通常是非结构化系统，如高级经理支持系统（ESS）等。

按信息系统在组织中的位置来划分，可分为组织内的信息系统，如生产管理信息系统、财务管理信息系统、人力资源管理信息系统、销售管理信息系统等，以及组织间的信息系统，如供应链管理信息系统、客户关系信息系统、企业资源计划系统（ERP）和广义的电子商务等。

各类信息系统在开发和应用的时间上有先后，在信息处理技术水平和对管理者的支持能力和层次上有差距，呈现不断深化和扩展的趋势。表 1－1 从管理和信息等级层次的角度，分析几种不同的信息系统所支持的组织职能层次、主要使用者以及其信息输入、信息处理、信息输出等方面的不同特点。

表 1－1 不同的信息系统特征比较

系统类型	职能层次	主要使用者	信息输入	信息处理	信息输出
高级经理支持系统（ESS）	战略层	高级经理	汇集数据，包括内部的、外部的，以外部为主	图形、模拟、对话	预测、数据挖掘、查询响应
决策支持系统（DSS）	控制层	专业人员、部门经理	少量数据、分析模型	对话、模拟、分析	专项报告、决策分析、查询响应
管理信息系统（MIS）	控制层	中层经理	汇总交易数据、大量数据、简单模型	常规报告、简单模型、低级分析	总结报告、异常报告
专家系统和经理支持系统（ISS）	知识层	专业人员、技术人员	设计说明、知识库	建模、模拟	模型、图形、解决方案
办公自动化系统（OAS）	知识层	文员	文件、日程安排	文档、计划、通信	文件、日程表、信函
业务处理系统（TPS）	作业层	作业人员、监控人员	处理事件	分类、列表、合并、更新	详细报告、清单、汇总

（一）业务处理系统（TPS）

业务是完成某种工作任务的手续的集合。例如，在银行完成一个客户的存取款，在理发店理完一个人的头发，在学校完成一次学生选课，企业接受一笔订货等。业务处理系统（TPS）就是处理这些业务的系统，是用来处理大量例行业务的循环作业系统。它记录每天常规的商务活动必需的事务，例如销售订单的录入、工资发放、员工信息的维护与更新等。

TPS 又可称为电子数据处理系统（Electronic Data Processing，EDP），是计算机在管理方面早期应用的最初级形式。这些系统通常是一种分离式单独处理某一项具体业务的系统，如账务处理系统、工资处理系统、库存管理系统、合同管理系统等。各个子系统有自己专有的硬件、软件和数据文件。它们之间一般不交流、不共享某些专用数据库文件，如银行的管理者使用业务处理系统把储蓄和付款业务分别计入和划出银行账户。超市的管理者使用业务处理系统记录销售项目和跟踪库存水平。更普遍的是，许多大型组织的管理者使用业务处理系统来完成诸如工资单准备和发放、旅馆预约、客房账单的处理和供应商付款等任务。

TPS 的主要功能是对企业管理中日常事务所发生的数据进行输入、处理和输出。由于它处理的是较低管理层的、比较结构化的问题，因此处理程序较固定。其主要的操作是排序、列表、更新和生成，使用的运算是简单的加、减、乘、除等。

（二）知识工作系统（KWS）和办公自动化系统（OAS）

知识工作系统（KWS）和办公自动化系统（OAS）都是服务于组织中的知识层的需要的。知识工作系统辅助知识工作者的工作，而办公自动化系统主要辅助数据工作者的工作。

一般来说，知识工作者是指那些拥有较高学历的工作者，如工程师、医生和科学家等。他们的工作内容之一是收集新信息、新知识。如科学或工程设计工作者，可以推动新知识的建立并且确保新知识和新技能与企业结合。

数据工作者一般来说是处理而不是建立信息的，他们主要由秘书、会计、档案管理员或者使用、控制或传递信息的经理们组成。早期的办公自动化系统是信息系统在办公室活动中的应用，它通过支持办公室的协调和交流，提高办公室数据处理人员的劳动效率。办公自动化系统的使用者主要是秘书、会计以及主要处理和传播信息的管理人员。现在，办公自动化系统使不同的地域、不同的职能部门协调工作，如系统可以和顾客、供应商以及其他外部组织交流，并可用作信息和知识流动的交换所。

（三）管理信息系统（MIS）

TPS 主要针对管理中某个具体的事务来帮助处于企业底层的管理人员，减轻处理原始数据的负担，它对数据的处理仅限于状态报告、更新、统计和查询，虽然也生成许多有用的报表，但由于不同的 TPS 之间一般不进行数据交流和共享，因此这些报表对中高层管理人员虽有一定的参考价值，却远远无法满足他们对某个部门或企业整体管理活动的控制、预测、规划和辅助决策的需求。例如，账务 TPS 能完成记账、对账和查询工作，将记账人员从原来烦琐的手工劳动中解放出来。可是，账务 TPS 与市场销售、生产管理、采购业务等没有信息共享，使得管理人员无法充分利用现有的信息资源进行成本核算、利润预测和投资规划。

为此，人们希望能建立一个针对企业各种事务的全面、集成管理的信息系统，这就是管理信息系统（MIS）。MIS 是建立在 TPS 基础之上，运进大量管理方法，实现对企业整体信息的处理，并利用信息进行预测、控制、计划、辅助企业全面管理的信息系统。从 MIS 应用的历史和现状来看，MIS 是一个高度集成化的人机系统，它是企业信息系统中职能明确、体系结构较为稳定、处理技术成熟、应用也最为成功的分支。MIS 的产生和发展与信息技术提供的有力支持是密不可分的。正是因为 20 世纪 60 年代中后期数据库技术、网络技术的产生和迅速发展，才能实现 MIS 的高度集成化，实现信息资源的共享。

（四）决策支持系统（DSS）

决策支持系统（Decision Support System，DSS）是由计算机支持的交互式信息系统。DSS也用在管理层，帮助管理人员做出决策，而这些决策往往是半结构化或非结构化的。它能为决策者提供决策所需要的数据、信息和背景材料，帮助明确决策目标和识别问题，建立或修改决策模型，提供各种备选方案，并对各种方案进行评价和优选，通过人机对话进行分析、比较和判断，为正确决策提供有益的帮助。例如，帮助对为提高生产能力进行投资、开发一项新产品、发动一次新的推广战、进入一个新市场或者进行国际扩张等问题进行决策。管理信息系统能够为管理者组织重要的信息，而决策支持系统则能够赋予管理者建立模型的能力。例如，管理者可以使用决策支持系统帮助他们决定是否提高某个楼盘的销售价格，决策支持系统甚至包括顾客和竞争对手对提高价格如何反应的模型，管理者可以运用这些模型和结果来做决策。

DSS与人工智能、计算机网络技术等结合形成了智能决策支持系统（Intelligent Decision Support System，IDSS）和群体决策支持系统（Group Decision Support System，GDSS）。TPS、MIS和OAS技术在商贸中的应用已发展成为电子商贸系统（Electronic Business Processing System，EBPS）。这种系统以通信网络上的电子数据交换（Electronic Data Interchange，EDI）标准为基础，实现了集订货、发货、运输、报关、保险、商检和银行结算为一体的商贸业务流程，大大方便了商贸业务和进出口贸易。随着Internet的发展，电子商务（Electronic Commerce，EC）应运而生。此外还出现了不少新的概念，诸如总裁信息系统、战略信息系统、计算机集成制造系统和其他基于知识的信息系统等。

（五）高级经理支持系统（ESS）

高级经理支持系统（Executive Support System，ESS）是DSS的高级版本，是DSS功能对高层主管的剪裁。它依靠先进的存取手段，可以存取DSS和MIS数据库中的数据，而且可以存取外界包括市场行情、新的税收规定以及竞争者情况等信息，被设计用来满足高层管理者的需求。ESS的特征之一是用户界面友好，具有很好的图形显示能力和实用的分析能力。许多ESS都采用了简单的下拉式菜单来引导管理者进行决策分析。而且，它们还可能包括很好的图形和其他可视化特点来吸引高层管理者使用。ESS不仅支持主管进行决策，提高效益，而且支持主管日常办公，提高效率。

四、信息化

随着以计算机技术、通信技术、网络技术为代表的现代信息技术的飞速发展，人类社会正从工业时代大步迈进信息时代，“信息化”已经成为一个国家经济和社会发展的关键环节。信息化水平的高低也已经成为衡量一个国家、地区现代化水平的重要标志。1993 年，美国政府针对美国社会信息化发展而率先提出国家信息基础设施 NII（National Information Infrastructure），通常称为信息高速公路，是重振美国经济、增强美国国际竞争力的重大举措。1995 年，西方七国集团讨论建设全球信息基础设施 GII 计划，并提出了建设全球信息社会的目标。之后，日、英、德等发达国家都响应并制定本国的信息化建设计划，发展中国家如韩国、新加坡、巴西、乌拉圭也都加紧制定本国的信息化发展计划。我国从提出“把信息化提高到战略地位上来”到在“十二五”规划中制定信息化发展规划，体现了对信息化战略及其实施的高度重视。2013 年 9 月，工业和信息化部中小企业司副司长许科敏在第十届中国国际中小企业博览会论坛上透露：“未来五年，工信部将从强化信息化专业服务能力和提升中小企业信息化应用能力等方面采取措施，发挥云计算、大数据、移动互联等新一代信息技术和互联网的优势，支持更多中小企业有效运用信息技术和互联网，提高生产经营的效率、效益和信息化应用水平，增强抵御风险的能力和竞争力。”

（一）信息化的内涵

信息化（informatization）是指建立在 IT 产业发展与 IT 在社会经济各部门扩散的基础之上，运用信息技术（IT）改造传统的经济、社会结构的过程（林毅夫，2003）。

信息化包括信息的生产和应用两大方面。信息生产要求发展一系列高新信息技术及产业，既涉及微电子产品、通信器材和设施、计算机软硬件、网络设备的制造等领域，又涉及信息和数据的采集、处理、存储等领域。信息技术在经济领域的应用主要表现在应用信息技术改造和提升农业、工业、服务业等传统产业上。

企业信息化实质上是将企业的生产过程、物料移动、事务处理、现金流动、客户交互等业务过程数字化，通过各种信息系统的加工生成新的信息资源，提供给各层次的人们，以协助他们做出有利于生产要素组合优化的决策，使企业资源合理配置，实现最大的经济效益。信息技术的充分应用，能够帮助企业提高运营效率，降低运营成本。

我国自 2000 年初启动“企业信息化工程”以来，企业运用信息技术，从生产控制智能化向管理信息化转变，从“信息孤岛”向信息共享转变，从技术部门向应用部门拉动转变。企业的信息化投资、信息技术的应用水平及作用于经济的效果、企业信息化的社会支持和服务体系等方面都有很大的改善和提高。

（二）信息化社会

信息化社会的一个主要标志是越来越多的人开始从事与信息有关的工作。20 世纪 60 年代以前的传统产业是生产制造业和流通业，但自信息技术不断发展以来，从事生产制造的人数正在逐年减少，而从事信息工作的人数在飞速增加。据统计，美国大约70%的国民总产值（GNP）和近75%的劳动力都与信息和知识工作有关。很多人已经脱离了传统的社会生产形态，投身于信息处理这种新的社会生产方式中。

信息化社会的标志之二是信息产业化。20世纪后半叶，全世界的生产力呈迅速发展趋势，这就意味着世界各国信息产业在产业中的地位发生了巨大的变化。实际上，近30年来，信息产业一直以高于世界平均经济增长的速度发展，将成为世界第一大产业。

信息化社会的标志之三则是企业信息化，信息技术的发展不仅使得信息得以产业化，同时也使得产业逐渐认识到信息的重要作用，开始致力于对企业有关的内部信息进行管理。在现代企业中，信息已经与人、财、物等资源一样，成为企业的一种基本资源。企业的信息化是对企业中的信息进行系统化、集成化、自动化的过程，也就是对管理信息系统的规划、构筑、运行和管理的过程。

（三）我国“金字工程”概述

加快信息化进程是社会、经济发展到一定程度时的必然要求，已成为促进各国经济和社会发展的大趋势。人大八届四次会议审议通过的《中华人民共和国国民经济和社会发展“九五”计划和2010年远景目标纲要》指出，“国民经济和社会各领域应用现代电子信息取得很大进展，计算机应用在生产、工作和生活中的普及程度有很大提高”。1993年，国家启动了以金卡、金关、金桥、金税为代表的“金”字系列工程。1994年3月，有关专家研讨了“国民经济信息化”和建立“中国信息高速公路”的问题。之后，国家经济信息化联席会议召开了国民经济信息化发展战略高层次研讨会。1996年5月，国务院成立了“国务院信息化工作领导小组”，以加强对全国信息化工作的组织和领导。它的主要任务是制定国家信息化的方针、政策，组织制定国家信息化的发展战略、总体规划，以及协调跨部门、跨地区、关系国民经济和社会发展的国家重大信息工程项目。2002年8月5日，中办发17号文件转发了《国家信息化领导小组关于我国电子政务建设的指导意见》，明确表示，要继续完善已取得初步成效的办公业务资源系统、金关、金税和金融监管（含金卡）4个工程，促进业务协同、资源整合；启动和加快宏观经济管理、金财、金盾、金审、社会保障、金农、金水、金质等8个业务系统工程建设。2002年国务院17号文件之后，我国重新规划的电子政务建设工程重点为“两网一站四库十二金工程”，具体来说，“两网”是指政务内网和政务外网；“一站”是政府门户网站；“四库”即建立人口、法人单位、空间地理和自然资源、宏观经济4个基础数据库；“十二金”则是要重点推进办公业务资源系统等12个业务系统。这12个重点业务系统又可以分为3类：第一类是对加强监管、提高效率和推进公共服务起到核心作用的办公业务资源系统、宏观经济管理系统；第二类是增强政府收入能力、保证公共支出合理性的金税、金关、金财、金融监管（含金卡）、金审5个业务系统；第三类是保障社会秩序、为国民经济和社会发展打下坚实基础的金盾、社会保障、金农、金水、金质5个业务系统。

多年来，我国政务信息化建设取得实质性进展，共设立金盾、金关、金财、金税、金审、金农、金水、金土、金保、金质、金宏等近百个重大信息化工程项目，总投资规模已经超过600亿元，其中中央投资300多亿元。这些重大信息化工程提高了政务部门的行政效率，促进了经济社会发展。例如，金盾工程实施网上抓逃，当年抓获23.8万名逃犯；金审工程使审计部门的工作效率提高了近5倍；金税工程的实施使增值税增收率由61.44%提高到86.26%。“十二五”时期，政府将在4个方面投资建设29个重点工程。

第三节　信息系统与企业竞争优势

一、企业面临的竞争压力

竞争优势是公司通过竞争而获得的长期的利益。建立和维持竞争优势是很复杂的，要识别在什么地方信息系统能提供竞争优势，必须先了解企业与其周围环境的关系。管理理论学家迈克尔·波特曾提出已被广泛认可的五因素模型（见图1-4）。

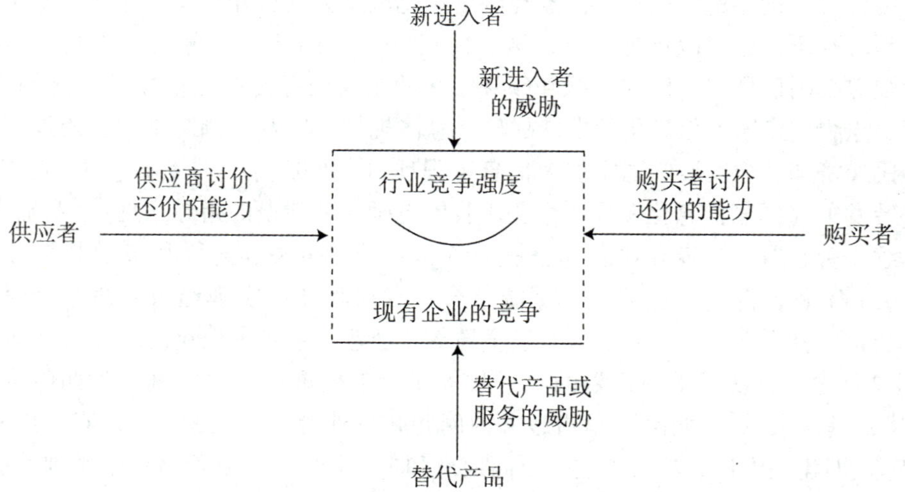

图1-4　竞争分析模型

（一）新进入者

行业的获利性会吸引新进入者进入该行业。这对已处在该行业的企业是极大的威胁。这种威胁的大小取决于进入壁垒的高低和原有企业可能产生的反应，如用大幅度降价的方式进行反击等。商业飞机产业目前只有波音和空客，就是因为进入该行业的壁垒太高。例如空客公司在开发 A380 型飞机上耗资估计在 100～150 亿美元，而波音必须出售 200 多架飞机（将近全球市场份额的 15%）才能补偿其投入的成本。包括日本、韩国等各自政府支持的企业都选择了退出该产业。

（二）替代品

替代品是那些其他产业提供的能满足顾客对原产业产品的需求的产品，它可以以限制一个行业的价格的方式来影响该行业的赢利潜力。例如，一些在线证券经纪公司为投资者提供实时在线服务，费用相当低廉，对传统证券经纪商构成威胁。这些替代品往往是由那些高盈利的行业提供的，表现为一种价格优势，从而限制了企业所在行业的产品价格，抑制了行业的利润水平。例如，即使在某种特殊的情况下铝门窗的供给严重不足，铝门窗的供应厂商也不能漫天要价，否则，消费者就会选用钢门窗、木制门窗或其他材料的门窗代替。

（三）供应商

供应商是向企业及其竞争对手提供为生产特定的产品和服务所需的各种资源的组织机构或个人。其讨价还价能力是指它可能通过提价或降低产品质量来从另一方面提高某一行业的利润率的能力。如在以下这些情况中供应商的讨价还价能力较强：供应者所处的行业为少数企业垄断，但是买家很多；替代产品还未出现；供应者有可能通过后向联合参与其顾客的产业；买家的购货量只占供应者产量的一小部分。例如在个人电脑产业，获利最多的不是 IBM、Dell，而是它们的两个供应商——微软（操作系统）和英特尔（微处理器），因为它们分别在这两个关键领域居于垄断地位。当然，下游企业可以通过减少对特定供应商的依赖来增强其自身讨价还价能力，如沃尔玛不允许任何供应商的供应量超过其总购买量的 3%。

（四）购买方

所有的顾客在购买企业产品的过程中都有可能拥有一种很强的限制力量，就是顾客的采购份额可能占了企业产出的很大一部分；或者因为采购成本占顾客再生产成本比例很高，使顾客倾向于多方询价；或者同类产品差别很小，顾客可以随意选择供货商；再或者顾客购买力有限，对价格十分敏感等。比如全球数以千计的汽车零件供应商都试图将产品卖给为数不多的大汽车制造商，如宝马、通用以及丰田。在下列情况下购买者的讨价还价能力较强：能购买卖家的大部分产品；有可能通过后向一体化来生产该产品，如高通的两大客户三星和诺基亚开始制造自己的 CDMA 芯片，使得 2004 年高通的市场份额下降到 80%。

（五）现有企业的竞争

在任何行业中，各个企业都是相互影响的。同行之间的竞争手段主要有频繁的价格战、新产品开发、服务质量提高以及销售促进等。同行的竞争总是由一个或几个企业认为存在改善其市场地位的机会而引发的。遇到下列情况这种竞争将会更激烈：竞争者较多，而且大小差不多；行业增长缓慢；产品或服务的区别不大，转移成本较高；固定成本高，或者产品是一次性的；退出该行业的壁垒大，如专用机器、设备及辅助设施极少有其他用途，且不易售出，就会形成退出壁垒。

二、信息系统支持企业战略的作用方式

组织是一种从环境吸收资源并加工、生产产品的稳定的正式的社会结构。从技术角度，可将组织看成是由三个基本要素组成的：资本、劳动力、产品生产和环境。组织不仅仅生产产品，还伴随着信息处理过程。同时，组织是信息系统实施的基础，信息系统在提高组织的效率和效用上无疑具有重要意义。一直以来，人们在争论：企业信息系统是否可以减少中间层使组织“扁平化”？信息系统能否减少办公用纸？能否对组织进行“重组”提高组织的工作效率、简化结构？能否利用信息系统下放决策权，激发广大员工的创造性？回答这些问题须从两个方面考虑：一方面是组织对信息系统影响，另一方面是信息系统对组织的影响。

信息系统对组织的影响不仅是外在效率上的，更深层的是结构和模式上的。下面，我们仅仅从信息系统对企业效率影响的角度，来分析信息系统对企业竞争战略的作用方式。

（一）对低成本领先战略的支持

信息系统有助于内部作业、管理控制、计划和人事工作，帮助公司显著地降低其内部成本，从而让公司以低于竞争者的价格提供产品和服务，提高利润，并使公司的效率更高。企业利用信息系统降低成本的途径有：

1. 降低采购成本

基于互联网的采购系统可以通过“大撒网”的方式搜寻低成本的供货商，并运用电子数据交换来降低差旅、劳动力、印刷和邮寄的成本，节约采购时间，提高采购质量。

2. 优化库存结构

网络采购和销售彻底改变了过去的库存销售方式，建立起按订单生产模式，极大限度地减少了库存积压，降低了库存成本以及价格保护带来的风险，从而实现最

佳库存。

沃尔玛公司采用由顾客购物过程驱动的库存补充系统，当顾客为其购买的商品在收银机上付款时，“连续补充系统”就将新商品订单直接下给供货商。售货终端记录了通过收银柜台的每一件商品的条码，并把购物交易记录直接发送到沃尔玛总部的计算机中。总部的计算机收集来自所有沃尔玛连锁市场的订单，并把订单发送给供货商，因为该系统能以闪电般的速度补充库存，沃尔玛公司不需要花费大量资金在自己的仓库里保持大库存量的商品，大大降低了运营成本，其管理费仅占销售额的15%。

3. 降低销售成本和市场开发成本

基于计算机的销售系统只需提高服务器处理能力就能实现全球化的市场开发与销售，可以节约大量的销售与市场开发成本而实现客户数量的增加。

4. 降低生产成本

利用信息技术重组生产流程，使用计算机辅助设计可设计出更个性化的产品，使用计算机辅助制造系统可实施柔性化生产，减少中间生产环节，节约劳动力，提高产品质量，降低生产成本。美国的航空公司收益管理技术让航空公司能对任何折扣票价按售票情况做最经济、最高效的匹配，使机票的价格对公司最经济。

（二）对产品和服务差异化战略的支持

在竞争异常激烈的市场中，对于后来者而言，最优先的战略选择往往是推出有特色、差异化的产品或服务，找到自己生存的利基（Niche）。当企业用信息系统提供难以复制的产品或服务，或提供面向高度专业化市场的产品或服务时，就能提高竞争者的入市成本。招商银行是这方面的典型代表。从最初推行的储蓄“一卡通”，到电话银行、全国联网和“一网通”服务，之后又陆续开通“企业银行”和“网上支付”业务。尝到了IT甜头的招商银行在2001年正式提出了“做技术领先的银行”的口号，将IT作为竞争的武器。

（三）对市场细分战略的支持

信息系统通过加工数据、提供数据来提高公司的销售与日常经营技术，从而能为公司带来竞争优势。这种系统将组织已有的信息作为资源，组织可在信息中“淘金”，以增强盈利能力和市场渗入能力。据估计，争取一个新顾客的成本是保持一个顾客的成本的5倍。公司通过仔细地分析顾客购买过程和行为，从而识别出对利润贡献大的顾客们，赢得他们更多的消费。同样，公司还可以利用这些资料识别无利可图的顾客群。

（四）加强与客户和供应商的紧密联系

通过“套牢”顾客和供应商，信息系统能对抗外部竞争的威胁。战略信息系统能使变换商业关系的成本（客户转向竞争对手的产品或服务所发生的费用）让客户不能承受。方便且容易使用的信息系统能提高转换成本（Switching Cost），使客户不易流失到竞争者那里。比如许多酒店连锁店开发忠诚顾客方案，顾客每次住店，都给予顾客一定的积分，足够的积分可以让顾客在该连锁酒店任意分店免费住宿一次等。很明显，这种“套牢”消费者的方案需要具有一定水平的信息系统的支持。

【参考文献】

1. 郭捷，管理信息系统，机械工业出版社，2008年。
2. 薛华成，管理信息系统，清华工业出版社，2009年。

案例1-1 沃尔玛：成功之道在于理念和手段

沃尔玛百货有限公司由美国零售业的传奇人物山姆·沃尔顿先生于1962年在阿肯色州成立。经过四十多年的发展，沃尔玛公司已经成为美国最大的私人雇主和世界上最大的连锁零售企业。凭借先发优势、科技实力，沃尔玛的店铺冲出阿肯色州，遍及美国，走向世界。目前，沃尔玛在全球15个国家开设了超过8，000家商场，下设53个品牌，员工总数210多万人，每周光顾沃尔玛的顾客达2亿人次。沃尔玛神话般成功的历史根源其实是那句朴实但难以实现的口号——天天平价，始终如一。20世纪50年代末，当第一颗人造卫星上天的时候，全世界商业还无人问津现代通信技术，而20世纪70年代，沃尔玛就率先使用了卫星通信系统，21世纪伊始，沃尔玛又投资上亿美元实施“互联网统一标准平台”建设。与其说它是零售企业，不如说它是物流企业。

沃尔玛在信息技术方面的投资不遗余力，计算机技术的应用已经到了无孔不入的地步，专门负责软件设计和维护的工程师就有2000多名。沃尔玛领先于竞争对手，先行对零售信息系统进行了非常积极的投资：最早使用计算机跟踪存货（1969年），最早全面实现S. K. U. 单品级库存控制（1974年），最早使用条形码（1980年），最早使用CM品类管理软件（1984年），最早采用EDI（1985年），最早使用无线扫描枪（1988年），最早与宝洁公司（Procter & Gamble）等供应商实现VMI-ECR产销合作（1989年）。沃尔玛1996年进驻中国市场，2012年，沃尔玛中国以51%股份绝对控股了1号店。2012年，沃尔玛推出了一种名为“现金支付”（Pay with Cash）的新功能，允许用户在线下单购买商品，然后在附近的沃尔玛实体零售店进行支付。

一、高效的配送中心

物流成本一般占企业整个销售额的10%左右，有些食品行业甚至占到20%到30%，而沃尔玛的物流成本只占2%，沃尔玛在中国有6000多辆卡车、62个面积相当于24个足球场的配送中心。沃尔玛的供应商根据各分店的订单将货品送至沃尔玛的配送中心，配送中心则负责完成对商品的筛选、包装和分拣工作。沃尔玛的配送中心具有高度现代化的机械设施，送至此处的商品85%都采用机械处理，这样就大大减少了人工处理商品的费用。

二、快速的运输系统

沃尔玛的运输车队是其配送系统的另一个无可比拟的优势，沃尔玛可以保证货品从仓库运送到任何一家商店的时间不超过48小时；相对于其他同业商店平均两周补货一次，沃尔玛可保证分店货架平均一周补货两次。通过迅速的信息传送与先进的电脑跟踪系统，沃尔玛可以在全美范围内快速地输送货物，使各分店即使只维持极少存货也能保持正常销售，从而大大节省了存贮空间和存货成本。

三、先进的卫星通信网络

沃尔玛是除美国军方以外的全世界最大的信息处理中心。企业自有的卫星和服务器遍布全球，每一台货物运输车辆上都有卫星移动计算机系统，可以全面监测货物运输。1983年，沃尔玛用了2400万美元开始建立自己的卫星通信系统，通过这个系统，沃尔玛每天直接把销售情况传送给供应商，任何一家沃尔玛商店都拥有自己的终端，并通过卫星与总部相连。在商场设有专门负责排货的部门。沃尔玛每销售一件商品，都会即时通过与收款机相连的电脑记录下来，每天都能清楚地知道实际销售情况。沃尔玛各分店、供应商、配送中心之间建立的卫星通信网络系统使沃尔玛的配送系统完美无缺。这套系统的应用，使配送中心、供应商及每一分店的每一销售点都能形成在线作业，在短短数小时内便可完成“填妥订单——各分店订单汇总——送出订单”的整个流程，大大提高了营业的效率和准确性。

沃尔玛的信息系统涉及的技术如下：

（一）电子数据交换技术（EDI - Electronic Data Interchange）

EDI具有自动化、及时化和正确化的特点，沃尔玛已与1800多家供应商实现了电子数据交换，通过计算机联网进行数据传递和订货等交易活动，不需要人工的直接介入。沃尔玛利用更先进的快速反应和联机系统代替采购指令，真正实现了自动订货，这些系统利用条形码扫描和卫星通信系统，与供应商每日交换产品销售、运输和订货信息，包括商品规格、款式、颜色等，从发出订单、生产到将货物送到门店，最快的时候甚至不超过 10 天。

（二）快速反应系统（QR – Quick Response）

1986 年，沃尔玛建立了快速反应系统，其主要功能是执行订货业务和付款通知业务，通过 EDI 系统发出订货明细单和受理付款通知，提高订货速度和准确性，节约相关成本。QR 模式改变了传统企业的商业信息保密做法，将销售信息、库存信息、生产信息、成本信息等与合作伙伴交流分享。

沃尔玛的数据中心已与上万家供应商建立了协同关系，从而实现了快速反应的供应链管理库存（VMI）。厂商通过这套系统可以进入沃尔玛的电脑配销系统和数据中心，直接从 POS（销售时点信息管理）得到其供应的商品的流通动态状况，如不同店铺及不同商品的销售统计数据、沃尔玛各仓库的存货和调配状况、销售预测、电子邮件与付款通知等等，以此作为安排生产、供货和送货的依据。生产厂商和供应商都可通过这个系统查阅沃尔玛的产销计划。这套信息系统为沃尔玛和它的合作伙伴带来了巨大的利益。

（三）数据库管理系统（DBMS – Data – Base Management System）

借助先进的数据库，沃尔玛对其标准店的 6 万件单品、超市中心的 10 万件单品以及全球 5300 多家连锁门店实行全面数据管理与分析，每件单品记录保持时间为 65 个星期。沃尔玛的数据库资源共享，主要实现以下三方面功能：1. 在库位置、库存补足率、补货的正确性、前置时间、销售利润；2. 新商品的开发、外部委托、定价与商品销售规划相关的决策；3. 与营销有关的决策，如促销、广告、商品陈列等。

在具体运作过程中，沃尔玛通过 EDI（电子数据交换）系统把 POS 数据传给供应方，供应方可以及时了解沃尔玛的销售状况，把握商品需求动向，及时调整生产计划和材料采购计划；供应方利用 EDI 系统在发货前向沃尔玛传送 ASN（预先发货清单），这样沃尔玛可以做好进货准备，同时省去货物数据的输入作业，提高了商品检验作业效率。沃尔玛在接收货物的时候，用扫描仪读取机器的条码信息，与进货清单核对，判断到货和发货清单是否一致。利用电子支付系统 EFT 向供应方支付货款，把 ASN 和 POS 数据比较，就能迅速知道商品库存的信息。沃尔玛把商品进货和库存管理职能移交给供应方，由生产厂商对沃尔玛的流通库存进行管理和控制 VMI（供应商管理库存），在流通中心保管的商品所有权属于供应方。供应方对 POS 信息和 ASN 信息进行分析，把握商品销售和沃尔玛的库存动向。在此基础上，决定什么时间、把什么商品、以什么方式发送，发货信息预先以 ASN 形式传送给沃尔玛，以多频度小数量进行 CRP（连续库存补充）。这样，供应方不仅能减少本企业的库存，还能减少沃尔玛的库存，实现整个供应链的库存水平最低化。对于沃尔玛来说，省去了商品进货业务环节，节约了成本，能够集中精力于销售活动，并且能够事先得知供应方的商品促销计划和商品生产计划，从而以较低价格进货。

四、RFID 技术

沃尔玛在其供应链管理系统融入了无线射频识别技术 RFID。这一先进技术主要用于监督和跟踪、控制物料运载的工具，用于货架的识别，并且在实际操作过程中还可以对其携带的数据库进行更改。通过这一技术的运用，在物流过程中减少了很多琐碎费时的工作。不同于 POS 机，RDIF 主要安装在运输线上的一个检查点，例如仓库、码头、机场、车站等地方。而这些地方又能够与物流中心控制室直接联网，这就大大提高了物流运作的效率，提高了数据的准确性、及时性。这种技术对于物流的配送，仓库的管理、运作效率的提高起到了很大作用。

最初，大部分供应商实际上是反对采用这一技术的。因为这不是一次简单地在商品包装上贴标签的措施，而是对整个供应链上游的技术性整合，成本投入与工作方式的转变都是巨大的，并带有强制性质。2005 年 1 月，大约 100 名供应商开始把贴有 RFID 标签的货箱和托盘运往得克萨斯州的几个物流中心，这标志着沃尔玛开创了供应链管理的一个新纪元。2005 年到 2007 年，沃尔玛供应商每年大约使用 50 亿张电子标签，沃尔玛公司每年因此可节省 83.5 亿美元。目前全世界已安装了约 5000 个 RFID 系统，实际年销售额约为 9.64 亿美元。就像 20 世纪 70 年代沃尔玛在俄亥俄州一家百货店开始第一次条码扫描一样，也许沃尔玛的 RFID 多年后会被证明是重要的一步。

五、Web 2.0 中的沃尔玛

在进入 Web 2.0 后的今天，网络销售无疑是除了传统销售之外最大的一块“蛋糕”，而身为零售商界翘楚的沃尔玛不可能对其视而不见。事实上，沃尔玛一直在致力于建立一个网络商城。尽管 Walmart. com 对沃尔玛还不是一块大的业务，但是它将来会是，因为新的基于网络的销售和购买已经成为一种趋势。沃尔玛在 Facebook 上开展了“Roommate Style Match”组。同时，沃尔玛在一个叫 Site to Store 的新在线服务中取得了成功，客户可以在 Walmart. com 上订购商品，而从本地的沃尔玛商店中免费取货。在中国，沃尔玛也积极在电子商务上不断有所动作。2012 年，沃尔玛百货以 51% 股份绝对控股中国商务企业“1 号店”，实现双赢。沃尔玛正式选择在上海设立沃尔玛电子商务中国区总部，全面负责沃尔玛全球电子商务在中国市场的运营。这亦是继美国市场之后沃尔玛在全球设立的第二个电子商务总部。

沃尔玛的全球采购战略、配送系统、商品管理、人力资源管理、天天平价战略在业界都是可圈可点的经典案例。从 20 世纪 70 年代条形码的推行，到 20 世纪 80 年代物流管理理念的创新，再到当今成为 RFID 的主力倡导者，所有的成功都是建立在沃尔玛利用信息技术整合优势资源、信息技术战略与传统物流整合的基础之上。强大的信息技术和后勤保障体系使它不仅在经营商品，更在生产商店，经营物流，最终成为企业的第三利润来源。

【问题思考】

1. 沃尔玛采用了哪些信息技术和信息系统？沃尔玛的信息系统与经营战略如何紧密联系？

2. 访问 Walmart China，沃尔玛（中国）在信息系统的运用上已经或将会遇到哪些挑战？

案例 1－2　亚马逊：从卖“书”到卖“云计算”

在美国，亚马逊和 eBay 分别代表了两种主流的电子商务模式，前者被称为 B2C，后者被称为 C2C。不过，在亚马逊 CEO 杰夫·贝索斯的眼里，亚马逊是一家 IT 公司。事实上，尽管亚马逊把电子商务做得异常成功，但很多人都不认为亚马逊可以成为微软、谷歌、苹果这类 IT 技术公司的竞争对手。然而事实是，即使在云计算这样的尖端领域，亚马逊都比谷歌和微软行动得更快。当人们还在将云计算当作时髦的 IT 词汇讨论时，亚马逊早已从云计算中获益。亚马逊云计算战略师 Jeff-Barr 在接受《互联网周刊》专访时表示，“目前云计算已经成为亚马逊增速最快的业务之一”。

云计算可理解为基于互联网的计算，云计算中心辐射覆盖的区域用户只需提出自己想要使用什么网络服务，就可以通过互联网购买自己需要的计算处理资源，由云计算中心帮助用户按需计算、按需服务，用户无须担心后台繁杂的 IT 基础设置部署。云计算的本质是改用高度标准化的大众化服务器，借助软件来管理这些服务器，让客户可以通过自助服务，在服务器上面运行应用程序。

一、输出 IT 能力

作为最大的电子商务平台，亚马逊后台的服务器是按照每年圣诞节采购最高峰时的情况配置的，而这些“豪华”的设备平时只能闲置在那里。于是，亚马逊把这些设备、网络存储空间出租给开展电子商务的企业。很多企业不愿意开展电子商务就是因为一开始需要投入较多的 IT 资源，还要为此组建专门的团队，因此，他们不敢贸然进行这种尝试。亚马逊的无心插柳却赢得了企业的喜爱，亚马逊开始增加更多的配置，建设更大的云，为电子商务企业提供从后台到前台的全套服务，慢慢就演变成亚马逊的云计算。这不仅是交易的平台，而是涵盖营销、管理和交易全部电子商务流程的平台，还在向着电子商务孵化器的方向发展，或者说是一个电子商务交易平台加上电子商务服务平台。

亚马逊向外输出的云计算服务分为3层架构：底层是名为在线服务的基础应用，即向用户提供带宽、服务器、存储等基础应用，这一服务才推出两年，就已经成为亚马逊仅次于在线产品销售的第二大主营业务。

在线服务之上是在线交易平台服务，这类服务包括帮助企业用户建立电子商务网站、交易流程、订单管理、商品上架、搜索、评价等体系。尽管目前在线服务吸引了大量用户，但是近年来用户的需求仍然呈上升趋势。

最高层级的是交付类的服务，包括亚马逊提供的模块化的订单处理、仓储物流等服务。推出在线服务业务之后，亚马逊的开放行动不断深化，从基础IT设施延伸到了整个电子商务环节，目前亚马逊已经向第三方开放其完整的销售程序，其中包括存储和实施两大部分，而实施部分，又包含了实施、客户服务、库存管理、征税服务、支付服务、第三方认证服务等等，这是一个非常完整的电子商务服务流程。目前，亚马逊交付服务已经发展成为其第四大业务单元。

通过开放，亚马逊本身的客户结构也发生了变化，除了习惯在亚马逊平台上购买商品的普通消费用户之外，亚马逊还引来越来越多的企业级客户：卖家用户和开发者用户。卖家用户主要使用亚马逊的销售前台，利用它的网站或者将流量引导到自己网站来实现销售，亚马逊会向它们收取系统维护费、销售分成和活跃用户费等3项费用，或者收取这些费用的组合。而开发者用户则是亚马逊网站服务的主要使用者，它们大多青睐亚马逊网站成熟的基础架构，使它们能够迅速实现销售。

二、开放性平台

近100年来，平台化变革引发了各行各业商业模式的变革，这种变革又总伴随着巨大的商业机遇。那些搭建平台、制造平台的企业，都在变革的浪潮中成为王者，微软、苏宁无一不是依靠平台成就了它们的帝国。从2002年起，亚马逊就有意无意地展开了它的“平台化”战略。它通过销售自己的电子商务技术，成功迈出了“平台化”的第一步。淘宝的迅速崛起，正是学习亚马逊模式的结果。2007年，亚马逊将其平台价值进一步提升，引入了FBA（亚马逊物流，Fulfillment by Amazon）服务，不仅将自身的平台开放给第三方卖家，还将它们的库存也纳入到亚马逊全球的物流网络中，并为卖家们提供拣货、包装以及终端配送等服务。这也是电子商务平台史无前例的一次跨越。根据亚马逊2008年年报，其营业收入由高到低为：按比例交易提成、在线服务、联名信用卡、交付服务、杂货市场服务、诸如在线广告在内的促销和市场推广服务等，这一业务结构，正好和我国以在线广告为主的淘宝相反。这表示，真正为亚马逊挣钱的已不再是零售，而是平台。

一路走来，亚马逊似乎一直没有偏离“平台化”的演进之路。而且，它的每一步都在赚钱。表面上看，亚马逊依旧在做电子商务的生意，但伴随其云计算服务与电子商务服务的融合，亚马逊对传统企业的吸引力越来越大，依赖亚马逊平台生存的传统企业不再局限于零售、出版这样的行业，金融、证券、服务、制造甚至是IT行业的众多企业用户都在使用亚马逊的服务。这意味着，亚马逊的平台将会影响更多行业的商业模式，而这种变化，也让它更接近互联网平台的宝座。

三、亚马逊网络服务（AWS）

亚马逊网络服务（AWS）是基于一个简单的想法：亚马逊已经建立了一个跨越全球的硬件和软件基础设施来支持该公司的互联网业务，那么为什么不将那些基础设施的组件模块化并且出租？这一服务范围包括从硬件（尽管虚拟）到处理。AWS通过REST或者基于SOAP的网络服务呼叫使亚马逊业务体系的各个模块都能够连接和使用。最为关键的是，你可以租用大量的虚拟机，存储数TB的数据，或建立一个互联网范围的消息队列，并且你将只需向Amazon支付你消费的资源费用。因此，如果你的业务需要一组CPU群和数百十亿字节的储存空间来处理你平时每周星期三才要处理的工作，也就是说，你并不需要一间房子来存放一个星期有六天不工作的服务器，你可以使用AWS。因此，AWS对有间歇性或短暂的处理需求的商业系统尤其具有吸引力。这些服务分为三类：基础设施服务、电子商务服务和网络信息服务。

正是因为这些独特的优势，亚马逊云计算服务增长显著。目前亚马逊云计算的注册开发人员数量已经超过49万。它推出的最主要的云计算服务产品不仅服务分类灵活、收费方式多样，而且定价方式还体现了零售企业的一贯做法。

据悉，弹性云E2C服务能够同时调用亚马逊全球的从一个到几千个服务器，这些服务还可细分为CPU处理系统、随机存储容量、硬盘空间等，根据用户的需求或者规格可以支持所有的操作系统，并安装各种各样的开放源代码或商业软件。用户甚至可以直观地看到支持某种操作时调用的全球服务器的物理地址。而E2C的报价也因此呈现多样化，租用费用从每小时0.1美元到0.8美元不等。

简单存储服务S3可以提供一个字节到数GB字节的支持，整个系统里大概有520亿对象进行数据交换。S3的存储备份服务则是按照每个月的使用字节来收费，每天检测流量，每GB大约0.15美元/月。亚马逊最近还推出了内容分发网络服务（Cloud Front），可以把一个内容迅速地复制到全球至少40个服务器上，以便快速地登录和获取。为了体现地域特色，亚马逊针对欧洲用户的售价会比美国高出10%左右。

亚马逊还尝试了云计算的价格促销。JeffBarr 表示，亚马逊云计算价格体系的设置是自下而上的，也就是说亚马逊并不是通过关注市场上的竞争产品或用户承受程度来确定产品价格，而是根据自身的成本核算加上合理的利润空间后将价格尽量定到最低，因此其定价也富有竞争力，这也源于亚马逊的经营理念。作为零售企业，亚马逊有一个天天低价的承诺，“我们每天想的是怎么样能够把价格降下来。在云计算方面，我们也采用这种价格体系策略”。

此外，目前云计算的服务对象多是中小企业，亚马逊也在尝试将其推广到政府、科研等研究领域和大型企业的关键应用当中——亚马逊推出了针对大型数据库的简单数据库服务，该服务在安全性、登录管理、账户管理等方面都有独特的设置方式。尤其在账户管理方面，不仅有整体的账户，还会有分账户的复杂管理。该服务将按照字节单独计费。值得一提的是，美国某些地方的个税系统已经开始应用云计算架构，这也许让云架构涉及核心应用已为时不远。

亚马逊作为行业的领路者始终坚持创新，从全球最大的网上零售书店到百货再到引入第三方商户，打通了 B2C 和 C2C；在打造了全新的商业模式时，它又面向企业用户推出了“弹性云”，继而是 Kindle，为出版业和信息终端带来了颠覆式创新。它是全球第一个注意到 WEB2.0、长尾经济和口碑营销的企业，它比 Google 更早提出“云计算”概念并将其商业化。亚马逊持久的技术创新能力也给电子商务行业内其他企业带来巨大的压力。

（资料来源：摘自《亚马逊：像卖书一样卖云计算》，陈翔，《中国计算机报》2009 年）

【问题思考】

1. 亚马逊的 IT 策略如何服务其竞争战略?
2. 云计算的发展现状和前景如何?

第二章　计算机网络技术

电脑网络的建立与普及将彻底地改变人类生存及生活的模式，而控制与掌握网络的人就是人类未来命运的主宰。谁掌握了信息，控制了网络，谁就将拥有整个世界。

——阿尔温·托夫勒，美国著名未来学家

第一节　计算机系统

一、计算机发展

计算机是20世纪最重大的科学发明之一。世界上第一台电子数字计算机ENIAC（Electronic Numerical Integrator And Computer）于1946年在美国宾西法尼亚大学诞生。这个庞然大物共用了8000万个电子管，重达30多吨，占地面积约170平方米，耗电150千瓦，每秒仅能完成5000次加法。从第一台电子计算机的诞生到现在，电子计算机的发展经历了电子管计算机、晶体管计算机、集成电路计算机与超大规模集成电路计算机时代。在系统结构方面，多处理机系统、分布式系统、计算机网络的研究进展迅速；系统软件的发展不仅实现了计算机运行的自动化，而且正在向智能化方向迈进；各种应用软件层出不穷，极大地方便了用户。

进入20世纪90年代以来，世界计算机技术的发展更为迅速，产品不断升级换代。其应用领域也从传统的数字计算、信息处理、过程控制、辅助工程、人工智能等向虚拟现实、电子商务、多媒体技术等方面发展。未来的计算机将进一步朝着巨型化、微型化、网络化与智能化方向深入。

表 2－1　计算机发展的四个时代

时代	第一代	第二代	第三代	第四代
	1946 年～1957 年	1958 年～1964 年	1965 年～1971 年	1972 年至今
物理器件	电子管	晶体管	中小规模集成电路	大规模、超大规模集成电路
内存	汞延迟线	磁芯存储器	半导体存储器	半导体存储器
外存	穿孔卡片、纸带	磁带、磁鼓、磁盘	磁鼓、磁盘	磁盘、光盘等大容量存储器
处理速度	每秒几千次—几万次	每秒几十万—几百万次	每秒几千万次	每秒千万次—数亿次
软件	机器语言	汇编语言 高级语言 系统监控程序	高级语言 操作系统	高级语言 面向对象的语言 网络操作系统

二、计算机系统

计算机系统包括硬件系统和软件系统。所谓硬件，是指构成计算机的物理设备，就是常说的计算机。软件是指系统中的程序以及相关文档。

虽然不同类型、不同机种和不同型号的计算机在硬件配置上差别很大，但是绝大多数都是根据冯·诺依曼计算机体系结构来设计的，即具有五大部件：运算器、控制器、存储器、输入设备和输出设备。

计算机的软件是根据解决问题的方法、思想和过程而编写的程序的有序集合。一台计算机中全部程序的集合统称为这台计算机的软件系统。软件按其功能可分为系统软件和应用软件两大类。

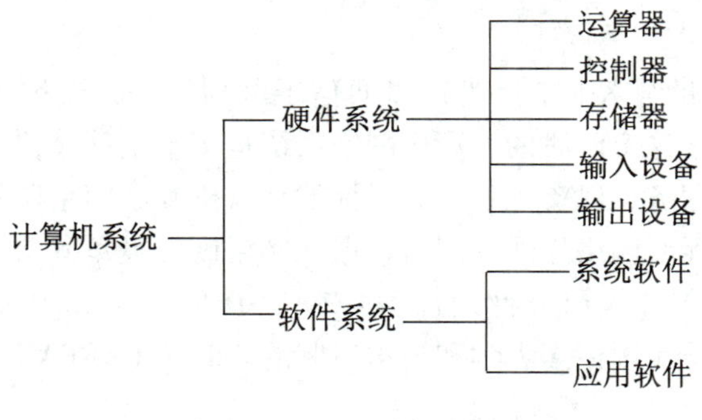

图 2－1　计算机系统结构

系统软件是用于计算机的管理、维护、控制和运行以及对运行程序进行翻译、注解、装卸等服务工作的程序的总称。系统软件主要由操作系统（如 Windows 8）、编译系统（语言）、实用软件（常用的例行服务程序）和数据库管理系统（如 Oracle）组成。而应用软件是为某种特定应用而开发的软件。如文字处理（例如 Word）、图形处理（例如 Photoshop）、财务管理软件（例如用友 ERP 软件）。

第二节　计算机网络

计算机网络是计算机技术与通信技术紧密结合的产物。在计算机技术发展以前，通信技术已经得到了一定程度的研究与应用，如早期的电报、电传就是数据通信技术的初步应用。计算机网络的发展大致分为 4 个阶段，按时间先后顺序分别是面向终端的计算机网络、多个计算机互联的网络、开放式标准化网络、宽带综合业务数字网。

一、计算机网络发展历程

（一）面向终端的计算机网络

这一阶段（20 世纪五六十年代）的计算机网络系统是以单个计算机为中心的远程联机系统，也称为面向终端的计算机网络。在这种网络方式中，主机是网络的中心和控制者，终端分布在各处与主机相连，用户通过本地的终端使用远程的主机。如 1963 年由美国航空公司与 IBM 公司联合研制并投入使用的飞机订票系统 SABRE－1，就是由一个主机和 2000 多个终端组成的面向终端的计算机网络。

（二）多个计算机互联的计算机网络

第二阶段（20 世纪六七十年代）以通信子网为中心，通过公用通信子网实现计算机之间的通信。这个阶段的计算机网络系统是多个主计算机通过通信线路互连起来，为用户提供服务，以资源共享为目标的计算机互联网络阶段，其主要功能就是提供网络通信，保障网络连通、网络数据和网络硬件设备共享。如 20 世纪 60 年代后期由美国国防部高级研究计划局 DARPA（Defense Advanced Research Projects Agency）提供经费给美国许多大学和公司研制的 ARPA（ARPANET）网，就是这个时期的典型代表。

计算机网络又分为资源子网和通信子网，分散的通信子网的建设造价高昂，并且利用率较低，重复建设浪费极大。公用数据网（Public Data Network，PDN）的出现解决了这一问题。典型的公用数据网有美国的 TELENET、法国的 TRANSPAS、英国的 PSS 和加拿大的 DATAPAC 等。

与此同时，一些大型计算机公司开始提出初步的网络体系结构与相关协议，相继推出本公司的网络标准，如 IBM 的 SNA 网（系统网络体系结构）、DEC 的 DNA 网。由于各个厂商各自开发自己的产品，各自制定自己的标准，使得产品之间不能通用，不同的标准之间转换非常困难。这显然阻碍了计算机网络的普及和发展。

（三）开放式标准化网络

1980 年，国际标准化组织 ISO（International Standards Organization）提出了符合计算机网络国际标准的开放式系统互联参考模型（OSI/RM，Open System Interconnection / Reference Model），解决了计算机联网与互联标准化的问题，成为全球网络体系的公共标准，极大地促进了计算机网络技术的发展。在 OSI 参考模型与协议理论研究不断深入的同时，Internet 技术也蓬勃发展。20 世纪 80 年代初，大量基于网络通信协议 TCP/IP 的应用软件应运而生。该组网协议具有标准开放性、网络环境相对独立性、物理无关性以及网络地址唯一性等优点。随着 Internet 的广泛使用，最终，TCP/IP 参考模型与协议成为计算机网络的公认国际标准。此阶段网络应用已经发展到为企业提供信息共享服务。

（四）宽带综合业务数字网

综合业务数字网（Integrated Service Data Network，ISDN），是一种能在一个网络内传输多种业务信息的网络。千兆位网络的发展，使人类真正步入多媒体通信的信息时代，人们利用网络进行全球动态网络资源分配，电子商务、远程教育、远程医疗等个性化的网络服务成为新的经济增长点。

二、计算机网络结构

计算机网络（Computer Networks）是计算机技术与现代通信技术相结合的产物，是指把地理位置不同、功能独立自治的计算机系统及数据设备连接起来，在功能完善的网络软件支持下，以实现信息交换和资源共享为目标的系统。

计算机网络可以划分为资源子网和通信子网两级子网。资源子网由主机和终端设备组成，负责数据处理，向网络提供可供选用的硬件资源、软件资源和数据资源；通信子网负责整个网络的通信管理与控制，如数据交换、路由选择、差错控制和协议管理等，通信控制与处理设备（如程控交换机）和通信线路属于通信子网。

计算机网络应具有以下 4 个要素：

1. 资源服务

两台或两台以上的计算机相互连接起来构成网络，以达到资源共享的目的。这就对网络提出了一个服务的问题，即有一方请求服务和另一方提供服务。

2. 通信设备

两台或两台以上的计算机连接，相互通信交换信息，需要有一条通道。每条通道的连接是物理的，由硬件实现，包括相应的传输介质和通信系统。

3. 协议

协议是指计算机之间交换信息时，彼此所需要遵守的某些约定和规则。每个厂商生产的计算机网络产品都有自己的许多协议，这些协议形成标准才能使不同厂商、不同型号的网络产品互通互连。

4. 网络通信控制软件

它由控制远程通信活动及管理远程通信功能的程序组成，例如用于主计算机的通信管理程序，用于小型计算机网络服务器的网络操作系统，用于微型计算机的通信软件包。无论现实世界中的网络多么大、多么复杂，都是这些基本元素在工作并支持组织远程通信活动。

三、计算机网络的拓扑结构

计算机网络的拓扑结构是指网络节点和通信线路组成的几何排列，它能表示出网络服务器、工作站、网络设备及其相互之间的连接。在网络设计过程中，网络拓扑结构的设计是关键设计之一。计算机网络中常见的拓扑结构有总线形、星形、环形、树形和混合型、网状等。其拓扑结构形式如图 2－2 所示。

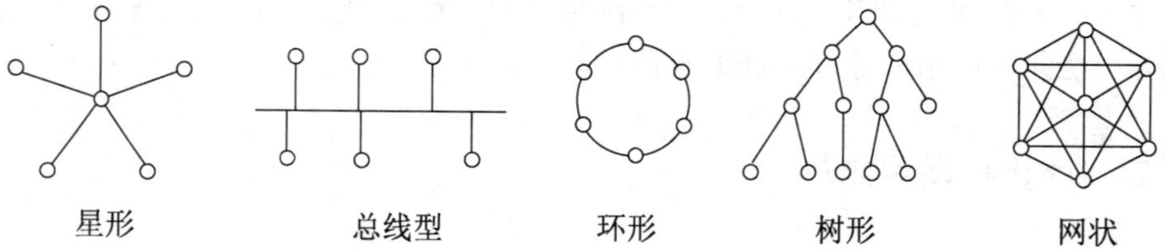

图 2－2　网络拓扑结构

（一）总线形网络

在总线形拓扑结构中，所有工作站点都连在一条总线上，通过这条总线实现通信。总线结构是目前局域网采用最多的一种拓扑结构。在总线结构中，所有网上设备都通过相应的硬件接口直接连在总线上，任何一个节点的信息都可以沿着总线向两个方向传输扩散，并且能被总线上的任何一个节点所接收。整个网络上的通信处理分布在多个节点上，减轻了网络管理控制的负担。

（二）星形网络

星形结构布局是将所有的工作站都直接连接到一中央节点上，当一个工作站要传输数据到另一个工作站时，需要通过中央节点，它负责管理和控制所有的通信。中央节点执行集中式通信控制策略，相邻节点通信也要通过中央节点。星形结构是目前小型局域网中使用较为普遍的一种拓扑结构。基于交换机的网络普遍采用星形结构，以程控交换机为中央节点，其他节点通过交换机进行通信。其缺点是：中央节点不能出现故障，必须具有较高的可靠性，一旦中央节点出现故障，整个网络也会瘫痪。

（三）环形网络

环形拓扑结构中每个节点连接形成一个闭合回路，数据可以沿环路单向传输，也可以设置两个环路实现双向通信。环形网也是局域网常用的拓扑结构之一，适合于信息处理系统和工厂自动化系统。其优点是：信息在网络中沿固定方向流动，两个节点间只有唯一的通路，大大简化了路径选择的控制；当某个节点发生故障时，可以自动旁路，可靠性高，时间固定，实时性强。其缺点是：由于信息是串行穿过多个节点环路接口，当节点过多时影响传输效率，使网络响应时间变长；由于整个网络构成闭合环，故网络扩充起来不太方便；网络中一旦有某个节点发生故障，可能导致整个网络停止工作。

（四）树形网

在树形拓扑结构中，有一个根节点、若干个枝节点，最末端是叶节点。根节点的功能较强，常常是高档微机或大、中型机，叶节点（终端节点）是主机或打印机等外设，主机和交换机之间用双绞线（类似电话线）连在一起。这种结构的优点是扩展容易，其缺点是根节点负荷较大，根节点若发生故障，对整个网络的工作有致命影响。该结构适用于分级控制系统。

其他类型拓扑结构，如簇星形网、网状网等都是以以上几种拓扑结构为基础的，兼顾了不同拓扑结构的优点。

一般来说，拓扑结构会影响传输介质的选择和控制方法的确定，因而会影响网络上节点的运行速度和网络软、硬件接口的复杂程度。网络的拓扑结构和介质访问控制方法是影响网络性能的最重要因素，因此应根据实际情况选择最合适的拓扑结构，选用相应的网络适配器和传输介质，确保组建的网络具有较高的性能。

第三节　基于计算机网络的企业信息系统模式

企业在构建信息系统时，常常会思考以下问题：公司的数据和系统功能是集中在总部，还是分布到各分支机构？公司是建立自己与远程站点相连接的专用数据通信设施，还是利用外部公用通信设施？公司是购买单独的微机联网，还是建立集中式的中央主机系统？回答这些问题，需要了解计算机网络的企业信息系统模式。

一、主机/终端模式

主机/终端模式是一种由主机/终端机构成的集中式系统平台。它有一台大型主机，对各终端用户传来的数据进行分时处理。用户通过终端访问主机，然后显示由主机返回的处理结果。主机终端模式由于将数据集中起来进行处理，提高了信息处理的效率，易于管理控制，也能够保证数据的安全性和一致性，系统的性能主要取决于主机的性能和通信设备的速度。一般采用大型机或高档高配置的计算机做主机。

这种模式业务处理比较单一，需多点实时处理数据，输入输出操作简单且无须在本地保存数据，主要应用在数据处理量较小的应用领域，如订售票系统、银行储蓄系统、出纳系统、登记查询系统等。企业中的柜台、查询台、仓库等可考虑部分地采用主机/终端模式。

二、文件服务器/工作站模式

文件服务器/工作站模式是由一个文件服务器和网络工作站构成的分散的、文件共享的网络系统平台。一般以高性能微机或小型机作为文件服务器，安装数据库管理系统，其他微机作为工作站，完成数据处理和应用程序的运行。同时，通过给不同的使用者分配不同的权限的方式，可以达到资源共享的目的，也有利于文件的安全管理，保证文件的可靠性。这种模式只适用于小规模的局域网，在客户多、数据量大的情况下会产生网络“瓶颈”。

三、客户机/服务器模式

随着企业开始在整个组织中布置小型机和微型机，分布式处理逐渐取代分时处理成为主流方式，客户机/服务器（Client/Server，C/S）模式成为流行模式。该模式中的客户机是利用微型计算机访问网络的用户，服务器可以是提供网络控制功能的任何规模的计算机。

这种模式与文件服务器/工作站模式的主要区别在于对数据的处理分前台和后台，客户机运行应用程序，完成屏幕交互和输入输出等前台任务，而服务器则运行数据库管理系统，完成大量的数据处理及存储管理等后台任务。

在这种模式下，客户机执行本地前端应用，而将数据库的操作交由服务器负责。在一个实际系统中，可能对不同的任务采用不同的C/S模式。恰当地安排各类

C/S 模式是管理信息系统建设中实现信息资源的合理配置与有效利用、优化系统结构的重要环节。这种模式下的网络优势局限于企业内部，难以突破企业之间的组织边界，企业间的信息交流受到很大制约。

四、浏览器/服务器模式

随着电子商务的市场范围扩展到全球，越来越多的企业都在利用互联网建设自己的信息系统。浏览器/服务器模式（Browser/WebServer，B/S）应运而生。

这种模式一般由浏览器、Web 服务器、数据库服务器 3 个层次组成（见图 2-3）。客户端利用浏览器通过 Web 服务器去访问数据库以获取必需的信息。而 Web 服务器负责接受远程（或本地）的 HTTP 查询请求，根据查询的条件到数据库服务器中获取相关数据，再将结果翻译成 HTML 和各种页面描述语言，传送回提出查询请求的浏览器。同样，浏览器也会将更改、删除、新增数据记录的请求申请至 Web 服务器，由后者与数据库联系完成这些工作。

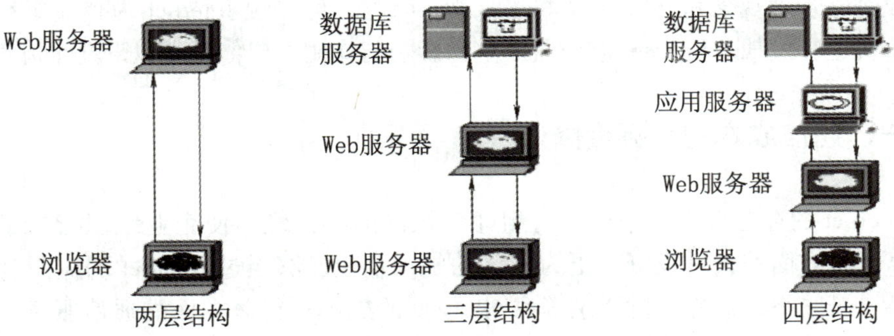

图 2-3　B/S 模式

五、B/S 与 C/S 混合的模式

将 B/S 与 C/S 两种模式的优势结合起来，形成混合模式，也是企业信息系统的平台模式之一。在面向大量用户的模块中采用三层 B/S 模式，在客户端计算机上安装运行浏览器软件，基础数据集中放在较高性能的数据库服务器上，中间建立一个 Web 服务器作为数据服务器与客户机浏览器交互的连接通道。在系统模块安全性要求高、交互性强、处理数据量大、数据查询灵活的地方则使用 C/S 模式。这样能充分发挥各自的优点，开发出安全可靠、灵活方便、效率高的软件系统。

第四节　互联网

互联网（Internet）是一个覆盖全球的广域网，是用TCP/IP协议把不同国家和机构的内部网络连接起来的庞大的计算机网络。Internet的萌芽起源于20世纪60年代中期由美国国防部高级研究计划局（ARPA）资助的ARPANET，此后提出的TCP/IP协议为Internet的发展奠定了基础。1986年美国国家科学基金会（NSF）的NSFNET加入了Internet主干网，推动了Internet的发展。Internet的真正飞跃式发展应该归功于20世纪90年代的商业化应用。此后，世界各地无数的企业和个人纷纷加入，终于发展演变成今天成熟的Internet。

Internet对企业组织的作用与影响是广泛和深远的，它所带来的不仅仅是信息管理技术手段的更新，更重要的是，它促成新的市场竞争环境和机制的诞生，导致了企业经营管理观念和方式的根本性变革。因此，可以说Internet为企业组织带来了新的机遇和挑战。Internet对企业产生的影响与作用主要体现在以下几个方面。

一、通信成本的大幅度降低

Internet的存在取消了企业自行组建广域网的必要性，使企业组织省去了在信息网络建设方面的大量投资；更为重要的是，企业能够通过Internet的应用（如电子邮件、新闻组、远程主机登录等），以极低的成本获得多方面的通信服务，不仅增加了企业的网络通信能力，而且大幅度地降低了包括网络管理、信函、电话、传真等在内的通信费用。所有企业都可以通过应用Internet获得这一竞争优势，这也使得许多中小企业有可能与大企业站在同一起跑线上，参与以往不可能进入的市场竞争。

二、管理与控制能力的提高

随着企业规模的扩大以及全球化趋势的发展，广域范围内的管理、协调与控制变得越来越重要，Internet为此提供了基础条件。企业的各种生产经营环节可以分布在全球的各个角落，但它可以借助Internet的通信功能，准确及时地把握企业的全面生产经营状况，对企业实施协调统一的管理与控制。

三、信息传输速度的加快

在信息化社会中，信息的快速获取是许多企业成功的关键。Internet 为此提供了可靠的支持，企业可通过电子邮件、信息检索等手段方便地获得来自各种信息源的信息，可通过各种交互性通信方式及时了解实时信息，并可通过网络迅速提供实施策略和处理方法。例如，科学家可以在一个小时内获得美国宇航局进行宇宙探索的实时资料和照片，企业可以廉价而方便地查询政府机构发布的最新产业政策、法规条文、统计数据等。

四、客户服务质量的改进

许多公司为了提高自己的服务质量，都通过有效地应用 Internet，迅速地向客户提供产品或服务信息、订货渠道、售后服务和技术支持。WWW 服务是目前许多公司向客户提供信息服务的主要手段，各公司纷纷在 Internet 上建立自己的站点和主页，向客户提供全方位的信息服务，有的公司在其站点上提供几十甚至上百个网页的信息供用户浏览，如戴尔公司专门建立了网上戴尔产品专题组，用于收集客户对产品的反应和意见、对热点技术的看法、对竞争对手产品的评价等，甚至通过专题组利用非专职人员进行市场调查和研究。

五、新的市场营销策略和手段

基于 Internet 的网络营销是一个新的发展趋势，已被越来越多的企业所采用和重视。不同于传统营销和广告策略中的商家主动向潜在客户进行感染性或强制性促销行为，商家可以按照自己的需要随时更新自己的 Web 网页产品（服务）信息，也可以及时更新站点上用户所需的技术资料，而用户是否到特定商业机构的站点去浏览，完全取决于用户的个人意愿和他对该机构的产品和品牌的认识，从而避免了商业广告对非消费者的干扰。另外，即使在受到限制的条件下，许多消费者也可以在 Web 上选择商品，通过信用卡进行支付，厂家通过邮政速递交付商品。总之，Internet 为企业提供了许多新的营销策略和手段，极大地改变了市场竞争的规则和方法，为企业提供了无限的商机。

【参考文献】

1. 郭捷，管理信息系统，机械工业出版社，2008 年。
2. 薛华成，管理信息系统，清华大学出版社，2009 年。

案例2-1　聚焦智能手机系统的市场纷争

1973年4月的一天，一名男子站在纽约街头，掏出一个约有两块砖头大的无线电话，打了一通，引得过路人纷纷驻足侧目。这个人就是手机的发明者马丁·库帕，他手中就是全球第一部真正意义上的手机：摩托罗拉Dynatac。近40年时间过去了，手机已经从原来的“大砖头”变成了只有8毫米厚度的“小玩物”，手机的功能也由简单的通话进化到更具功能性和娱乐性。键盘作为最早的人机交互工具覆盖所有手机产品，尽管曾经的压电式电阻屏触控屏幕红极一时，却也由于响应时间过长而遭遇严冬。

手机行业看似遇到“瓶颈”，然而创新往往在这时到来。已经在MP3领域颇有建树的苹果携带iPhone走进了消费者的视野。2007年1月9日，苹果CEO乔布斯的一句话将整个iPhone系列打上了自己的印记：“这是一款革命性的产品。”

一、智能手机的革命者——IOS系统

正当诺基亚“独霸”手机市场的天下，享受着行业老大地位的时候，2007年，iPhone横空出世。一款没有键盘的手机又能怎样呢？凭借时尚的外观设计以及近乎完美的触控体验，iPhone改变了人们对传统手机的认识，甚至改变了人们的生活方式。

（一）iPhone的人性化设计与创新的理念

从最初的Macintoshi到iMac再到iPod以及后来的Macbook和iPhone，苹果的每一款产品一直以来都敢于打破常规，从不落入俗套。从设计到产品再到客户服务，苹果一直竭尽所能地让用户体验到预想的效果。在iPhone出世之前，所有的手机都是一个屏幕加上一个键盘，即使那些所谓的智能手机也不过如此，它们的功能都只不过是打电话、发短信、听音乐和发邮件。当iPhone出现时，人们才感觉到是“他”带来了一场真正的电话的革命。从没有过的全触屏体验，革命性的多触点功能，iPod、safari、phone集于一身的智能机，逐渐展现在人们的面前。除了超薄时尚的外形，它的内核系统IOS更应该是这场革命的主宰者。

IOS是由苹果公司为iPhone开发的操作系统，它主要是给iPhone、iPod touch以及iPad使用的。就像Mac OS X操作系统一样，它也是以Darwin为基础的。原本这个系统名为iPhone OS，直到2010年6月7日WWDC大会宣布改名为IOS。IOS的系统架构分为四个层次：核心操作系统层、核心服务层、媒体层、可轻触层，系统

操作占用大概240MB的存储器空间。IOS的用户界面的概念基础是能够使用多点触控直接操作，控制方法包括滑动、轻触开关及按键。与系统交互包括滑动、轻按、挤压及旋转。此外，通过其内置的加速器，可以令其旋转设备改变屏幕方向，这样的设计令iPhone更便于使用。

像MAC OS一样，IOS的宗旨就是让用户的使用变得更为简单，让界面变得更加人性化，让功能变得更为强大。从IOS 1.0到5.0已经历经了将近五年的时间，不断的更新令iphone再也不只是一个简单的电话，甚至就像近视眼的人需要眼镜一样，iPhone逐渐成为我们生活不可缺少的一部分。因为它的确让我们的生活变得更为简单，如今的SIRI甚至让我们的生活越来越接近于“A Day of Glass”中演绎的那样，“怡情于生活，轻松于世界”。

（二）iPhone成功的营销理念

苹果成功的营销理念也造就了iPhone在市场上的成功，具体分为以下几点：

1. 饥饿营销法

苹果公司采取了严密的保密措施，这样就控制了“饥饿”的程度，让消费者和媒体对其信息极度渴望，从对于新产品外观工业设计的猜想到其商业模式的实施，当新品推出时，用户的饥饿感被引爆；同时，苹果公司每次推出新产品时总会大肆宣传，使人们渴望和期待新产品的问世。

2. 病毒营销法

苹果很好地利用了其忠实粉丝对其新产品资料的强烈需要，使其成为新产品营销活动的带动者，带动潜在消费者的关注热情。

3. 拉式推销法

苹果公司针对最终消费者展开广告攻势，把产品信息介绍给目标市场的消费者，使人产生强烈的购买欲望，形成机械的市场需求，然后拉引中间商纷纷要求经销这种产品。

4. 圣杯式营销法

苹果公司的产品非常独特，而且具有优越感的价值主张和品牌形象，足够高的利润，能够支持强大的渠道支持架构。同时，该公司实施了清晰的、自上而下的销售渠道策略。

二、iPhone的个人魅力与品牌价值

苹果是乔布斯一手缔造的帝国，而乔布斯也正是苹果最好的代言人。随着苹果一度超越微软成为全球市值最高的企业，乔布斯成功了，从当初的落魄再一次走向辉煌，苹果也从一个即将破产的公司走上了商业成就的巅峰。毋庸置疑，乔布斯是历史上最伟大的CEO之一，而乔布斯的个人魅力更是没有哪个管理者可以超越。

“果粉”们疯狂地崇拜着乔布斯，憧憬着他的才华，信仰着他的理念，也追随着在他的“独裁”下所创造出来的一个又一个的革命性产品。

三、手机系统世界的另一端——Android 的崛起

尽管 iPhone 在乔布斯这位伟大的企业家带领下成功走出了低谷，成为手机市场的宠儿，其 IOS 系统的流畅和精致也为我们带来了新的手机风潮；但是我们不得不同时被另一个绽放着独特光芒的手机系统给 iPhone 带来的冲击所吸引，这就是 Android。这款更加大众化的开放手机操作系统中所蕴含的自由、创新精神和未来发展前景让它成为 iPhone 和其他主流手机程序的劲敌，甚至在最新的 canalys 统计数据中，Android 已经超过所有手机程序，成为全球市场份额最高的手机系统，达到 48%，远远超过排在第二位的 iPhone 所获得的 19% 的市场份额。那么，Android 系统到底有什么神秘之处呢？

（一）开放性——Android 成败的双刃剑

如果问 Android 可以与 iPhone 竞争的最大资本是什么，那么毫无疑问，就是 Android 的开放性。

首先，系统的开放性。Android 是基于 Linux 开放性内核的操作系统，其特点是开放源代码，它的 SDK 开放给任何开发商，所有开发商都可以随意更改界面。例如 HTC 的 HTC Sense、Samsung 的 Touch wiz 等等。Android 的众多合作伙伴都可以对 Android 的代码进行修改，来更贴合自己的终端及用户，而且 Android 系统在保证其各厂商之间存在差异化的同时，不影响相互之间的数据兼容，这为其全面占领市场提供了有力的保证。

其次，市场的开放性。Android 开发的平台允许任何移动终端厂商加入到其联盟中来。显著的开放性可以使其拥有更多的开发者，这也正是 Android 快速发展的重要原因之一。而对于消费者来讲，最大的受益正是丰富的软件资源；开放的平台也会带来更多竞争，如此一来，消费者将可以用更低的价位购得心仪的手机。

然而，开放性在推动其取得巨大的成功的同时也给 Android 的继续更好发展提出了一个不小的挑战。由于 Android 源代码和软件开发的开放，一些黑客开始开发 Android 平台上的恶意软件程序，2010 年中开始至今，陆陆续续已有超过 100 个恶意软件程序被发现并从 Android Market 下架。不过 Android 也在积极地解决这一问题，开发出一些防护软件，防止这些恶意软件对大众的侵害。假若可以完美地解决这一问题，那么 Android 的未来发展则会更加顺畅。

（二）Android 的营销策略——价格·竞争

如果问 Android 真的有什么营销的策略，那就是价格的低廉和开放的策略。一

个开放源代码的手机系统，Google 真的从中盈利了吗？或许根本没有。

Google 用 Android 给自己的品牌分量增加了筹码，这就是让 Android 迅速成为全球市场份额老大的原因。一个基本不涉及盈利的系统程序给所用的手机移动终端厂商以开发和创新的机会，大部分手机厂商一拥而上，成为 Android 的忠实粉丝；摩托罗拉靠着 Android 在手机市场上起死回生，HTC 更是从微软的忠实拥护者转投 Android 并和 iPhone 在各大市场上旗鼓相当，而三星也宣布会将自己 50% 以上的手机份额投向 Android。

由此足以看出市场营销的一个最基本的道理，那就是价格和竞争力。Android 的开放以最快速度打开了市场的大门，然后又让各大厂商之间的竞争自然地调节着 Android 在手机市场上的定价，这既让消费者从中获益，又进一步促进了手机系统的发展以及市场机制带来的新一轮竞争。这些都在潜移默化地促进着 Android 的成长和强大。

Android 向我们证明，放弃短期的利益而追求一个长期的目标，开放的思想和短暂的牺牲式营销精神，或许是使得伟大企业走向更高层次的一种方法。

（三）Android 的前景展望——挑战・期待

尽管我们一再强调开放的精神为 Android 带来的巨大成功，但是 Android 未来仍然要在面对以下几个挑战的同时展望更长远的发展：

首先，Android 版本分化。Android 系统拥有许多版本，但终端厂商和电信运营商在将自有软件和服务整合到 Android 操作系统的过程中都需要一定时间，这也就导致许多最新款手机内置的 Android 操作系统仍是以往旧版本的问题。Google 需要及时将 Android 更新到最新版本，来使用户能够使用到最新版本。Google 在其中的调控作用应该得以体现，只有尽量控制版本的分化或者采用更加高效的方法提高版本的更新效率解决这一问题，才能更加有利于 Android 在和 iPhone 的 IOS 等系统的竞争中站稳脚跟。

其次，现在 Android 市场上已经有多达 200，000 款应用程序，这些应用的数量也许正在追赶上 iPhone，但 Android Market 的收入却仍远远落后于苹果的 App Store。有数据显示，Apple App Store 约占流动应用总销售额的 82.7%，而 Android Market 仅占 4.7%。不过 Android Market 已经意识到这个问题，并且做出一些改变，比如推出了新的网站和应用购买的功能。

再次，尽管 Android 拥有很多华丽的功能，但用户体验却仍然有待改进，特别是在虚拟键盘的流畅性等很多细节方面，都需要进一步向苹果的 IOS 学习。

最后，我们相信 Android 会在一个相对短的时间内改善这三个不足，在 Android 真正实现开放性同时又不失严谨和细致的时候，我们完全有理由期待，又一个系统风潮会席卷整个手机市场。

四、IOS 系统与 Android 系统全方位分析

经过上文中对于苹果 IOS 系统理念以及营销理念的分析，加上对 Android 系统的开放性、营销策略及其市场前景的展望，不难看出，IOS 系列产品的市场热度以及 Android 高达 48% 的全球市场份额，充分证明了两个系统都具有强大的优势。

（一）系统操作性与安全性

IOS 系统发展成熟，是原生的系统。此外其创新的理念和人性化的设计特征明显。苹果一直以来都敢于打破常规，从设计到产品再到客户服务，苹果一直竭尽所能，让用户体验到预想的效果。这是它的一大优势。Android 系统较苹果来说是新兴系统，上升势头比较猛。但 Android 目前没有针对性的系统；Android 开发的平台允许任何移动终端厂商加入到 Android 联盟中来，显著的开放性可以使其拥有更多的开发者。

IOS 系统闭源开发，这使得其系统安全性好；不过另一方面也使得 IOS 成为苹果的专属，大部分应用都得花钱，除非你“越狱”。这样就会限制它的用户数量。Android 系统是基于 Linux 开放性内核的操作系统，其特点是开放源代码，应用多数是免费的，品牌多，更大众化，提升了它的竞争力。不过随着开发者的增多，也会出现很多盗版问题，不安全因素增加。

从顺畅度来讲，IOS 系统与硬件的整合度高，使用非常流畅。跟 Mac OS X 一样，都是基于 UNIX 的操作系统。安卓系统要使用高于 IOS 两倍的硬件才能达到与之相同的流畅程度。

（二）软件质量与兼容性

苹果的软件质量要好于安卓，单从游戏方面来看，各大专门制作游戏的厂家都支持苹果系统，而且苹果自己的开发部也出了很多优秀的作品。苹果软件在数量上现在远少于 Android，然而 Android 软件的资源比较杂乱，不明来源的软件很多；而 IOS 的软件全部是经过苹果严格审核的，安全性很有保障。

从软件的兼容性来看，苹果要好于 Android。Android 的开放源代码系统使得其软件几乎全部来自民间开发，如果一款机子得不到民间支持，可能马上就被淘汰了。而苹果则不必为此担忧，IOS 软件基本没有任何兼容性问题，因为只要破解一个系统的版本，所有的机子都可以破解。

从软件的易玩度讲，苹果的系统更新、操作都比 Android 烦琐。Android 很多热门机还有官方的系统支持，只要点更新版本就可以了。这方面 Android 要好于苹果。

（三）营销方式

IOS 的宗旨就是让用户的使用变得更为简单，让界面变得更加人性化，让功能变得更为强大。它的策略主要是利用其独特而且具有优越感的价值主张和品牌形象来拉动现有用户的需求，激发潜在顾客的热情；同时实施清晰的、自上而下的销售渠道策略。

Android 是一个开放源代码的系统，以开放的思想和短暂牺牲的营销精神，放弃短期的利益而追求一个长远的目标。它的营销方式就是价格的低廉和开放的策略，比的是价格和竞争力。

五、多极化竞争模式正在形成

（一）谷歌 Android 前景展望

占领 48% 全球市场份额的谷歌 Android 平台并不是市场上最完美的移动操作系统——这个位置应该是苹果的 IOS 的。但是随着谷歌 Android 不断完善，其市场份额也会随之继续增加。

Android 若想在市场上占领半壁江山，可以继续发挥它的核心优势——智能手机门槛。因 Android 系统具有的开源特性，目前已有多个品牌的多款 Android 智能机上市，而它们低廉的价格更是让入门级玩家惊喜连连——有品牌，有外观，有保障，并采用最新操作系统，所有移动互联网应用都畅通无阻。相比其他智能手机平台的封闭和收费制，Android 系统以其开放性和免费颠覆了原有的产业规则。业界普遍看好 Android 系统所带来的崭新市场机遇，国内三大运营商和众多手机厂商也纷纷加入了 Android 的阵营。

Android 在融合应用上也在跟上潮流：与移动互联网携手并进。由于 Android 系统是 Google 与其他很多公司共同开发的，因而在网络方面非常有优势；而且就系统方面来看，Android 系统非常个性化。随着 Android 系统的日渐强大，更多的扩展软件也为使用者带来了更多的乐趣。此外，其个性界面支持自有定制，多主屏，程序、小部件轻松放置，简单便捷。因此 Android 以其强大的应用，帮助个性化产品脱颖而出，像是电子商务市场、车载市场、证券投资和带版权的数字媒体传播。

（二）苹果 IOS 前景展望

虽然 Android 势头强劲，IOS 的未来发展也不容小觑。Gartner 发布的预测报告称，尽管来自其他操作系统的竞争压力越来越大，在 2015 年以前，苹果的 IOS 仍将继续占据全球平板电脑市场的主要地位。

第一，在地图服务领域。目前，苹果产品地图上的 Google 标志仅位于左下角，并有逐步被取代的趋势，而 iPhone 和 iPad 上的 Safari 地图取得了不错的效果。据悉，苹果有望在 iOS5 中推出一个名为“找到我的好友”的地图社交网络，这将是苹果的又一创新优势。

第二，iCloud 服务。随着 IOS 逐步加强的文件系统，其催生的一系列整合性服务将最终淘汰一些“魔力文件夹”供应商。iCloud 服务对客户十分有用，譬如说，如果用户硬盘驱动器崩溃了，仍可通过链接重新下载到过去他在 iTunes 上购买的所有音乐。

第三，开发支付系统。苹果虽然不会取代 Visa 或 Mastercard，但凭借其方便的支付渠道足以赢得崇尚简易的大量用户。

其他方面，Google 搜索的结果中存在许多我们不需要的信息，苹果可以从另一个角度切入搜索，将用户位置、搜索结果界面、地图应用以及下一代搜索界面的输入相结合，将彻底改变参与规则。苹果还可借助 Siri 和 Apple Maps 进行语音控制搜索，这将以丰富的交互式体验解放用户的双手。

（三）手机市场多极化发展

虽然现在市场上的主流是 Android 和 IOS 各领风骚，但其他的智能系统也稳稳占据着市场的一部分，呈现多极化的趋势。

几年前，Symbian 和现在的 IOS 一样风光无限，但目前再与 IOS 和 Android 相比，已明显表现出老态。尽管其市场份额在下降，但诺基亚手机在应用程序商店方面发展势头还不错，日下载量达到了 300 万次。因为原来的开发环境曾被广大开发者抱怨，所以诺基亚能否改变开发环境并呈现出完美的用户界面，成为其重新夺回市场份额的背水一战。

微软开发的 Windows Phone 7 界面有较大的突破，功能上也有不少过人之处。它已与 HTC、三星、LG 等几家厂商建立合作关系。阵容不够强大，各公司都有 Android 手机的产品，所以目前都“脚踏两只船”，Windows Phone 8 的用户认可度直接决定着微软系统的未来。

尽管越来越多的手机系统及其衍生产品加入到手机市场份额的争夺战中，但是业界依旧相信 IOS 系统与 Android 系统必将继续保持强劲的发展势头。当然，在智能手机的多极化竞争中，产品的快速更迭以及市场价格争夺会使得消费者成为最大受益者。

（资料来源：刘微，张立民，张驰等，中央民族大学学生 MIS 课程作业，2011 年。）

【问题思考】

1. 免费软件运动已经构成对微软和其他全球软件巨头的巨大威胁，几乎任何类型的软件都可以以开放源的方式被找到。免费的产品是数字世界的未来吗？如何评判这场革新的意义？

2. 摩尔定律告诉我们，在我们购买一款当下最新的电子产品的时候，它就已经过时了。在对一种信息技术做出投资后不久，如果新技术能力更强且花费更低，管理者会发现已完成的系统过时了、太贵了。如何做出明智的技术购买决定？

案例 2－2　我 Google 了你！

搜索引擎是指根据一定的策略、运用特定的计算机程序从互联网上搜集信息，在对信息进行组织和处理后，为用户提供检索服务，将用户检索的相关信息展示给用户的系统。搜索引擎包括全文索引、目录索引、元搜索引擎、垂直搜索引擎、集合式搜索引擎、门户搜索引擎与免费链接列表等。自网络搜索技术诞生之日起，搜索引擎正以迅雷之势影响着整个世界。谷歌无疑是其中占主导地位、成长最快、影响力最大和盈利最多的品牌典范。

Google 创始人 Larry Page 和 Sergey Brin 在斯坦福大学的学生宿舍内共同开发了全新的在线搜索引擎，然后迅速传播给全球的信息搜索者。

2004 年初的一个高峰时期，通过它的网站及其客户网站如雅虎、美国在线和 CNN，Google 处理了万维网上 80% 的搜索请求。

自 2005 起，谷歌公司相继收购了美国在线 5% 的股权、影音内容分享网站 YouTube、摩托罗拉移动、VirusTotal 网络安全公司等。

2008 年 9 月 7 日，Google Map 卫星升空，为 Google Earth 提供 50 厘米分辨率的高清照片。同年，Google 与金融集团汇丰银行（HSBC）以及国际有线电视集团 Liberty Global 组织实施名为“O3b Networks”的网络计划。

2012 年 6 月 28 日，作为移动智能操作系统业界巨头，谷歌打出了一套“软硬”结合的组合拳，其中包括最新操作系统 Android4.1、平板电脑 Nexus7、流媒体播放器 NexusQ 以及智能眼镜“谷歌眼镜”。

2012 年 10 月 2 日，谷歌已经超越微软，成为按市值计算的全球第二大科技公司。

作为全球最大的并且最受欢迎的搜索引擎公司，Google 主要的搜索服务有：网页搜索、图片搜索、视频搜索、地图搜索、新闻搜索、购物搜索、博客搜索、论坛搜索、学术搜索、财经搜索。

很少有技术公司可以从头再来。尽管谷歌的管理模式利于创新，但公司的财富始终与一个业务密切相关：基于搜索的广告。无论谷歌的未来如何，它现在的成功仍然为未来的管理创新者提供了一些有价值的经验。

经验 1：网络本身可能是 21 世纪管理的最好比喻。

说到业务模式，谷歌是第二代互联网公司，不同于它的前辈，它赚钱。但说到管理模式，谷歌是第一个以网络为中心原则建立管理系统的大规模上市公司。在其他网络公司采用更传统的管理结构的时候，谷歌建立了基于网络的社会体系公开、扁平、适应性强、没有等级的管理体系。

经验 2：人性化的管理创新是不可抗拒的。

互联网飞速发展是因为它是人类能力的倍增器，它让人类喜欢做的事情变得容易，工作人性化的管理创新是最有可能成功的。Google 鼓励员工用 20% 的工作时间去做自己想做的事情，即使是和手头的工作完全不相干的项目也可以。很多 Google 推出的产品都是员工用 20% 的个人时间设计完成的，这些产品都非常成功。

经验 3：高超的技术使顾客激增。

Google 刚开始时专注搜索，搜索速度快，一般情况下在 0.5S 内就可完成；信息全面，能在瞬间抓取网页 42.8 亿、图片 8.8 亿张；人性化，例如可使用 100 多种语言和个性化搜索等，导致用户激增，最终从每天 10，000 的搜索结果直线跃升到如今的 2.5 亿，以至于很多人对其有宗教般的狂热。其世界领先的 pagerank 技术、关键字技术和冗余文件过滤技术等令其他公司无法望其项背。

经验 4：开发技术费时费力，也要引进别人的技术。

聪明的 Google 并不是什么技术都靠自己研发。例如它收购了 YouTube，一跃占领了视频制高点，瞬间收回了成本；改进了 Orkut。

经验 5：不按常理出牌却能获得成功。

Google 发布了容量为 1GB 的免费邮箱，并将传统的邮件客户端搬到了邮箱里。网上谩骂声四起，讽刺 Google 的“胡闹”；接下来由于容量惊人，hotmail 和 yahoo mail 的用户群大量流失，不得不随后纷纷宣布扩容，继而推出了新版；也因为越难得到的东西越抢得疯狂，一时间拥有 Gmail 成了贵族的象征。于是短短两年时间，Gmail 已经成为世界第三大电子邮件提供商。

经验 6：温故而知新，熟悉的地方依旧有风景。

当今汉字拼音输入法微软拼音、加加拼音、紫光拼音、搜狗拼音和智能 ABC 流行，似乎已经不需要别的拼音输入法了，谷歌却推出了自己的拼音输入法。利用其强大的搜索功能，结合了各种拼音的优点打造，谷歌拼音的智能推测能力极强。

经验 7：与众不同的企业文化促进创新。

在 Google，公司要求工程师们每周都花一天时间在个人感兴趣的项目上。这种近乎强制性的要求促成 Google News 之类的新服务品种出现，Nielsen NetRatings 的数据显示，这项服务现在每个月都能吸引 710 万浏览者；同时也导致社区网络站点 Orkut 的出现，目前它已经被整合到整个搜索网站之中。Google 里的每一个人都充满了故事：与你共进午餐的人或许发明了你在使用的编程语言；坐在你隔壁的同事或许为你的研究生课程编写过教材；和你一起打台球的那个人或许开发过你的桌面浏览器。员工甚至可以骑乘 Segway 电动滑板车，或者一种适合 11 岁儿童的玩具车 GreenMachine。

经验 8：对人才的高要求提升了公司的实力。

“我们只雇佣最聪明的人”既反映出 Google 对于所招聘人才的高标准要求，也折射出苛求完美的人才理念。有资料显示，最终获得 Google 工作职位的应聘者平均需要通过 6.2 次面试。参与面试的面试官除了人力资源部和岗位需求部门，也会邀请跨部门甚至跨区域的人员参与面试，如此严谨的招聘流程，是为了确保最终进入 Google 的员工真正适合 Google。

经验 9：谷歌从来不逼自己的员工按时上班。

Google 的员工从来不用在乎早上闹铃会不会准时响起，员工可以悠闲自得地去上班，如果你看见急匆匆赶往办公室的员工，那绝对不是因为他担心迟到，也许是为了和同事会合去享受 Google 提供的免费大餐。Google 提倡的弹性工作制不同于其他企业，Google 充分相信员工，把工作时间的掌控权交由员工，由员工根据自己的喜好自由安排时间。在 Google 工作更像在自己家办公，饿了可以去吃东西，中式的、西式的，如果你不怕发胖，可以尽情地吃；困了可以小睡；玩兴大发时可以和同事 PK 一场桌球；哪里不舒服了，随时可以享受到按摩师的到位服务。在 Google 看来，这是福利，更是为员工打造宽松、自由的创新环境。

经验 10：Google 具有非常完善的、基于团队的考核机制。

Google 的考核分不同的等级，对排在末位的员工有相应的帮助措施，特别重视排名最靠后的 5% 的员工，公司将集中找出原因，发现问题，帮助他们建立信心赶上来；但也不排除会将一些人淘汰出局。而对最好的 5%—10% 员工，每年都会有充分的奖励和荣誉。

Google 作为搜索引擎工具，利用其强大的信息资源库，为检索用户提供信息服务，其商品即是信息资源获取地址，其服务是帮助用户在互联网的信息资源中找到需要的信息。Google 需要面对两种重要的客户：一种是普通的 Google 用户，即使用 Google 进行信息检索的一般网民；另一种是与 Google 有直接经济交易的商业客户。对于前者，Google 向其提供免费的信息检索服务，赚取网络点击率；而对后者，Google 向其提供技术或广告宣传，并取得实质的经济收入，这是其得以持续发展、再经营的资金来源。有资料显示，Google 2011 年全年营收达到 379 亿美元，其中 96% 来自于广告业务。Google 凭借搜索技术及信息资源库，吸引了广泛的网络用户，在这个稳定的用户基础上，形成了自己的品牌效应，包括稳定的检索使用率、相对较高的检索匹配率与点击率等。在这巨大的效应背后所隐藏的商机也被挖掘出来。

随着全球网民人数增加与互联网应用的不断深入，搜索引擎发展迅速，成为网民重要的网络应用之一。正如创始人之一拉里·佩奇指出的，“完美的搜索引擎需要做到确解用户之意，且反映用户之需”，Google 正是以其独特的盈利模式成功地演绎了搜索市场的神话。

【问题思考】

1. 谷歌和百度——世界搜索占有率69%的“霸主”和中文搜索市场占有率78%的“本土天王”，虽然在各个方面都不尽相同，却有着作为一家IT企业共同的目标：盈利。那么搜索引擎企业的盈利模式是什么？两家公司所展现出来的不同思路，除了东西方两种文化的不同，还有哪些原因？与Google比较，百度的比较优势在哪里？

2. Google目前已经深入到互联网的诸多领域，例如操作系统、浏览器、智能手机、在线商业软件、移动应用商店、云计算等。试分析未来的搜索引擎企业如何发展？

第三章 信息处理与数据资源管理

新时代实际上是信息时代的天然的伴随物。尽管我们掌握了新的信息，但仍然有薄弱环节，它不是出现在信息的创造上，也不是出现在信息的贮存上，甚至也不在信息的获取上，而是出现在利用新的信息去做新的事情上。

——吉福德·平肖第三，美国咨询专家

第一节 信息处理过程

数据处理的目的就是要从大量的原始数据中抽取、推导出对人们有价值的信息以作为行动和决策的依据；同时，把数据转换成便于观察分析、传送或进一步处理的形式；最后，科学地保存和管理已经处理过（如校验、整理等）的大量数据，以便人们能方便而充分地利用这些宝贵的信息资源。信息一般在信息系统中经历五个阶段：

一、信息的采集和输入

在信息系统中，输入是获取和收集原始数据的活动。例如，要制作学生成绩单，首先应该在打印成绩单之前，收集该学生各科成绩方面的数据；制作产品销售计划表时，应该从数据库中检索出所需数据。无论是从数据库中检索，还是将收集来的市场信息输入计算机，都属于信息系统的输入活动。输入的内容可以是原始数据，也可以是来自其他系统的输出信息。输入可以是手工过程，也可以是自动的。如市场调查数据一般是手工输入计算机，而超市销售数据可由条形码阅读器自动输入计算机。

二、信息的加工和处理

信息加工和处理是将数据转换或变换为有用输出的过程。加工的方法可以是文件的建立、排序、更新、检索等基本操作，也可以是计算、汇总、逻辑判断等带有决策功能的操作。处理方式可以是批处理，也可以是实时处理。批处理是指将数据累积到一定量再处理；实时处理是指得到数据后立即进行处理。例如，到银行存、取款或到售票点预订机票都属于实时处理，而会计中的凭证录入、汇总账就属于批处理类型。处理可以手工完成，也可以由计算机辅助完成。

三、信息的存储

信息存储是将收集到的数据和数据处理产生的信息保存起来，用作输出、查询和反馈的数据来源。保存的信息是信息系统中十分重要的资源。手工处理时，信息主要以纸张方式保存，而由计算机处理时主要保存在存储器中。信息的存储关键是要考虑信息的存储量、信息格式、存储方式、使用方式、存储时间、安全保密等问题。

四、信息的输出

信息输出是指以文档、报告或业务数据形式出现的有用信息。输出的方式可以是打印机打印，也可以通过显示器显示，或存储起来以备以后加工时使用。一个系统的输出可能是另一个系统的输入。例如，工资处理中输出的是该月每位职工的工资单、各部门发放的工资总额以及整个企业的工资总额。而这些输出是会计信息系统中的成本数据，因而它又是会计信息系统中的输入部分。信息输出方式的简明易用是十分重要的，系统的设计者应当利用各种方法，避免误解，提高清晰程度，以便保证信息被正确地理解与使用。

五、信息的反馈

信息反馈是指为了校核和控制的目的，将计算机的部分输出信息返回给计算机作为输入。反馈回来的误差或问题可以用来修正输入数据，或者改变某过程。反馈对管理人员和决策者也很重要，如库存控制中将存货清单反馈给系统，作为缺货报警和订货的依据。除了这种反馈方式，信息系统还能够通过预测未来事件来防止问题的出现。

第二节　信息处理技术

一、条形码技术

条形码技术（Bar－coding Technology）是物流信息管理系统的一部分。条形码作为一种及时、可靠、经济的数据输入手段已被物流信息系统所采用，成为商品在全世界通用的“身份证”。条形码技术由美国的 N. T. Woodland 在 1949 年首先提出，近年来，随着计算机技术及应用的不断发展及普及，条形码的应用得到了很大的发展。

条形码技术通过图像来表示数字和符号信息，是建立在计算机科学和现代光学基础上的一门技术。它以黑白相间的条文来表示商品的名称、产地、价格、种类等相关信息。这种条文由若干个黑色的“条”和白色的“空”的单元组成，其中，黑色条对光的反射率低而白色空对光的反射率高，再加上条与空的宽带不同，就能使扫描光线产生不同的反射接收效果，在光电转换设备上转换成不同的电脉冲，形成了可以传输的电子信息。条形码系统则是由条形码符号设计、制造及扫描阅读组成的自动识别系统。条形码系统的工作原理如图 3－1：

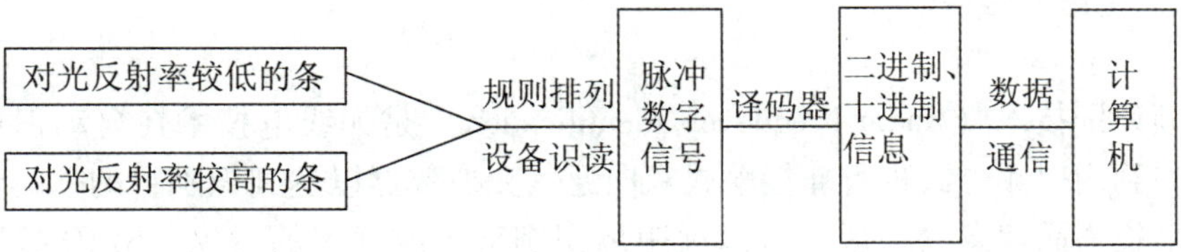

图 3－1　条形码系统的工作原理

在实际生活中，条形码技术包括商品条形码和物流条形码等，商品条形码与物流条形码在应用对象、数字构成、包装形状、应用领域等方面具有不同的特点。

表 3－1　条形码的相关特征

类型	商品条形码	物流条形码
内容	按照国际惯例，采用 EAN 商品条形码作为统一的商品条形码	用在商品装卸、仓储、运输和配送过程中的识别符

续表

类型	商品条形码	物流条形码
数位构成	13位数字码及相应的条形码符号（包括前缀码，也称国家代码，共3位，由国际物品编码会统一分配；制造商代码，共4位，有国家编码中心统一注册分配，一厂一码；商品代码，共5位，表示每个厂商的商品，由厂商确定；校验码，共1位，用以校验前面各码的正误）	14位标准码（包括物流标识码，共1位；国家代码，共3位；厂商代码，共4位；商品代码，共5位；校验码，共1位）及16位扩大码（包括校验码，共两位；物流标识码，共两位；国家代码，共3位；厂商代码，共4位；商品代码，共5位）
应用对象	向消费者销售的商品	物流工程中的商品
应用领域	POS系统、订货、补货管理	运输、仓储、分拣等
包装形状	单个商品包装	集体包装

货物的条形码是建立整个供应链的最基本要素，是实现自动化管理的第一步，有利于进货、销售和仓储管理一体化。条形码技术提供了一种对物流中的物品进行标识和描述的方法，借助自动识别技术、POS系统、EDI等现代技术手段，企业可以随时了解有关产品在供应链上的位置，并及时做出反应。当今流行的ECR、QR、自动连续补货（ACEP）等供应链管理策略，都离不开条形码技术的应用。条形码是实现POS系统、EDI、电子商务和供应链管理的技术基础，是物流管理现代化、提高企业管理水平和竞争能力的重要手段。

二、无线射频技术

射频识别技术（Radio Frequency Identification）是无线电技术在自动识别领域的应用，利用射频方式进行非接触式双向通信交换数据以达到识别目的，提供不直接接触采集物品信息的手段，可以远距离识别动态或静态的对象。RFID技术是条形码的升级技术，具有一些非常明显的优点：非接触识读，识读距离可从十厘米到几十米；可穿透多种材料，且不需要光源；可识别高速移动物体，并能同时识别多个对象；卷标内容可以动态改变，数据容量大；数据存取具有秘密保护功能，安全性高；可以唯一标示每个产品，进行跟踪定位。

一个典型的射频识别系统由卷标射频（Tag或者Smart Label）、读写器以及数据交换、管理系统等组成。其中，装载识别信息的载体是射频卷标（在部分识别系统中也称为应答器、射频卡等），获取信息的装置称为射频读写器（在部分识别系统中也称为问询器、收发器等）。射频卷标与射频读写器之间利用感应、无线电波或微波能量进行非接触双向通信，实现数据交换，从而达到识别的目的。

射频识别系统的工作过程是这样的：读写器在一个区域发射能量形成电磁场，射频卷标经过这个区域时检测到读写器的信号或发送存储的数据，读写器就接收射频卷标发送的信号，译码并校验数据的准确性以达到识别的目的。

射频识别系统是以无线通信技术和内存技术为核心，伴随着半导体、大规模基础电路技术的发展而逐步形成的。其应用过程涉及无线通信协议、发射功率、占用率等多方面因素，目前尚未在开发系统中形成应用的统一标准，因此射频识别技术主要在一些死循环系统中应用。

第三节　数据处理与数据库系统

数据描述是数据处理中的一个重要环节，从事物的特性到计算机中的具体表示，信息实际上经历了几个领域：现实世界、信息世界和计算机世界。在这 3 个领域中对信息的描述使用了不同的术语。3 个领域的联系如图 3－2。

图 3－2　现实世界、信息世界和计算机世界

信息系统是以数据驱动的，数据库技术和数据库管理系统研究信息如何存放到计算机里，在计算机里怎么来组织、管理数据。

一、数据库技术

数据库系统由数据管理系统（Database Management System，DBMS）和数据库（Database，DB）组成。这两部分有机结合，完成对数据的相应操作。数据管理技术经历了人工管理、文件管理、数据库系统三个阶段。表 3－2 给出了三个阶段的特征比较。

表 3－2　数据管理的三个阶段

	人工管理	文件管理	数据库管理
数据管理者	用户	文件系统	数据库管理系统
面向的对象	某个应用程序	某个应用	多个应用
共享程度	无共享，冗余度大	共享性差，冗余度大	共享性好，冗余度小
独立性	不独立，与程序一体化	独立性差，与程序相关性强	具有高度的物理独立性和逻辑独立性

续表

	人工管理	文件管理	数据库管理
结构化	无结构	文件形式多样化，单个文件有记录结构，文件之间是独立的	整体结构化程度高，以数据模型描述
控制	应用程序自己控制	应用程序自己控制	数据库管理系统提供安全性、完整性、并发控制和恢复能力

（一）人工管理阶段

从1946年计算机诞生至20世纪50年代中期，数据的处理完全由人工进行。在人工管理阶段，数据管理有如下特点：1. 数据不保存。一组数据对应于一个应用程序，应用程序与其处理的数据结合成一个整体。在进行计算时，系统将应用程序和数据一起装入，程序运行结束后，释放内存空间，程序和数据同时被撤销。2. 没有软件对数据进行管理。应用程序设计者不仅要考虑数据之间的逻辑关系，还要考虑存储结构、存取方法以及输入方式等。3. 没有文件概念。数据的组织方法由程序设计人员自行设计和安排。4. 数据面向应用。数据附属于程序，即使两个应用程序使用相同的数据，也必须各自定义数据的存储和存取方式，不能共享相同的数据定义，因此，程序与程序之间可能有大量的重复数据。

（二）文件管理阶段

从20世纪50年代后期到60年代中期，通过文件系统，程序和数据之间有了比较清晰的边界。不同的程序可以使用相同的文件，反过来，一个程序也可以访问不同的文件。在文件系统阶段数据管理有如下特点：1. 数据可长期保存在磁盘上。用户可通过程序对文件进行查询、修改、插入或删除操作。2. 文件系统提供程序和数据之间的读写方法，程序和数据之间有了一定的独立性。3. 文件形式多样化。因为有了直接存取设备，所以可以建立索引文件、链接文件和直接存取文件等。4. 数据的存取基本上以记录为单位。

但文件系统也存在缺陷：1. 数据冗余大，因为文件是为特定的用途设计的，因此会造成数据在多个文件中重复存储。2. 数据的不一致。3. 程序与数据之间的独立性差。修改文件的存储结构后，相关的程序也要修改。

（三）数据库管理阶段

从20世纪60年代后期开始，存储技术有了很大的发展，产生了大容量磁盘，硬件价格大幅下降，软件联机实时处理业务增多。这时，面向全组织的数据结构复杂，数据冗余度小，易于扩充，数据与程序独立，数据控制功能统一，在这些需求下，提出了数据库的概念。1968 年，IBM 公司成功研制出地数据库管理系统（Information Management System，IMS），标志着数据管理技术进入了数据库阶段。

与文件管理相比，数据库技术有了很大的改进，主要表现为：

1. 数据库中的数据是结构化的。数据库系统不仅考虑数据项之间的联系，还考虑记录之间的联系，这种联系是通过存储路径来实现的。

2. 数据库中的数据是面向系统的。对于任何一个系统来说，数据库中的数据结构都是透明的。任何应用程序都可以通过标准化接口访问数据库。

3. 数据库系统比文件系统有更高的数据独立性。

4. 数据库系统为用户提供了方便统一的接口。用户可以用数据库系统提供的查询语言和交互式命令操纵数据库。用户也可以用高级语言编写程序来访问数据库，扩展了数据库的应用范围。

不仅如此，数据库技术的发展还使数据管理上了一个新台阶，在数据完整性、安全性、并发访问和数据恢复方面，数据库管理系统都提供了非常完善的功能选择。

二、数据仓库

（一）数据仓库

数据仓库是信息的逻辑集合，这些信息来自许多不同的业务数据库，并用于支持企业的分析活动和决策任务，商业活动的复杂性以及顾客对企业响应速度越来越苛刻的需求，使得企业管理人员不仅要了解市场发生了什么，更要知道为什么会发生。而在回答“为什么会发生”的过程中，数据仓库技术可以起到关键作用。或者说，数据仓库代表了一种对企业中的信息进行组织和管理的与以往不同的思维方式。可以从三个层次理解数据仓库：

首先，数据仓库面向分析型数据处理，用于支持决策，它仅储存与决策相关的数据，支持企业的决策任务。当人们从各类业务数据库中提取信息来创建数据库时，收集的只是那些进行决策所需的信息。比如 Master Card 公司和它的数据仓库以及 Master Card 的联机系统，就提供了这方面的支持；同时，该数据仓库还可以为与它合作的银行、商店、饭店等合作伙伴挖掘有价值的信息，可以为客户建立这样的联机分析查询：“那些经常（最少一月两次）住我们饭店的顾客，他们喜欢去的目的地是哪儿?”

其次，数据仓库是对多个异构数据源的有效集成，集成后按照主题进行了重组。数据仓库包含历史数据，而且存放在数据仓库中的数据一般不再修改。数据仓库将企业中各个业务数据库中已获取的信息，通过汇总和总计等数据析取处理后结合起来。仓库内储存的是按照用户逻辑化决策需求来收集的信息。

另外，数据仓库是多维的，与关系数据库模型中的二维表表示的不同，数据仓库中的数据是多维的。

企业数据仓库的建设，是以现有企业业务系统和大量业务数据的积累为基础的。数据仓库不是静态的概念，只有把信息及时交给需要这些信息的使用者，供他们做出改善其业务经营的决策，信息才能发挥作用，才有意义。而把信息加以整理、归纳和重组，并及时提供给相应的管理决策人员，是数据仓库的根本任务。因此，从产业界的角度看，数据仓库建设是一个工程，也是一个过程。

（二）数据仓库应用价值

数据仓库的潜在价值很大，而且随着应用的进一步深入，其价值的体现可能会更突出。这些价值包括3方面的内容：

1. 成本/效率决策支持

数据仓库可从产品系统中下载报表和即时查询。此外，商业用户不再需要信息技术专家的支持。集成的、简洁的、一致的数据有利于提升报表和查询的质量和可靠性。逻辑集成有助于财务经理更好地管理资产，从而降低资产的损耗并提高资产的回报率。加深对顾客购买模式的理解有助于在恰当的时间和地点进行恰当的存货，这将进一步提高资产回报率。

2. 重组应用系统

将产品系统和决策支持数据仓库分开可使信息技术在产品生命期中清除历史数据，并改进企业系统结构。此种清除可以增强产品系统的生命力，推迟或消除升级的需求。它要求用简洁并且一致的数据来加载数据仓库，利用反馈来提高产品系统中数据的质量。对于有些企业，数据仓库可能正是它们所期盼的客户/服务器体系。

3. 重构业务流程

数据仓库也可以评价商业和组织的竞争力。外部数据集成提供了评价和分析竞争力的恰当标准。由于数据仓库事实上主要用于了解为什么发生商业事件，而不是发生了其他什么事件，设计并使用数据仓库有助于管理者了解企业的商业特性。

重构业务流程带来的潜在利益比使用成本/效益率决策大得多。组织应用信息系统不仅增强了资产的使用效率，并且对其他方面价值的实现也是必需的。实际上，这三方面是紧密集成的。使用数据仓库的经验表明，当数据仓库从决策支持变成支持业务流程重构时，商业盈利增多，因为人们的效率、资产以及整个企业的能力都有所提升。

三、数据挖掘

（一）数据挖掘的定义

数据挖掘，又称数据库中的知识发现，是指从大型数据库或数据仓库中提取有潜在应用价值的信息或模式。为达到这样的商业目标，数据挖掘可以帮助用户处理大量的数据，以期在数据仓库中得到“意外”的发现。这些发现可以带来潜在顾客，对企业的未来有方向性的指引作用。

在数据挖掘中发现的知识，是数据之间存在的某种关联。数据挖掘发现的知识都是基于现实当中产生的数据，在特定前提和约束条件下，面向特定领域的知识。用这样的知识可以指导一定范围内的业务活动。如60%购买果酱的人同时购买了面包，对超市经营者是非常难得的商业信息。

（二）数据挖掘的目标

1. 横向关联

挖掘表面看似独立的事件间的相互关系。例如“90%的顾客在一次购买活动中购买商品 A 的同时购买商品 B”之类的知识：比如经典的“尿布和啤酒”的故事，就是利用这种方法发现二者之间有很高的相关系数并引起重视，然后深入分析后才找出内在原因。

2. 次序关联

这种分析的侧重点在于分析事件的前后序列关系，发现诸如“在购买 A 商品后，一段时间里顾客会接着购买商品 B，而后购买商品 C”等知识，形成一个客户行为的“A→B→C”模式。如一个顾客在买了电脑之后，就很有可能购买打印机、扫描仪等配件。

3. 分类分析

通过分析样本客户数据库中的数据，为每个类别做出准确的描述或建立分析模型或挖掘出分类规则，然后用这个分类规则对其他客户的记录进行分类。比如，信用卡公司根据顾客的信用记录，把持卡人分成不同等级，并把等级标记赋予数据库中的每个记录。对于每一等级，找出它们的共同点，比如“年收入在 10 万元以上、年龄在 40 ~ 50 岁之间的外企白领”总体上信用记录最高。有了这样的挖掘结果，客户服务部门就知道一个新的客户的潜在价值，在客户服务投入上就心中有底。

数据挖掘技术主要运用在以下三个层面：首先要了解企业经营活动中发生了什么；其次，要了解为什么会发生；然后依据原因确定企业可以做什么，不可以做什么。传统的查询、报表和多维分析技术主要集中处理发生了什么，但很少考虑原因。

数据挖掘工具基于企业已经创建的数据仓库，直接或间接地访问数据源。数据仓库或数据集市的数据经过求精、集成和标准化，服务于数据挖掘工具。从手段上看，数据挖掘与信息的分析与处理在很多方面是不同的。表 3－3 总结了数据挖掘的特点。

表 3－3　数据挖掘的特点

	信息分析与处理	数据挖掘
关注点	概括数据	事务数据或细节数据
维数	有限的	许多
属性数目	几十个	每一维都有几百个
数据集的尺寸	每一维都是小型的或中型的	每一维都上百万
分析关注点	商业中会发生什么	为什么会发生，预测行为

（三）数据挖掘技术和工具

数据发掘技术和工具可分为三大类：统计分析或数据分析、知识发现以及其他工具和技术，包括可视化系统、地理信息系统、多维分析和智能代理工具等。

1. 统计分析

统计分析用于检查异常的数据模式，然后利用统计模型和数学模型解释这些数据模式。通常使用的模型有线性分析和非线性分析、连续回归分析和逻辑回归分析、单变量和多变量分析以及时间序列分析。

2. 知识发现

知识发现（Knowledge Discovery）源于人工智能和机器学习。通常，人们将知识发现定义为：知识发现用一种简洁的方式从数据中抽取信息，这些信息是隐含的、未知的，并且是潜在有用的。知识发现也被看作是一种数据搜寻过程，它不必预先假设或提出问题，但仍能找到那些非预期的令人关注的信息，这些信息表示了数据元素的关系和模式，也能通过完整的数据发现和数据分析找到商业规则。也有人简单地将知识发现看作在数据仓库或数据集市的海量数据中找到预先未知的商业事实。

企业总是在寻找相关的和新的商业信息，以便做出更好的商业决策。这些决策对企业生命力有重要影响。使用传统的商业查询技术和数据分析技术时，要求所问的问题是恰当的。知识发现技术则由它自己来决定要问的问题，然后不断深入地探索，直到找到商业用户所寻求的知识。商业分析员没有时间也没有那么多精力来从数据仓库中发现所有隐含的关系和模式。

3. 其他

（1）可视化系统。可视化系统可给出带有多变量的图形化分析数据，帮助商业分析员发现其联系和规律。它可以同时显示多个变量间的关系，描述并保存了所有信息，并将多变量关系转化为良定义的二维模式。这有助于管理大量数据，并有助于在复杂分析中应用可视化分析和查询方法。

（2）地理信息系统。地理可视化系统中的不同物理位置表示都与仓库中的数据相关。商业分析员可以根据地理环境来看待这些数据，并比较相同产品在不同地域的差异，或相同地域不同产品的差异。通过可视化一段时间内特定地理领域内销售的变化、产品售出服务等，也可以分析数据仓库中的临时数据。

（3）多维分析工具。多维分析工具（Multidimensional Analysis Tools，MDA）是一种对信息进行纵横分割的技术。它允许人们从不同角度看多维信息。如医院可以利用 MDA 把每天 100 000 份信息记录分成各种类型、各个层次，帮助管理者按照医院的管理体系和具体的业务范围，了解医院不同院系的服务情况，包括病人对医疗费用、入院检查、化验和放射医疗、药品供应以及门诊等方面的需求。大型的连锁超市、跨国公司的营销管理也都需要这样的工具。

（4）查询和报表工具。查询与报表工具（Query - and - Reporting Tools，QRT）、范例查询工具（Query By Example，QBE）、结构化查询语言（Structure Query Language，SQL）及数据库管理系统（DBMS）提供的报表生成器等都属于此类工具。实际上，大部分数据仓库环境都支持诸如 QBE、SQL 和报表生成器之类的简单易用的数据处理工具。数据仓库用户经常使用这类工具进行简单的查询并生成报表。

（5）智能代理。智能代理（Intelligent Agents）集中代表了 IT 行业中各类信息处理工具的发展趋势，应用各种像神经网络、模糊逻辑这样的人工智能工具可形成 OLAP 中“信息发现”的基础。例如，华尔街某股票分析人员应用一种叫作 Data/Logic 的 OLAP 软件，并加入神经网络为自己高效的股票和期货交易系统制定规则。还有一些 OLAP 工具与模糊逻辑结合，用以分析实时信息。

（四）数据挖掘应用领域

某些具有特定的应用问题和应用背景的领域，是最能体现数据挖掘作用的应用领域。对这些应用领域中应用问题的了解，将有助于对数据挖掘技术的了解。

1. 金融业

对账户进行信用等级评估，进行股票交易规律分析、信用卡使用模式分析、金融市场的分析和预测。利用数据库可以挖掘出对公司利润贡献最大的金牌客户，或制定不同的优惠及服务计划，为顾客创造更大的价值。

2. 保险业

保险费率的确定——可以从大量客户投保数据中分析并取得不同条件、不同人员、不同险种、不同时间与年龄的保险费率，使保险业主能获得合理的利润；险种关联分析——可以分析客户在购买了某种保险后是否还会购买另一种保险；认购险种的预测——可以通过数据挖掘预测新险种的客户群以及新险种的前景。

3. 零售业

分析顾客行为与习惯，分析商场销售商品的构成以及商品销售预测、商品价格分析及零售点设置布局等。世界著名图书连锁销售组织——亚马逊书店将会员的每笔交易都记录在案，系统能判别会员的购物倾向性，对会员进行分类。这样，销售代表在新书到来时，可以主动通知有相关偏好的会员。

4. 科学研究

数据挖掘可以从大量的、漫无边际的实验数据与历史资料中提炼出对发现科学规律有用的信息，从而起到协助科学研究的作用。在其他行业，如医疗、电信、司法、故障诊断等领域，数据挖掘也得到了应用。

（五）组织选择数据仓库决策要点

1. 决定企业是否需要数据仓库

数据仓库能有效地将各种不同业务数据库的信息集中到一起，开发有价值的信息，以帮助企业管理者寻找信息中的宝藏。但是，开展这项工作，有三个约束因素：（1）开发数据仓库是一个耗费大量时间与金钱的工作，而且开发后还必须准备大量的费用以培训潜在的数据仓库用户。（2）并非所有企业都有使用数据仓库的需求。对于那些轻而易举就能从企业业务数据库中获取所需信息的企业，可以选择一些关系型联机分析技术（Relation OLAP Technologies）工具，帮助管理者从各个维度审视和查询关系数据库中的信息。例如，Information Advantage 公司的 Axsys 软件、Prodea 公司的 Beacon 软件、斯坦福技术公司的 Metacnbe 软件等都是关系型的 OLAP 工具。（3）如果企业选择数据仓库技术，则必须做好提供技术支持的一切准备并在使用数据仓库技术的过程中自始至终、坚持不懈地给予大量的支持，否则必将困在其中。因此，任何一个打算使用数据仓库技术的企业，必须在经过慎之又慎的考虑后，再决定是否需要数据仓库。

2. 重新审视企业现有的信息系统

在现有的经理信息系统（EIS）中，拥有包含其他数据库信息的特殊数据库。这种 EIS 数据库也是数据仓库。因此应从保持企业竞争力出发，考虑是扩展已有的 EIS，还是开发全新的数据仓库，以便全体员工使用。

3. 扩展与培训数据仓库的用户

随着全球化经济的发展，需要建设数据仓库，而建立数据仓库要付出昂贵的代价。因此，为了降低成本必须扩大用户范围，建立跨组织的、由多企业共享市场信息、顾客信息的数据仓库是未来发展的方向。例如：Master Card 国际公司的数据仓库拥有用户 22 000 个，其中有银行、零售商、饭店等，每个用户都能从数据仓库中挖掘有价值的信息。

4. 研究数据仓库信息的更新频率

数据仓库包含来自其他数据库的信息。因此，确定何时、如何从其他数据库中提取信息及确定更新数据仓库的频率很重要。出于通信成本与操作方面的考虑，即时更新往往是不可能的。那么什么样的更新频率最佳呢？这个问题将由数据仓库的用户回答。因为他们了解信息需求，可以提出信息更新频率的要求。

【参考文献】

1. 蒋长兵，现代物流学导论，北京：中国物资出版社，2006 年。

2. 彭扬、傅培华、陈杰，信息技术与物流管理，北京：中国物资出版社，2009 年。

3. 郭捷，管理信息系统，机械工业出版社，2008 年。

案例 3－1　Facebook 的华丽转身：引领大数据营销浪潮

提起 Facebook，人们很自然地联想到它是全球第一大社交网站，殊不知，它的核心竞争力已经从 SNS（Social Networking Services，即社会性网络服务）悄然转移到了大数据业务上。2012 年 5 月 18 日，Facebook 在纳斯达克上市，IPO 定价为 38 美元，融资规模达 160 亿美元，而按照发行价计算，Facebook 的估值达到 1040 亿美元，成为美国有史以来上市时市值最大的企业。马克·扎克伯格在回答华尔街分析师关于 Facebook 2013 年第一季度的利润问题时一直提到一个主题，那就是：Facebook 新的大数据能力。中信证券研究部发布的荐股书中更是称，Facebook 的 IPO 代表了全球互联网商业模式的第三次浪潮，它的上市引领互联网进入了大数据时代。

一、大数据时代来临

最早提出“大数据”时代到来的是全球知名咨询公司麦肯锡，麦肯锡称：“数据，已经渗透到当今每一个行业和业务职能领域，成为重要的生产因素。人们对于海量数据的挖掘和运用，预示着新一波生产率增长和消费者盈余浪潮的到来。”

什么是大数据？一般而言，大数据是指超过传统数据库系统处理能力的数据，数据量通常在 10TB（1TB = 1024GB，为 1 万亿字节）以上。具体来说，大数据具有 4 个基本特征：

一是数据体量巨大。百度资料表明，其首页导航每天需要提供的数据超过

1.5PB（1PB = 1024TB），这些数据如果打印出来将超过5000亿张A4纸。有资料证实，到目前为止，人类生产的所有印刷材料的数据量仅为200PB。二是数据类型多样。现在的数据类型不仅是文本形式的，更多的是图片、视频、音频、地理位置信息等多类型的数据，非结构化数据占绝对多数。三是处理速度快。数据处理遵循“1秒定律”，可从各种类型的数据中快速获取高价值的信息。四是价值密度低。以视频为例，一小时的视频，在不间断的监控过程中，可能有用的数据只有一两秒。

早在1980年，阿尔文·托夫勒在《第三次浪潮》一书中，就将大数据赞颂为“第三次浪潮的华彩乐章”。2009年，“大数据”成为互联网信息技术行业的流行词汇，美国互联网数据中心指出，互联网上的数据每年将增长50%，每两年将会翻一番，目前世界上90%以上的数据是最近几年才产生的，海量的数据浪潮迎来了“大数据”时代。

二、信息浪潮解构传统营销体系

（一）数据是营销的基石

营销的科学性，是指企业在进行营销的过程中，在一定范围内和一定程度上揭示和运用市场规律，把握市场需求，同时能预见市场需求变化的趋势。也就是说，科学营销的基石是有效数据，运用数据手段，严谨地搜集和分析消费者的各项数据与行为轨迹，辅之以社会心理学的方法，透过数据现象解释人的行为，并进行行为预测。

数据对营销科学性的塑造主要有三个层面，一是市场信息的控制，二是瞄准受众，三是确保营销手段能够重复有效地使用。数据为营销提供可靠的方向，使营销做到主客观结合，提高推测市场需求方向的准确度。

（二）传统的数据测量体系逐渐失效

20世纪80年代以来，广告与营销界形成了市场调查与分析的数据测量体系。例如AC尼尔森零售研究、新生代消费行为研究、电通的CSP模式。这些数据库曾经帮助传统广告营销体系实现高程度的科学化。随着互联网技术的发展与海量数据的产生，个人在真实世界中的活动被前所未有地记录，使传统数据测量体系面临失效的威胁。当社会结构出现不稳定的碎片化倾向时，舆论与传媒渠道变得平台化时，老旧的抽样调查面临着艰难的抉择：原有的消费者研究方式难以保持真实性，抽样调查误差难以控制，质化的洞察手段由于成本上升难以推及全体。营销体系中的四个层面——媒体、消费者、广告与营销战略策划和效果评估，因此难以再用传统手段获得有效数据，即有的数据测量体系逐渐失效。

（三）受众市场“碎片化”

消费者领域存在“碎片化”趋势，表现为大众品牌影响力下降与大众媒体接触减少。随着互联网以及新媒体技术的不断发展，受众的碎片化速度正在加快，导致营销者与广告主难以再用单一媒体覆盖各种目标人群，广告有效性在逐年下滑。然而碎片化并不是灾难，通过源源不断的海量数据的忠实记录，我们可以发现受众正在因为相同的需求和兴趣爱好，自发地重聚在一起。各种网络应用，例如即时通信、搜索、网络购物与社交网站，使受众的各种信息数据都暴露在网上，使行为被有效观测与分析，形成营销体系新的基石。作为 SNS 龙头老大的 Facebook，成为强大的数据搜集机器，每天源源不断地创造“海量 + 非结构化/复杂类型”数据，并致力于挖掘蕴含其中的商业价值，引领了大数据营销浪潮。

三、大数据技术重构营销体系

（一）Facebook 与大数据

目前，Facebook 在全球拥有超过 11 亿用户，44% 的全球网民使用 Facebook，移动用户高达 6 亿之多，美国、巴西、印度是使用 Facebook 的前三大国家，一共有 1403 亿个好友链接，照片的上传量为 2190 亿，有 6260 万音乐被播放，次数高达 220 亿。Facebook 每天新增 25 亿条分享内容，32 亿条评论，27 亿条“赞”，3 亿张照片，每天会采集到多于 500TB 的数据。

从成立之初，Facebook 就已经在有意识地收集用户数据。Facebook 的大数据产品 Timeline（时间线）用户可以在这条时间线的页面上记录自己的生活故事，更是将 Facebook 收集数据的范围从实时数据扩展到了历史数据。它实际就是个人的“斯芬克斯之谜”解答器。“自此，你的生活，全部都在网上了。”马克·扎克伯格这样说。从理论上说，一个人可以在挑选皮鞋时，展示一生中与皮鞋相关的历史，供第三方的生活方式设计师为你一对一地提供选鞋咨询建议用。Facebook 的社交网络每秒钟都在生成海量的数据，如文本、图片、音乐、视频、地理信息、Web 链接等，这些数据实时更新、海量聚集，而且不会被搜索引擎抓取，构成了 Facebook 最核心的数据资产。

Facebook 基础设施技术部门副总裁 Jay Parikh 说：“大数据就是利用你的洞察力，发现数据背后的潜在价值，并利用它来为你的企业创造利益”，解释了这些数据对于 Facebook 的意义：“大数据的意义在于真正对你的生意有内在的洞见。如果你不能好好利用自己收集到的数据，那你只是空有一堆数据而已，不叫大数据。”海量的非结构化用户数据蕴含着丰富的消费倾向，通过对大数据的分类、挖掘与分析，企业可以大幅提升广告的精准投放效果，开发对用户更具吸引力的应用，并且可以预测多个行业的发展趋势。数据收集、数据分析和数据应用正是构成 Facebook 大数据战略的三驾马车。而数据应用的大数据策略主要集中在三个层面，产品服务、用户管理与广告营销。

大多数人尚未认清这样一个事实：Facebook 目前已成为仅次于谷歌的第二大互联网广告公司。正如2012 年 Facebook 第三季度财报显示的那样，在第三季度12.62 亿美元的营收中，来自广告业务的营收占86%，为10.9 亿美元，

（二）个人信息平台：数据与营销的匹配

Facebook 以其覆盖面极广的全球化 SNS，在营销体系中构建了个人信息平台：海量的数据、互动的沟通方式、平台化的传播。“碎片化”的受众被重新“画像”，在 SNS 产品中根据兴趣与需求被重新分类，同时根据社区信息实现了线上与线下的结合，使数据与营销匹配度大大高于传统营销体系。

Facebook 大数据为营销带来了许多新的可能。第一，数据量几何级增长，SNS 特有的实时数据与历史数据的双重描述，使得数据实现了从量到质的飞跃；第二，SNS 是用户数据的金矿，受众将真实行为与真实信息主动暴露在信息平台上，使得近乎实查行为的记录源源不断地生成；第三，计算机与互联网技术的变革，使得接近实查的抽样调查成本变得极低；第四，SNS 用户发布的数据具有极强的“互动性”，使得需求信息被清晰而精准地接收到。

由于营销的核心是激发需求、掌握需求和满足需求，以往数据的主要作用是需求的推论，而在大数据技术背景下的信息平台以其高“互动性”，直接将用户需求信息精准地送达广告主，从“推论”到“真实需求”的飞跃使得营销的精准性大幅提升。

（三）点击广告：比搜索广告命中率更高

在传统互联网广告推广模式中，命中率较高的是搜索广告，它与随处可见的广告不同，是依托搜索引擎，利用消费者的搜索来提高广告命中率。以百度为例，用户输入关键词，如果这个关键词和广告商竞价购买的词语匹配，它的广告就会出现。

Facebook 的点击广告比搜索广告更明白“哪些用户需要它”。有着羡煞众人的海量数据库支持，Facebook 利用用户的基本属性、粉丝、兴趣来找出潜在的用户群，然后带领客户设定一系列的参数，自定义产品的目标受众：第一根据人口统计特征进行筛选，即受众的基本属性，一共有 11 个维度，包括所在地、年龄、性别、性情对象、感情状态、语言、教育程度和学校、工作场所等。第二根据粉丝页进行筛选，即具体到哪类关系的人。第三根据兴趣和偏好筛选消费者。这种全自助式的点击广告具有十分明显的优势：一来为缺乏广告代理的中小企业客户提供了自己制定广告预算和受众群体的工具；二来通过细致的指标选择，给广告客户带来专业、

精准的投放体验；第三提升了广告经营效率，节省了广告经营开支；第四也避免了人为的服务错失将一些客户挡在门外。

（四）精准的用户画像

用户画像是对用户的具体描绘，将众多用户的行为与属性数据进行结构化解读，详细定义他们的性别、年龄、地域、偏好等，企业可以根据用户行为和用户画像来制订产品生产与推广计划。

开心网副总裁郭巍对 Facebook 数据挖掘能力的羡慕之情溢于言表："根据海量用户的使用习惯做数据挖掘，然后对用户进行'画像'，是社交网络最强大的功能之一。相比其他社交网络，Facebook 的'用户画像'能力非常强，这会使它能更精准地把握用户需求和广告主的需求。如果以素描来做比方，国内的 SNS 网站可能画的是个大致的模样，但 Facebook 可能就会画得非常详细，睫毛多长，眼睛是灰色的还是蓝色的，发型是什么样子，然后穿着衬衫、领带、西装等，还有胡须。"正是基于这样细致的数据挖掘，Facebook 给广告主带来了超乎想象的精准投放：在主页上刚刚宣布自己"订婚"了的波士顿女士收到了婚纱摄影的推送广告，而刚刚修改状态"单身"了的纽约男孩收到了单身派对的推送广告。

（五）社交化分享

比起单纯依靠算法来向用户推送个性化广告，Facebook 找到了更有效的营销模式——"最值得信赖的信息来源就是朋友和家人的推荐"。

以旅游业为例，当人们决定出行时，Facebook 将展示其好友对目的地的评价和意见，来影响他们的决策。用户可以用上传照片、地点签到或是利用第三方平台上的"Like"按钮等方式在 Facebook 上分享自己去过的地点、景点照片、住宿酒店等内容，他们对在线服务的使用动态也可以被同步到 Facebook 上。Facebook 将这类数据结构化处理后，用户可以很方便地查看和搜索这些历史数据，并直接在 Facebook 上点击预订这些服务。

这和中国成语中的"口口相传"如出一辙，只不过 Facebook 通过其数据库与大数据技术搭建了"相传"的平台，利用 SNS 这张"网"的一丝一线精准地传播值得用户信赖的"口碑广告"。

四、结　语

信息浪潮席卷而来时，原有的数据测量体系开始力不从心，市场碎片化使得需求监测手段的误差难以控制，传统的营销广告体系开始解构。而营销者同时迎来了新的机遇：网络上呈现前所未有的用户信息量暴露，信息平台上的互动式沟通，这些都为大数据时代的精准营销提供了值得深入挖掘的信息宝藏。Facebook 得益于自身9年的SNS用户积累，掌握了其他大数据公司艳羡不已的轮廓清晰的用户画像，通过自助式点击广告投放、用户画像广告关联、社会化分享等以海量级数据为核心的营销手段，华丽转身为第三次互联网商业模式浪潮中的领头羊。

（资料来源：农函颖，中央民族大学，MIS课程作业，2013年。）

【参考文献】

[1] 黄升民. 大数据背景下营销体系的解构与重构 [J]. 现代传播，2012 (11)。

[2] 陈圆圆. Facebook：基于SNS的大数据公司 [N]. 互联网周刊，2012 (12)。

[3] 龙思薇. Facebook的大数据战略 [N]. 媒介杂志，2012 (9)。

【问题思考】

1. 哈佛大学Robet Reich教授曾认为："全球竞争的结果，将不断地压缩通过一致性、常规性和标准化过程所产生的利润。"对全球最大的SNS网站Facebook的业务转型，应如何理解？大数据浪潮给传统营销带来的变革将会产生什么样的影响？

2. 作为普通用户，大家也许会对如此海量的数据心存不安，担心自己的数据被随意浏览。对此，你认为Facebook应该有哪些防范措施来防止此类事情的发生？数据库营销中客户信息在数据收集、处理和采集中应该如何利用并加以保护？

案例3-2　淘宝网：从数据中发现潜在商业价值

从2003年成立至今，淘宝搭建的电子商务生态圈使超过一百万的网络卖家感受着中国网络购物用户的急速增长。阿里巴巴是中国最大的网络广告交易平台，2008年9月与淘宝合并。在中国，有超过一百万的中小网站创造着超过80%的互联网流量，阿里巴巴帮助这些中小网站销售和变现它们的网络广告资源。根据2007年第三方权威机构调研，淘宝网占有中国C2C市场70%以上的市场份额，在消费者间市场占据了80%以上的市场份额。2009年，淘宝当选中国世界纪录协会中国最大的电子商务网站。继淘宝之后，B2C移动商务领域的创新日渐火热，占据了B2C市场霸主位置的淘宝网。

淘宝网是中国深受欢迎的网购零售平台，拥有近5亿的注册用户，每天有超过6000万的固定访客，每天的在线商品数已经超过了8亿件，平均每分钟售出4.8万件商品。截至2011年年底，淘宝网单日交易额峰值达到43.8亿元，创造了270.8万个直接且充分就业机会。随着淘宝网规模的扩大和用户数量的增加，淘宝也从单一的 C2C 网络集市变成了包括 C2C、团购、分销、拍卖等多种电子商务模式在内的综合性零售商圈，已经成为世界范围的电子商务交易平台之一。

淘宝在日常的交易中，需要面对庞大的消费者信息、订单信息、商品信息以及商家信息。面对这些信息，不可置之不理，要学会正确地应用它。采取正确的方法使其具有相应的商业价值，在业务中加以应用，支持决策者做出更好的决策，有望给企业带来更大的绩效和收益。

一、数据仓库

淘宝在 2004 年开始利用 Oracle 产品构建企业级数据库。2007 年、2008 年先后两次对数据仓库系统进行了升级和扩充。2009 年，在数据仓库规模每年成倍扩大的情况下，数据处理和分析的时效性也在不断提升。

（一）精简数据结构，使数据库充分利用空间

淘宝所有的商业数据基本上都汇集到数据仓库中。利用数据仓库技术，淘宝对分散在不同业务系统中的业务数据进行集中，产生了完整记录用户访问路径、交易过程的海量数据。通过数据仓库的清洗、整理、过滤、排序等技术处理，这些海量数据形成了具有商业价值的业务信息，并生成反映最新市场现状的统计分析数据报表。现在淘宝每天的活跃数据超过 50TB，每天对这些数据进行动态分析，使淘宝在交易中更好地提供精准的个性化服务。

（二）建立完善的数据保障机制，保证数据库安全

淘宝所有的数据至少是 1：1 在两个机房同时备份来保证数据安全，当然也有异地的数据备份机制。这可以保证一个机房在断电或者是发生火灾的情况下，另外一个机房在很短的时间内继续向淘宝网的用户提供服务。淘宝所有的数据库都是经过网络集成的，在外面任何地方都没有办法访问到淘宝数据库中的数据。在监控方面，淘宝有一整套监控支持系统，包括防欺诈、防恶意的数据，保证客户的个人信息不被泄露。

（三）建立数据开放平台，共享数据资源

淘宝建立的阿里云计算中心（http：//www. aliyun. com）将阿里云网页打造成数据分享第一平台。淘宝开放平台（http：//open. taobao. com）可以让淘宝卖家从系统中下载消费历史记录、会员信息，并且不再需要专业技术人员的帮助。集成的、简洁的、一致的数据有利于提升报表和查询的质量和可靠性。支付宝开放平台为企业财务管理、ERP、CRM、绩效管理提供资金解决方案。淘宝卖家服务平台汇集信息，传递上级，展示最全面的卖家服务市场业务资讯。淘宝电商 ERP 官方频

道是淘宝天猫电商后端的精细化管理，包括ERP、DRP、进销存管理频道，它不仅可以帮助企业决策者、管理者进行战略决策和企业管理，也可以帮助淘宝卖家及时获取信息，提高工作效率，体现了强大的实用价值。

二、数据挖掘

数据挖掘（Data Mining）是一种新的商业信息处理技术，其主要特点是对商业数据库中的大量业务数据进行抽取、转换、分析和其他模型化处理，从中提取辅助商业决策的关键性数据。淘宝从数据挖掘的角度，分析网购消费群体的消费偏好，通过大量的数据收集，便可知道该购物页面设计的受欢迎程度。如果进一步精确，还可分析消费者停留时间长短的原因，停留时间短是因为商品陈列过多，还是大多雷同，还是页面的风格不够时尚？具体到某一个具体的问题，可以及时地纠正。网购群体的注册信息、过往的消费记录也是非常有用的信息，注册信息可对用户的基本信息有一个了解，例如年龄、性别；而过往的消费记录则可以体现消费者的个人偏好以及消费水平，卖家可以据此根据消费者的不同需求，对网购群体进行细分，做一些个性化推荐。

淘宝数据挖掘类型主要有以下几种：

1. 挖掘用户

简单地说就是用不同的属性，对用户进行不停的深入细分。根据使用最多类消费者的共同特点，用电脑勾画出某产品的消费者模型。

2. 挖掘需求

这是指根据用户的年龄、职业、收入、文化层次、喜好、消费习惯等数据，运用先进的数据分析技术，找出他们的潜在需求。在网站的发展过程中，还需要不停地扩充和完善数据库，比如不停地搜集用户的详细信息、喜好、行为和习惯等。

3. 挖掘产品

根据市场和客户的需求，制造出他们需要的产品。以市场为主导，保证产品的销售。

三、客户关系管理

客户关系管理的本质是更有效地进行竞争。客户关系管理的目标是缩减销售周期和销售成本、增加收入、寻找扩展业务所需的新的市场和渠道以及提高客户的价值满意度、盈利性和忠实度。企业实施客户关系管理，可以以更低成本、更高效率满足客户的需求，从而最大限度地提高客户的满意度及忠诚度，挽回失去的客户，保留现有的客户，不断发展新客户，发掘并牢牢地把握住能给企业带来最大价值的客户群。

（一）淘宝的数据库营销

数据库营销是指企业通过收集和积累会员或潜在会员（用户或消费者）信息，经过分析筛选后针对性地使用电子邮件、短信、电话、信件等方式进行客户深度挖掘与关系维护的营销方式；是以与顾客建立一对一的互动沟通关系为目标，并依赖庞大的顾客信息库进行长期促销活动的一种全新的销售手段。

（二）淘宝的数据化运营

淘宝所有的商业数据基本上都汇集到数据仓库中，然后进行运算，最终会根据不同的 BI 模型，得出不同的结果。通过对各种访问、交易、商铺信息以及客服信息等的综合处理，形成反映各种浏览、交易和用户行为、行业销售趋势方面的统计数据，可以为公司的决策提供数据方面的支持。因此，淘宝的数据库系统对整个公司来说，是至关重要的。淘宝的数据除了供公司内部使用以外，也可提供给外部用户。淘宝 2010 年做的数据魔方产品，就是为淘宝的卖家提供商品的销售情况、行业的销售趋势，从而为淘宝卖家提供更强大的数据营销方面的支持，利用“量子”、“小艾”、“魔方”、“生意经”等来收集店铺以及行业的基础数据。另外还有一个比较大的数据产品是电子统计，即提供给淘宝卖家电子统计，如流量统计——免费流量、自主访问流量、付费流量、站外流量等，具体包括卖家的访客来源、访客喜欢什么时间段来、定了哪些商品等非常详细的订货统计，这些信息有助于淘宝的产品商户和卖家了解、分析用户行为，设计增值服务。另外，淘宝还可以提供店铺大数据诊断、单品数据诊断等，来分析客户的购买偏好。这不仅需要数据仓库对海量数据进行更新、集中处理，也需要它能提供每天动态、实时的分析。

正如马云在淘宝十周年晚会上所说，还没来得及琢磨移动互联网是怎么回事，人们已经争相簇拥着进入大数据时代了。未来淘宝的定位是一家数据公司，数据和数据挖掘将是淘宝的核心价值所在。

【参考资料】

1. 淘宝数据库专家深入解析数据仓库架构，CIO 时代网，IT 经理世界 http：//www. ciotimes. com/bi/bzjgd/49660_ 2. html，2011 年。

2. 淘宝网的数据化运营，http：//bbs. paidai. com/topic/163113，2012 年。

【问题思考】

1. 大数据正以前所未有的速度颠覆人们探索世界的方法，引起社会、经济、学术、科研、国防、军事等领域的深刻变革。尽管在企业海量数据库中，隐藏着无数商业秘密，也孕育着很多机遇以及潜在的成功，但将这些信息利用起来却是一项令人望而生畏的工程。Corporate Executive Board 咨询公司在对 5000 家公司进行研究后发现，尽管提升数据分析的能力已成为全球各组织的头等大事，但是真正对数据进行分析并获得有效信息、取得显著成绩的公司并不多见。在今天这样一个数字驱动的大环境下，企业必须能够制定周密计划并且实施可行的解决方案来管理大数据。大数据究竟能在哪些方面挖掘出巨大的商业价值呢？盈利模式都有哪些？具体实施过程中会有哪些瓶颈？

2. 占据着中国 80% 以上的网购市场份额、亚太地区最大的网络零售商淘宝网，在数据挖掘方面有哪些可以借鉴的地方？

第四章　电子商务

21世纪世界上只有两种生意，就是拥有网站的企业和将被收盘的生意，未来要么电子商务，要么无商可务。

——比尔·盖茨

第一节　电子商务概述

广义上讲，电子商务（Electronic Commerce）是利用计算机技术、网络技术和远程通信技术，实现整个商务过程中的电子化、数字化和网络化。首先，电子商务利用计算机技术、网络技术和远程通信技术，实现商务过程的电子化、数字化和网络化；其次，电子商务是以商务活动为主体，以计算机网络为基础，以电子化方式为手段，在法律许可范围内所进行的商务活动过程，对企业的各项活动进行持续优化的过程。

一、电子商务类型

（一）企业对企业（Business - to - Business，B2B）

B2B是电子商务业务的主体。它将企业内部网通过B2B网站与客户紧密结合起来，通过收集和整理企业的供求信息，为供求双方提供一个开放的、自由的交易平台，为企业带来更低的价格、更高的生产率和更低的劳动成本以及更多的商业机会。其代表是阿里巴巴电子商务模式，全球买家和进口商在此寻找来自中国和其他制造业国家的供应商，已成为全球商人网络推广的首选网站。

（二）企业对消费者（Business - to - Consumer，B2C）

B2C是企业透过网络销售产品或服务给个人消费者。企业厂商直接将产品或服务推上网络，并提供充足资讯与便利的接口吸引消费者选购，这也是目前最常见的一种方式。典型代表是网上商城。如新浪网为拓展电子商务，在网上提供页面空间帮助一些传统的零售商在网上销售产品，淘宝商城、京东商城、卓越亚马逊、当当网等也是这种模式。

B2C 电子商务网站的三个基本组成部分是：为顾客提供在线购物场所的网站；负责配送客户所购商品的配送系统；负责顾客身份的确认及货款结算的银行及认证系统。

（三）消费者对消费者（Consumer－to－Consumer，C2C）

C2C 商务平台通过为买卖双方提供一个在线交易平台，使卖方可以主动提供商品上网拍卖，而买方可以自行选择商品进行竞价。C2C 并不局限于物品与货币的交易，在这类虚拟的网站中，买卖双方可选择以物易物，或以人力资源交换商品。在形式上有提供消费者之间拍卖中介服务的，即个人与个人间的直接交易，如淘宝网；有提供消费者拍买商家产品中介服务的以及商家之间的拍卖服务的，如我国著名的拍卖电子商务服务公司雅宝；还有提供从消费者到商家的集体竞价服务等。

（四）ABC（Agents－Business－Consumer）

ABC 模式是由代理商（Agents）、商家（Business）和消费者（Consumer）共同搭建的集生产、经营、消费为一体的电子商务平台，是继阿里巴巴 B2B 模式、京东商城 B2C 模式、淘宝 C2C 模式之后的新型模式。淘福啦是运用电子商务 ABC 模式的网站，以“网店＋服务店＋营销服务系统＋消费联盟”的复合型营销模式为手段，把网络营销、连锁经营、传统渠道、服务和消费链等整合起来，把顾客的需求导向以信息为管理中心，在一方提供给另一方或多方的过程中体现双方或多方的价值以实现多方共赢，从而建立一条交互式、立体式、全方位的无限流通管道。

（五）消费者对企业（Consumer to Business，C2B）

C2B 方式是一种创新型的电子商务模式，不同于传统的供应商主导商品，这是通过汇聚具有相似或相同需求的消费者，形成一个特殊群体，经过集体议价，以达到消费者购买数量越多、价格相对越低的目的。C2B 是商家通过网络搜索合适的消费者群，真正实现定制式消费。对消费者而言，是一种理想化的消费模式。比如团购。

（六）企业对政府（Businness－to－Administrations，B2A）

B2A 方式是企业与政府机构之间通过网络进行各项事务的处理，包括政府采购、税收、商检、管理条例发布以及法规政策颁布等。一方面，政府作为消费者，可以通过 Internet 网发布自己的采购清单，公开、透明、高效、廉洁地完成所需物品的采购；另一方面，政府对企业的宏观调控、指导规范、监督管理的职能通过网络以电子商务方式能更充分、及时地发挥。例如，政府在互联网上公布采购的细节，通过网上竞价方式进行招标，企业也要通过电子方式进行投标。除此之外，政府还可以通过这类电子商务方式实施对企业的行政事务管理，如政府用电子商务方式发放进出口许可证，开展统计工作，企业可以网上办理交税和退税等。

（七）消费者对政府（Consumer to Government，即 C2G）

C2G 方式即消费者对行政机构的电子商务，指的是个人对政府的电子商务活动。如在澳大利亚，政府的税务机构已经通过指定私营税务或财务会计事务所用电子方式来为个人报税。随着商业机构对消费者、商业机构对行政机构的电子商务的发展，政府将会向社会个人提供更为全面的电子方式服务。政府各部门向社会纳税人提供的各种服务，例如社会福利金的支付等，将来都会在网上进行。

另外，按电子商务运营模式来分，可分为综合性电子商务（可服务于多个行业与领域的电子商务网站）和垂直型电子商务（指定某一特定专业领域的电子商务网站）等。

二、电子商务的盈利模式

电子商务盈利模式是指企业运用互联网开展经营取得营业收入的基本方式。其盈利模式的实施途径有以下三种：

1. 利用已有资源

如某服装企业通过网络销售产品（企业产品即其资源），某营销顾问公司通过网络提供顾问服务，门户网站利用已有的巨大流量卖广告位等。这种模式的电子商务企业只要向客户提供良好的产品（自有的资源），找到合适的销售渠道，并进行必要的宣传推广就可以了。

2. 利用积累的某种资源

音乐网站上的海量乐曲、中国知网上的海量学术文献、英语听力站点上的海量英文音频、讲座网上的海量视频讲座，对于这种模式的电子商务企业，只要积累丰富的资源、建设一个良好的平台，并加大宣传推广的力度就可以取得成功。可通过提供免费服务吸引大量网民访问从而获得广告收入，也可以采取付费会员制（如资源具有不易获得性时，采取付费会员制为佳）。

3. 利用汇聚的两种访客资源

如淘宝网和阿里巴巴汇聚商品的买家和卖家资源、任务中国网站汇聚劳务的买家和卖家资源、智联招聘网汇聚求职者信息和招聘方信息资源、网络游戏汇聚众多游戏者（每一个游戏者兼具双重身份，既是玩家也是其他玩家所处游戏环境中的一个组成部分）。这种模式的电子商务企业需要建设一个优秀的平台，并通过强力的宣传推广吸引平台所面向的两种访客，通常起步阶段对两种访客同时采取免费策略。

从电子商务网站的收入来源具体分析其盈利模式，又有以下几种：

1. 广告支持盈利模式

广告支持盈利模式早期是美国的电视网络采用的模式，提供带广告信息的免费节目，广告收入支持用于电视网络的运营和节目制作成本，也称为“眼球经济”。但由于没有测量网站访问量的统计方法，很难确定网络广告收费标准；另外，网站的粘度，即网站吸引用户重复访问的能力很重要，网站粘度越高，表明用户停留网站的时间越长，而广告信息接触度就越高。

2. 网上目录盈利模式

目录销售，也称“邮政贩卖”，是运用目录作为传播信息的载体，通过直邮渠道向目标市场发布，从而获得消费者直接反应的营销活动。网上目录模式有以交易为主导的电子商务零售企业，通过交易产生收益，如亚马逊、当当网等在线零售商；另外还有以制造商为主导的网上直销模式，制造商通过电子商务平台，直接将生产的产品销售给终端消费者。由于减少了批发商、零售商等中间环节，并且节约了制造和包装等方面的成本，网上商品比实体店销售的产品便宜很多，如网上书店和实体店比较。这类模式中，收入的来源是一样的，不同的是实现收入的方式。

3. 数字内容盈利模式

为解决用户对特定信息的查询产生的信息过载和信息迷向问题，传统的信息服务企业在向互联网迁移的过程中，利用其自身的信息优势，依托互联网向客户提供更好更方便的检索手段，有效解决信息分类、深入加工和提供专业检索等问题。这种盈利模式的核心竞争力不在于信息技术，而在于它能提供给用户高质量、具有知识产权的数字信息内容，如电子数据库资源、报纸电子版内容、研究报告、音乐电影等数字产品，其收入主要为订阅费用、单位流量费用等。如中经网定位在为政府、企业提供高质量的经济信息服务，主要收入来源是企业信息收费。中国知识基础设施工程（CNKI）把国内6600多种学术期刊搬到网上进行信息资源共享，其市场细分非常明确，即为高校和学术团体进行信息查询和学术研究提供服务等。

4. 在线能提供的服务

在线能提供的服务是多样的，如网络游戏、广告收费、在线交流、在线音乐、在线电影、电子邮箱、虚拟空间等等，有的盈利模式目前非常明晰，如盛大网络依靠网络游戏实现盈利，主要收入来源于服务费、会员费、广告费以及与运营商合作带来的业务分成。中国的几大综合网站，如网易、搜狐、新浪等，很大一部分收入都来自以搜索引擎服务为主的广告业务，通过购买关键字使企业信息排名靠前，支付服务费用。

5. 交易费用模式

交易费用即佣金。交易费用模式是指网站为交易的双方提供一个交易的平台，从中收取佣金。如拍卖交易佣金，如 ebay 网，解决的是交易双方的信用问题；携程网从出售机票、预定旅馆、租用汽车和导游等活动中收取佣金；证券经纪公司网站在网上大量存在，很多行业网站、招商网站、旅游代理网、在线银行和金融业网站等均采用交易费用模式。但做得最好的往往都有自己的核心竞争力，如先入优势、行业优势或者是其他方面的优势。

毋庸置疑，几乎所有电子商务模式都不只采取一种盈利模式，更多的是多种模式混合。随着 Web 2.0 的快速发展，博客、微信、视频分享、网络社区、维基、微博等受到更多的关注，也随之产生了博客类、即时通信类的盈利模式。博客类网站的收入来源包括广告收入、无线增值服务以及向博客用户提供增值服务和对应用程序收取服务费。即时通信即以软件为执行手段，依靠移动互联平台，以多种信息格式沟通为目的，实现同平台、跨平台的低成本高效率信息交流的综合性通信工具，其盈利点主要包括即时通信服务，如传输信息、号码服务、电子贺卡、校友录、短信互通、微信等，门户网站的广告收入以及品牌授权，如授权开发 QQ 玩具、QQ 头像。

三、企业电子商务系统

（一）Internet 信息系统

电子商务系统的基础是 Internet 信息系统。Internet 信息系统是指企业、组织和电子商务服务商。在 Internet 网络的基础上开发设计的信息系统，可以成为企业、组织和个人消费者之间跨越时空进行信息交换的平台，在信息系统的安全和控制措施保证下，通过基于 Internet 的支付系统进行网上支付，通过基于 Internet 的物流信息系统控制物流的顺利进行，最终保证企业、组织和个人消费者之间网上交易的实现。因此，Internet 信息系统的主要作用是提供一个开放的、安全的和可控制的信息交换平台，它是电子商务系统的核心和基石。

（二）电子商务服务商

电子商务服务商是指基于 Internet 平台，专业化分工者相互协作，为企业、组织与消费者在 Internet 上进行交易提供支持的服务提供商。电子商务服务商分为两大类：一类为电子商务系统提供系统支持服务，它们主要为企业、组织和消费者在网上交易提供技术和物质基础支持；另一类是直接提供电子商务服务，它们为企业、组织与消费者之间的交易提供沟通渠道和商务活动服务。

对于第一大类提供系统支持服务的电子商务服务商，根据技术与应用层次不同，可以分为下面几类：

第一类是接入服务商（Internet Access Provider，IAP），它主要提供 Internet 通

信和线路租借服务，如我国电信企业中国电信、联通提供的线路租借服务；

第二类是服务提供商（Internet Service Provider，ISP），它主要为企业建立电子商务系统提供全面支持，一般企业、组织与消费者上网时只通过 ISP 接入 Internet，由 ISP 向 IAP 租借线路；

第三类是内容服务提供商（Internet Content Provider，ICP），它主要为企业提供信息内容服务，如财经信息、搜索引擎，这类服务一般都是免费的，ICP 主要通过其他方式如发布网络广告获取收入；

第四类是应用服务系统提供商（Application Service Provider，ASP），它主要是为企业、组织建设电子商务系统时提供系统解决方案，这些服务一般都由属于信息技术（IT）行业的公司提供，如 IBM 公司为企业、政府和银行提供的电子化企业、电子化政府和电子化银行等电子商务系统解决方案。

（三）企业、组织与消费者

企业、组织与消费者是 Internet 网上市场交易的主体，他们是进行网上交易的基础。由于 Internet 本身的特点及加入 Internet 的网民的倍速增长趋势，使得 Internet 成为非常具有吸引力的新兴市场。

企业上网开展网上交易，必须进行系统规划，建设好自己的电子商务系统。企业电子商务系统由基于 Intranet（企业内部网）的企业信息管理系统、电子商务站点和企业经营管理组织人员组成。

1. 企业内部网络系统

企业内部网（Intranet）的组网方式与 Internet 一样，但使用范围局限在企业内部。企业在组建电子商务系统时，应该考虑企业的经营对象是谁，如何采用不同的策略通过网络与这些客户进行联系。一般说来，可以将客户分为三个层次并采取相应的对策：对于特别重要的战略合作伙伴，企业允许它们进入企业的 Intranet 系统直接访问有关信息；对于与企业业务相关的合作企业，企业同它们共同建设 Extranet，实现企业之间的信息共享；对普通的大众市场客户，则可以直接链接到 Internet。

2. 企业信息管理系统

企业信息管理系统是功能完整的电子商务系统的重要组成部分，它的基础是企业内部信息化，即企业建设有内部信息管理系统。企业信息管理系统是一些相关部分的有机整体，在组织中发挥收集、处理、存储和传送信息以及支持组织进行决策和控制的作用。企业信息系统的最基本系统软件是数据库管理系统 DBMS（Database Management System），它负责收集、整理和存储与企业经营相关的一切数据资料。

3. 电子商务站点

电子商务站点是指在企业 Intranet 上建设的具有销售功能的、能链接到 Internet

上的 WWW 站点。电子商务站点起着承上启下的作用，一方面，它可以直链连接到 Internet，企业的顾客或者供应商可以直接通过网站了解企业信息，并直接通过网站与企业进行交易；另一方面，它将市场信息同企业内部管理信息系统连接在一起，将市场需求信息传送到企业管理信息系统，使企业可根据市场的变化组织经营管理活动。它还可以将企业有关经营管理的信息在网站上公布，使企业业务相关者和消费者可以通过网站直接了解企业的经营管理情况。

企业电子商务系统是由上述三个部分有机组成的，企业内部网络系统是信息传输的媒介，企业信息管理系统是信息加工、处理的工具，电子商务站点是企业拓展网上市场的窗口。

（四）实物配送

进行网上交易时，如果用户与消费者通过 Internet 订货、付款后，商家不能及时送货上门，便不能满足消费者的需求。因此，一个完整的电子商务系统，如果没有高效的实物配送物流系统支撑，是难以保证交易顺利进行的。随着我国物流业的飞速发展，很多中小型企业都会选择第三方物流，来外包其物流配送业务。

（五）支付结算

支付结算是网上交易完整实现的很重要一环，关系到购买者是否讲信用，能否按时支付；卖者能否按时回收资金，促进企业经营良性循环的问题。如信用问题及网上安全问题导致一些电子虚拟市场交易并不是完全在网上完成交易，部分交易是通过网上了解信息撮合交易，然后利用传统手段支付结算。

上述五个方面构成了电子虚拟市场交易系统的基础，它们是有机结合在一起的，缺少任何一个部分都可能影响网上交易的顺利进行。

案例 4－1　1 号店：网上沃尔玛

一、公司介绍

1 号店是我国国内首家网上超市，网站于 2008 年 7 月正式上线，旨在打造一个为消费者提供一站式购物服务的国内品种最齐全、价格最具竞争力的综合类电子商务网站。1 号店在线销售超过 18 万种商品，涵盖 12 大类，还在业内率先拓展了众多虚拟产品服务项目。2012 年，1 号店拥有上千个供应商、2400 万网上注册用户和 600 万手机注册用户；所售商品 SKU（库存量单位）已达 90 万种；实现了全国范围的战略布局，相继在上海、北京、广州、武汉、成都5地建立仓储物流中心，在周边城市建立相应的配送点，辐射全国，以提供更高效的配送服务。涉及的利益相关者主要包括供应商、物流配送中心、店中店、1号店物流、广告主和客户。2011年11月，沃尔玛购得1号店部分股权，持股比例增至51.3%。2012年10月26日，沃尔玛全球总裁兼首席执行官麦克道明确表示，1号店就是沃尔玛在中国的电商平台。

1号店以“家”为核心购物理念，打造满足家庭所需的一站式购物平台。公司的口号是“只为更好的生活”。1号店的使命是“用先进的系统平台和创新的商务模式为顾客和商家创造最大价值”，它的目标是打造“网上沃尔玛”，打造一个综合性电子商务B2C平台。

二、1号店的经营模式

（一）目标用户

1号店的服务对象由初期超市人群中的网络人群发展到网络购物活跃的用户，iUser Tracker 2010年1月数据表示，1号店用户特征包括：女性用户居多且购物欲望强；白领人群居多且购买能力强；粘性高，单次购买金额和重复购买率高。目标用户的行为特征是“忙”——自由支配时间少，在意购物时间成本；“馋”——喜爱尝鲜，不愿付出过多的交通成本；“懒”——宅在家里，希望有人协助打理生活。年龄分布：18—30岁年龄段的人占六成。

（二）产品与服务

1号店作为最大的网上超市，商品云集，种类齐全，切实做到了让客户足不出户就可以买到家居所需的各种物品，在线销售超过18万种商品，涵盖食品饮料、美容护理、厨卫清洁、母婴玩具、数码电器、家居运动、营养保健、钟表珠宝、服装鞋帽、品牌旗舰店等12大类，还在业内率先拓展了众多虚拟产品服务项目，如手机充值、生活费用付款、火车票查询、机票订购等在线服务。另外，还提供1号药网、1号医网、掌上1号店、1号团等特色服务。

1号店成立五年多的时间，以每月业绩平均不低于30%的飙升速度成长为国内领先的B2C网上购物商城，这与它较好的经营模式是分不开的。

（三）经营策略

1. 低价策略

与所有网上购物网站一样，1号店也是主要靠价格优势赢得客户，并占领一定的市场份额。上线之初，1号店的主打商品赔钱在卖，每天提供一款五折产品分时段限量抢购，颇有“天天秒杀”的意味。超市行业的平均毛利润为20%—25%，1号店省去了实体店面和大量人员，多了配送和包装，成本算下来比传统超市还低3—5个百分点。这种低成本策略一方面压低了商品的成本，主要是通过减少中间环节来降低商品的成本，另一方面就是主动降低价格，吸引人气，薄利多销。

2. 全方位市场推广

在1号店成立之初，它与一些流量较大的网站合作，如新浪、天涯等社区，推出“新浪乐居1号店”、“天涯1号店”，主要通过品牌宣传和促销活动将社区上的用户导入1号店网站，进而转化成订单，再经由顾客的口碑宣传，二次传播出去。

同时，1号店在一些大型网站上投放网络广告，来吸引更多眼球；还进行搜索引擎优化，提升网站在搜索引擎中的表现。1号店加入CPS联盟，在各大论坛、主流网站刊登广告，如在天涯论坛合作的品牌专区、多家返利网站。

另外，1号店在线下主要用液晶广告、目录和DM（直投）等方式进行推广。

3. 物流配送

1号店拥有北京、上海、广州、武汉、成都5大仓储中心并配备15个仓库，其订单已覆盖到全国（除港澳台）。1号店创立自己的配送中心，截至2011年12月底拥有超过34个大城市自主配送团队，并在34个城市设有100多个物流站点。2010年8月，1号店开始建立自己的配送队伍，目前在1号店的总单量中，有近70%是其自己的队伍配送的。2010年11月，1号店通过自建和与第三方物流企业合作的方式，在上海实现了配送“半日达”，并可以实现“早中晚”定时送货。

三、1号店系统IT优势

1号店在IT系统方面一致保持着很强的优势，设立有自己专门的技术研发中心，很多软件都是自主研发的，每年都要投入很多资金用于系统的研发和升级。公司独立开发了大量的供应链管理模型、技术和系统。它在国内申请了多项专利技术，获得了124个软件著作权，分别从系统、采购、仓储、配送、会员管理等方面组建了1号店的超级系统平台。

1号店的物流系统都拥有完全的知识产权，可以随时根据业务的变化进行灵活的升级。另外，1号店在系统开发方面均是提前规划开发。以WMS为例，在WMS第3代系统还在试运行的时间段，1号店就已经着手第4代的开发，并以打造世界上最领先的WMS为目标。此外，1号店团队还不断研究并吸取移动通信、云计算、物联网等新技术新理念。1号店不但需要对网站购物、手机购物等各种商业模式有很深的理解，准确地把握市场需求，还要研究云计算、虚拟资源分配、并行运算等新技术，并将其引入数据库、产品架构等系统设计，以实现系统的完整性、可扩展性和更好的客户体验。

（一）供应链管理

1 号店用科学的管理理念和运筹模型优化供应链，用创新的技术平台和运营管理系统直接连接优质的供应商和忠诚的消费群体，缩短供应链；1 号店能够自动并有效地管理众多类型的产品、仓库、库存和供应商，这一切全靠自动化、数字化、和优化的系统来计划、实施和监控。这使得 1 号店有能力降低运营成本，让顾客直接受惠。1 号店从供应商认证到供应商管理再到产品质量的严格管控，确保给客户提供最优质的商品。

目前，国内绝大多数 B2C 企业的供应链管理尚有提升的空间，而 1 号店的物流体系从创立时就站在整个供应链的高度来设计、开发和建构。比如，在采购环节，尽量减少人工下 PO，通过系统自动进行有效的管理；在仓储环节，处理好众多仓库之间的关系——是采用平行仓、父子仓还是虚拟仓库——也是其在供应链设计之初需要解决的问题；在配送环节，当前较为成功的 B2C 企业几乎都坚持自建物流配送体系，这一模式在不远的将来不但会成为公司的利润源，还会与公司的前台和供应链体系形成良性的互动。

（二）库存系统

在 1 号店强调配送速度的背后，是仓储中心的支撑。1 号店在多个城市建有仓储中心，可辐射全国各城市。与书籍、IT 产品不同，1 号店的库存管理难度在于其商品都是有保质期的快速消费品，损耗风险很高，因此库存管理尤其重要。比如，对生鲜、快消商品保质期的管理，系统会设定先进仓库的货品先出仓库，还会自动处理订单数据，找出哪些货品流动性更大，哪些是长时间没有流动的，便于安排相应的促销计划，以保证流动性低的货品尽快卖出。同时，如果出货日期超过了规定的时间，系统就会自动设置为“禁止”。

1 号店自主研发了一套后台仓储管理系统，这套系统有很高的柔性特征，对未来全国配送联网体系做了提前设计。通过这个系统，1 号店的管理者能够随时掌握每类产品的详细信息，从而对销售、市场、供应商管理等其他运营活动做出指导。它覆盖了各个主要部门的系统，可以实时提供一切关于经营的数据。系统的另一大功能则是在数据搜集的基础上进行智能分析，并提供预警、分析、预测。比如智能定价系统会自动根据竞争对手的价格情况，对所售商品的价格进行实时对比和调整，保证 1 号店的价格优势。

（三）配送管理

配送是电子商务企业唯一与客户直接接触的岗位，其服务品质对企业口碑和客户体验至关重要。为此，1 号店建立了自有配送队伍，70% 的送货服务由 1 号店直接管理。1 号店在 10 多个城市建有 50 多个配送站。1 号店运用先进的系统保证在尽可能短的时间内完成一个订单的拣货、装箱、配送过程。在送货速度上，1号店目前在大部分地区能做到“白天下订单，第二天上班前来按门铃”。在质量上，为保证商品在运输过程中完好无损，所有商品都采用纸箱包装，对于易碎等商品，1号店也下足了工夫。

（四）客户关系管理

1号店奉行让每一位顾客在1号店都能体验到“顾客就是上帝”的服务理念。电子商务区别于传统商务面对面交易的方法，对专业化、标准化的客服提出了更高的要求。1号店一直坚持“全力满足顾客需求，追求最完美的顾客体验”的核心经营理念，在为顾客提供比实体店更实惠更丰富产品的同时，持续改进顾客体验，让顾客充分享受网上购物的乐趣，增强顾客忠诚度。1号店运用客户管理系统及时追踪顾客日常搜索和购买商品的信息，建立顾客行为分析模型，根据顾客的不同特点为其做商品推荐，为精准化营销和个性化服务提供支持。为了满足不断发展的业务需要，提升客户体验和供应链管理水平，1号店开展了一系列工作。2011年，1号店在扬州的呼叫中心正式投入使用，该中心设有400个座席，具有每天处理1.8万通电话的能力；1号店与TERADATA公司合作在数据仓库建设和数据挖掘等方面进行大量的工作，作为未来决策的依据。

1号店在SBY（stand by）这个平台上投入很大，它拥有大量的顾客数据，其中有很多规律性，像1号店的快消品有很强的规律性，需要知道它订货有一些周期性，订的商品有很多关联性，对于这些规律，1号店进行数据挖掘，把顾客过去的购买、搜索、收藏，甚至在商品搜索中走的路径这些信息全部记录下来，把它作为顾客行为模型，来预测顾客会有什么样的需求。同时为顾客提供个性化的服务提醒顾客购买，或者给他一些跟他购买习惯非常贴切的推荐信，这就是个性化的服务。

1号店最终胜出的关键在于重视客户体验，这一完整流程包括商品丰富度、价格、购买便利程度、配送是否准时到位等各环节。同时，1号店的高效的仓储物流强化了网上超市的准入门槛。虽然1号店独自承担了初期网站建设和大量仓储物流建设的双重巨额投资，但这对于其长远发展绝对是一个核心优势。1号店从诞生第一天起，就定位于全国首家“网上超市”，颠覆了“亚马逊路线”——不经历垂直电商阶段，而是一步到位做综合购物平台，避免了转型之痛。

1号店与沃尔玛联手，会带来多少潜在商机？在移动电子商务方面，1号店会有哪些更出色的表现？这些都是大家关注的。作为中国第一个网上超市，想要真正打开中国消费者购物的市场，做得更强更大，1号店也许还有很远的路要走。

【参考文献】

1. 商业零售：供应链最强的为什么是1号店？http：//yanbao. stock. hexun. com/dzqt378417. shtml.

2.1 号店现状，http://user.qzone.qq.com/8875383/blog/1323651910JHJ!app=2&via=QZ.HashRefresh&pos=1323651910.

【问题思考】

1. 电子商务的成功主要取决于三个方面：第一是品种，也就是能够提供多而全的商品；第二是价格，这是影响网络购物的一个重要因素；第三就是物流。试分析1号店在这几方面的优劣势。

2. 已经有线下仓储配送渠道的连锁超市是否有可能直接通过淘宝这样的零售平台更有效地进入这块市场，而不必像1号店那样独自承担初期网站建设和大量仓储物流建设的双重巨额投入呢？

案例4-2　微信O2O新型电商模式

微信作为腾讯公司于2011年1月21日推出的一个为智能手机提供即时通讯服务的免费应用程序，正在以迅猛的速度融入我们每一个人的生活中，与此同时，微信O2O电子商务模式也逐渐走进千家万户。

O2O即Online To Offline，也即将线下商务的机会与互联网结合，让互联网成为线下交易的前台。这样线下服务就可以在线上揽客，消费者可以在线上筛选服务，成交、在线结算，很快形成规模。O2O并不是一个很新的概念，“团购”可以视为O2O电子商务的一种模式，已广泛运用于我们的生活中，但是使用微信进行O2O却是一个新趋势。

微信O2O新型电商模式作为一种新型生产与需求供应链，其诞生将在一定程度上活跃经济，它将通过“线上支付”与“二维码+账号体系+LBS+支付+关系链”的线下供应链的结合，成为一个新的潜力巨大的经济增长点。

一、微信O2O新型电商模式

微信O2O新型电商模式是一种Online的用户接上Offline商家的行为，其关键在于在网上寻找消费者，然后将他们带到现实的商店中。它是支付模式和为店主创造客流量的一种结合（对消费者来说，也是一种“发现”机制），以实现线下购买。它本质上是可计量的，因为每一笔交易（或者是预约）都发生在网上。这种模式应该说更偏向于线下，更利于消费者，让消费者感觉消费踏实。

微信O2O电商模式简单来说，包括线上支付和线下供应这两大块。与电子商务的一对一、一对多的平台APP不同的是，微信O2O属于多对多的电子商务平台。

在微信 O2O 中，以微信为媒介，通过用户生活的需求传递，微信向线下商户进行反馈，经过用户的在线支付以及商户对产品价值的实现，形成了一个完整的产品供应链闭环，如图 4－1 所示。

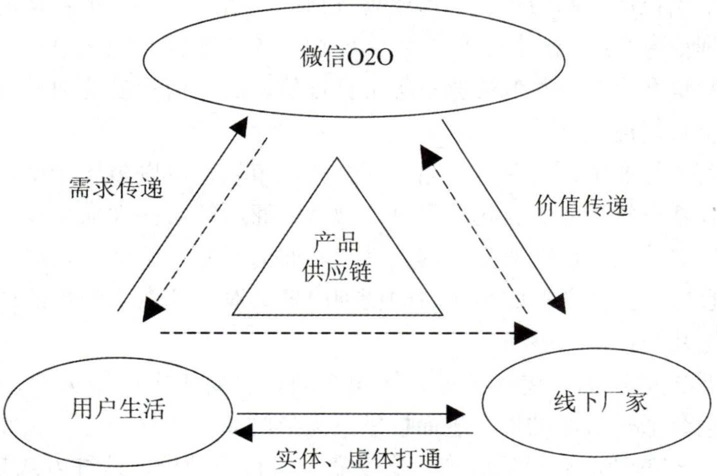

图 4－1　微信 O2O 新型电商模式

同时，该模式又可以细分为 7 大块：在线用户、线下商家、微信、二维码、微信公众平台、网上银行、物流公司。线下商家通过微信这个载体连接广大的在线用户，O2O 模式充分利用了互联网跨地域、无边界、海量信息、海量用户的优势，同时充分挖掘线下资源，进而促成线上用户与线下商品与服务的交易，其中，线上与线下的连接以二维码和微信公众平台为关键点、依托点。通过“扫一扫”二维码和微信公众平台的搜索，线上的广大用户可以轻松找到自己所喜爱的商家并进行关注，用户关注的微信号就会出现在“订阅号”的信息栏中，商家每天进行信息推送，向用户宣传自己的产品。商家通过自身产品的宣传，获得广大的微信市场，一方面，通过微信再宣传巩固了原有顾客；另一方面，也挖掘、拉拢了新的潜在客户。与此同时，通过顾客对微信公众账号“小管”的反馈，商家可以了解到顾客的一些需求，了解顾客的心理；并通过网络信息系统的运用，了解自己的微信用户的分布、喜好，进而有利于商家进行产品决策，生产出更加适销对路的商品，实现利润增长。企业是以盈利为目的的组织，将在线用户变为自己真正的购买用户，如何实现产品使用价值向价值的转换，并以货币的形式表现，就需要一个线上支付载体——网上银行。在微信 5.0 的“我”的微信栏中新增了一个“我的银行卡”，它的功能有“手机充话费，快速到账”、“扫描二维码，即拍即买”、“公众号内一键支付购物”，实现了网上银行在线支付，都是管理信息系统在微信软件中的运用。当完成以上购物体验后，商家通过物流公司将货物送到买家手中，进而实现完整的购物，物流公司也同时良好地运用了管理信息系统。

在微信 O2O 的线上用户与线下商家的连接以及物流网的运用中，信息系统得到了充分的展示和运用。通过管理信息系统的运用，微信和相应的物流公司，如中通、申通、韵达等将会提高企业竞争优势、提高效益和效率，同时通过支持企业的高层决策、中层控制、基层运作，形成集成化的人机系统。不可否认的是，这种新型电商对管理信息系统的运用，将会大大增加对传统零售业的竞争压力，同时电商和物流公司间也会出现一些低价竞争等不良竞争，而微信和易信两种功能相同的软件的竞争也将日趋白热化。

在电子商务行业里，更多的产品是迎合大众市场，所以多属于供过于求，只有小部分针对利基市场。在此，我们只讨论微信电商所针对的大众市场。在这个市场中，满足用户需求是实现电商盈利的关键点。而消费者在微信上购买产品时，主要是通过感观感受，更多消费的是产品的精神内核。对电商微信销售的产品，我们大概可以分为这几类：

1. 服务形式的产品，包括劳务、知识产品，主要集中在服务业，如“陈安之公众账号”就是通过讲座的推广进而推销其无形的知识产品；

2. 实物形式的产品，包括服饰、化妆品等实物的销售，这种方式是“淘宝网”在微信上的另一个相似运用，只不过微信上没有专门且统一的服务终端集合买家和卖家。

总之，位于微信 O2O 电商模式供应链上的是一系列的经济活动，它的本质即以价值为纽带的技术经济关联链，它是由市场组织、政府机构和众多企业相互依存、互为作用、不断衍生新的产品或服务、不断衍生和追加价值活动所构成的链式生产（服务）形式。

所以，只有实现了在线用户、线下商家、微信、二维码、微信公众平台、网上银行、物流公司 7 大环节的相互作用，微信才能通过对广大商家的信息推送及会员费用的征收实现盈利，同时也才能实现一种传统意义上的超越，电商才能获得利润的成倍增长。

二、微信 O2O 新型电商模式的盈利方式

根据搜狐 IT 消息统计，微信用户已破 4 亿，每月服务器费用已达到 1 亿元人民币。在这庞大的规模后面，腾讯微信又是如何盈利的呢？微信 O2O 新型电商模式的盈利服务对象主要有四个：一个是微信本身，一个是电商厂家，一个是小型微信个体经营者，另一个就是物流公司。这四个有机体受微信 O2O 模式载体的共同作用，并实现自身盈利。

（一）腾讯微信的盈利方式

1. 增值服务收费

就 O2O 的 online 而言，微信作为一种社交沟通工具，在一定程度上是用流量代替了短信，它的“文字发送”一定程度上减少了用户的短信费用，而它的“语音发送”一定程度上减少了用户的电话费用。

微信在这一阶段的收入来源主要是参考日本的 line，通过表情符号和贴图工具来收取一些增值服务费。如在微信的表情商店中就有表情组“野丫头小希 6 元”、“Molang 6 元”等。有趣的卡通表情，加上大家都能接受的定价，一定程度上符合“屌丝经济学”原理，能够实现自身盈利。

2. 公众账号收费

随着微信的发展，微信逐渐融入人们生活，甚至已经成为现在国人的习惯。越来越多的营利或非营利组织选择借助微信公众账号进行自身宣传和推广，营利组织如一些培训课程，例如“北大 EMBA 课程”的推广；非营利组织如一些高校建立本校公众账号作为校园信息的发布平台和同学信息的反馈平台。

一般情况下，每个公众账号每天只可以推送一条信息，但如果你申请成为会员，你就能每天推送五条信息，而成为会员是需要收取一定费用的。

3. 广告增值模式

微信作为一个 CRM（Customer Relationship Management，客户关系管理）沟通工具，对众多商家有着强大的吸引力。越来越多的商家选择在微信上发布消息，商家大多会选择在微信上发布广告，因此，广告也将成为微信获取收益的模式之一。微信还没有正式引入广告增值方式，但这必然是微信盈利方式的发展趋势。

4. 游戏平台增值模式

微信 5.0 建了一个游戏中心，里面有“经典飞机大战”、“天天爱消除”等游戏。现在微信逐渐像 line 和 KakaoTalk 那样建立游戏平台，当游戏的用户体验成为用户习惯后，该游戏平台将会产生其他的增值模式。

（二）电商厂家的盈利方式

电商厂家通过注册微信公众账号并制作二维码，通过微信 5.0 中“我的银行卡”实现“线上支付”，并与“二维码 + 账号体系 + LBS + 支付 + 关系链”的线下供应链相结合，可以向在线用户进行产品宣传，并激发线上现有和潜在客户的购买欲望，抢占微信市场，生产适销对路的产品，将产品的使用价值以货币的形式转换为价值，实现自身盈利。

电商借助微信 O2O 模式，一方面，可以通过公众账号做广告宣传，提升顾客对该产品的喜爱度，增加顾客数量，增加每位顾客的长期购买量，从而增加收入；另一方面，可以通过管理信息系统的运用，了解顾客偏好、地区分布差异、每样产品的需求量等，从而减少囤货，降低货物管理费用，同时也降低货品积压的风险，进而降低成本。收入的增加，成本的降低，最终促使利润正增长。同时，通过微信平台发布产品信息，能降低开设实体店所产生的费用。

（三）小型微信个体经营者的盈利方式

在微信的电商中存在一些个体经营的小型商户，它们的特点是资金少、规模小、产品种类少、微信用户相对大型电商少。它们的盈利方式是通过微信好友的添加，定期在相册中发布一些商品信息，好友问价定购后，注明送货地址，通过支付宝充值支付，最终实现买卖，获得自身盈利。

因为消费者付款在商家发货前，所以风险就在于消费者的利益很难得到保障，包括商家是否会发货、货品质量的优劣、售后服务等等都是巨大的挑战。

另外，物流公司一定程度上就是伴随着电子商务的兴起而产生和发展的，它充分运用管理信息系统，将运输、储存、装卸、搬运、包装、流通加工、配送、信息处理等功能有机结合起来，进而实现用户要求。

在微信O2O电商模式中，通过网上银行进行online的线上支付后，又如何通过offline的线下配给，将货物运送到用户手中呢？这个时候就需要物流网的支撑，实现跨区域的配送服务。

物流公司根据电商的订货订单，收取相应的送货费用，通过MIS的运用，实现货物的实时跟踪，在物流公司林立的格局中，树立竞争优势，进而实现公司利益最大化。

未来的商业模式，将会是全新的O2O模式：线下（实体店）体验，线上（厂家系统网站）购买，由厂家亲自发货给顾客，或交给第三方物流公司完成配送，然后顾客介绍顾客（直销），厂家直接给顾客广告宣传费。试想一下，这种商业模式该整合多少渠道资源？微信O2O新型电商模式可以看成是一条环型产业链，由微信、用户、电商、物流公司、网上银行共同构成了一个利益链，涉及三大产业，立足于拉动经济增长"三驾马车"中的消费，在使各大利益体盈利的同时，带动GDP的有效增长，成为新的产业和经济增长点。

（资料参考：杨宏娜，中央民族大学MIS课程作业，2013）

【参考文献】

1. 马化腾．微信给运营商带来的流量高于资源占用．北京，2013。
2. 许维．微信O2O两大模式：多多益善VS朝朝暮暮．北京，2013。
3. 阳森．微信5.0全体验：O2O革命前夜？北京，2013。

【问题思考】

1. 对于 O2O 模式而言，线下的主体多半是服务类型的企业，如何保障线上信息与线下商家服务对称？微信 O2O 模式会有什么样的新思路？

2. O2O 模式作为线下商务与互联网结合的新模式，解决了传统行业的电子商务化问题。但是，O2O 模式并非简单的互联网模式，此模式的实施对企业的线下能力会带来什么样的挑战？

第五章　企业资源计划

中国企业的 IT 实施环境比较复杂，ERP 作为成熟的资源管理工具，需要紧密结合企业的战略目标和业务需求。对很多企业来说，目前的关键问题是，如何通过科学合理的途径，让 ERP 能够真正为我所用，使企业的业务运营如虎添翼。

——王首虎，IBM 全球企业咨询服务部 ERP 合伙人

第一节　企业资源计划概述

所有企业几乎无一例外地追求着基本相似的运营目标，即实现企业资源（包括资金、设备、人力等）合理有效的利用，以实现企业利润最大化。这一基本目标追求使制造业的管理者面临一系列的挑战：生产计划的合理性、成本的有效控制、设备的充分利用、作业的均衡安排、库存的合理管理、财务状况的及时分析等等。在全球竞争激烈的大市场中，无论是连续型的还是离散型的制造业，无论是单件生产、多品种小批量生产、少品种大批量生产的生产类型，运营管理人员都可能遇到过以下一些问题：企业产品市场需求很大，但是生产线上的工人却没有办法如期交货，车间管理人员抱怨采购部门没有及时供应他们所需要的原料；实际上，仓库里囤积的某些材料库位饱和，资金周转缓慢；许多公司要用 6—13 个星期的时间，才能计算出所需要的物料量，导致订货周期只能为 6—13 个星期；订货单和采购单上的日期和缺料单上的日期各不相同，财务部门由于不信赖仓储部门的数据，不以它来计算制造成本等。日趋激烈的市场竞争环境使上述挑战对企业具有生死存亡的意义，于是，应对上述挑战的各种理论和实践也就应运而生，其中包括企业资源计划。

一、企业资源计划内涵

企业资源计划（Enterprise Resource Planning，ERP）系统是指建立在信息技术基础上，以系统化的管理思想为企业决策层及员工提供决策运行手段的管理平台。ERP 系统集信息技术与先进的管理思想于一身，成为现代企业的运行模式，反映时代对企业合理调配资源、最大化创造社会财富的要求，成为企业在信息时代生存、发展的基石。

随着实践和发展，ERP 如今已有了更深的内涵，概括起来主要有三个方面：

（一）ERP 是面向供应链管理（Supply Chain Management）的管理信息集成

除了传统 MRPⅡ系统的制造、供销、财务功能外，ERP 增加了支持物料流通体系的运输管理、仓库管理（供需链上供、产、需各个环节之间都有运输和仓储的管理问题）；支持在线分析处理（Online Analytical Processing，OLAP）、售后服务及质量反馈，使企业实时准确地掌握市场需求；支持生产保障体系的质量管理、实验室管理、设备维修和备品备件管理；支持跨国经营的多国家、地区、多工厂、多语种、多币制需求；支持多种生产类型或混合型制造企业需求，汇合了离散型生产、流水作业生产和流程型生产的特点；支持远程通信、Web / Internet / Intranet / Extranet、电子商务、电子数据交换（EDI）；支持工作流（业务流程）动态模型变化与信息处理程序命令的集成。

此外，ERP 还支持企业资本运行和投资管理、各种法规及标准管理等。事实上，目前一些 ERP 软件的功能已经远远超出了制造业的应用范围，成为一种适应性强、具有广泛应用意义的企业信息系统。但是，制造业仍然是 ERP 系统的基本应用对象。

（二）采用计算机和网络通信技术的最新成果

网络通信技术的应用是 ERP 与 MRPⅡ的区别之一。ERP 系统除使用已经普遍采用的诸如图形用户界面技术（GUI）、结构化查询语言（SQL）、关系数据库管理系统（RDBMS）、面向对象技术（OOT）、第四代语言/计算机辅助软件工程、客户机/服务器和分布式数据处理系统等等技术之外，还实现了更为开放的不同平台互操作，采用适用于网络技术的编程软件，加强用户自定义的灵活性和可配置性功能，以适应不同行业用户的需要。网络通信技术的应用，使 ERP 系统得以实现供需链管理的信息集成。

（三）ERP 系统与企业业务流程重组（Business Process Reengineering，BPR）密切相关

信息技术的发展加快了信息传递速度和实时性，扩大了业务的覆盖面和信息的交换量，为企业进行信息的实时处理、做出相应决策提供了极其有利的条件。为了使企业的业务流程能够预见并响应环境的变化，企业的内外业务流程必须保持。信息传递的敏捷通畅。正如局限于企业内部的信息系统是不可能实时掌握瞬息万变的全球市场动态一样，多层次臃肿的组织机构也必然无法迅速实时地对市场动态变化做出有效的反应。因此，为了提高企业管理的竞争优势，需要对企业业务流程、信息流程和组织机构进行改革。这一改革已不限于企业内部，而是把供需链上的供需双方合作伙伴包罗进来，系统考虑整个供需链的业务流程。ERP 系统应用程序使用的技术和操作必须能够随着企业业务流程的变化而做相应的调整。只有这样，才能把传统 MRPⅡ系统对环境变化的“应变性（Active）”上升为 ERP 系统通过网络信息运用对内外环境变化的“能动性（Proactive）”。

二、ERP 的发展历程

一般来讲，ERP 的发展历程分为以下几个阶段：

（一）MRP（Material Require Planning）阶段

这个阶段，企业的信息管理系统主要对产品构成进行管理，借助计算机的运算能力及系统对客户订单、库存物流、生产能力等方面的管理能力，实现依据客户订单、按照产品清单展开并计算物料需求计划。系统以均衡生产、减少库存、优化库存为管理目标。

（二）MRPII（Manufacture Resource Planning）阶段

在 MRP 的基础上，系统增加了对企业生产中心、生产能力等方面的管理，以实现计算机进行生产排程的功能；将财务管理、成本核算、销售管理的功能囊括进来，在企业中形成以计算机为核心的物流、信息流与资金流集成的闭环管理系统，这种管理系统能动态监察到产、供、销的全部过程。

（三）ERP（Enterprise Resource Planning）阶段

以计算机为核心的企业级的管理系统更为成熟，系统增加了包括财务预测、生产能力、资源调度等方面的功能，配合企业实现 JIT 全面管理、质量管理和生产资源调度管理及辅助决策，成为企业进行生产管理及决策的平台工具。此时系统将管理的重心转移到财务上，在企业整个经营运作过程中贯穿了财务成本控制的概念。

ERP 的管理范围涉及企业的所有供需过程，是对供应链的全面管理和企业运作的供需链结构。

（四）电子商务时代的 ERP

Internet 技术的成熟为企业信息管理系统增强了与客户或供应商实现信息共享和数据直接交换的能力，强化了企业间的联系，形成了共同发展的生存链，体现了企业为达到生存目标而竞争的供应链管理思想，使得决策者及业务部门实现跨企业的联合作战。

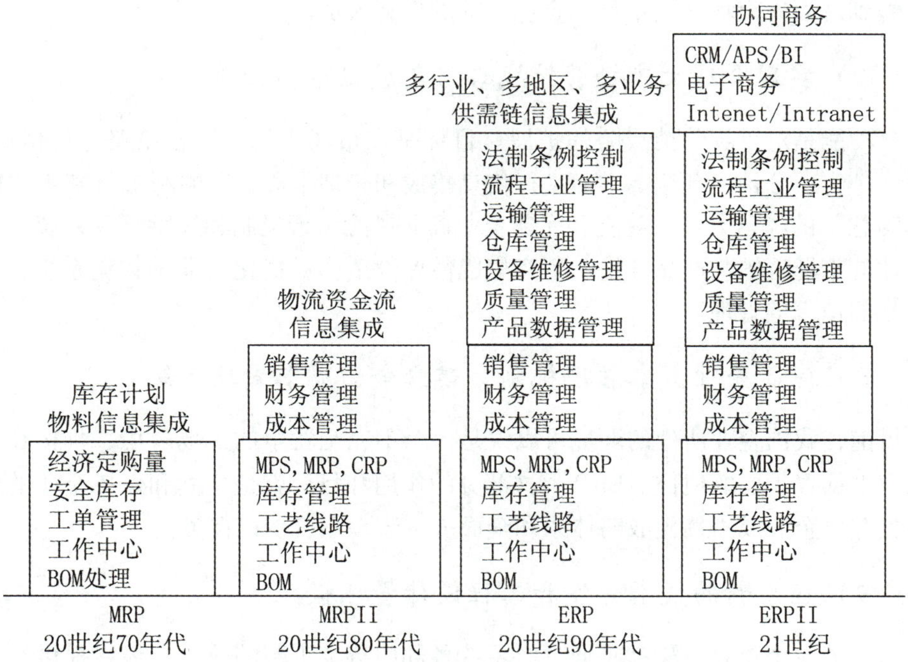

图 5-1　ERP 发展简图

第二节　企业资源计划的系统功能

一、ERP 的系统功能

ERP 管理体系作为支持企业谋求新形势下竞争优势的手段，其涉及面很广，包含了企业的所有资源；同时，其应用又起到“管理驱动”的作用。总的来说，ERP在原有功能的基础上，使 MRP Ⅱ 向内、外两个方向延伸——向内主张以精益生产方式改造企业生产管理系统，向外则增加战略决策功能和供需链管理功能。ERP 管理系统主要由以下六大功能目标组成：

（一）支持企业整体发展战略的战略经营系统

该系统的目标是在多变的市场环境中建立与企业整体发展战略相适应的战略经营系统。具体来说，就是实现 Intranet 与 Internet 相连接的战略信息系统；完善决策支持服务体系，为决策者提供企业全方位的信息支持；完善人力资源开发与管理系统，做到既面向市场又注重培训企业内部的现有人员。

（二）实现全球大市场营销战略与集成化市场营销

该功能是对市场营销战略的扩展。目标是在市场规划、广告策略、价格策略、服务、销售、分销、预测等方面进行信息集成和管理集成，以顺利推行基于“顾客永远满意”的经营方针；建立和完善企业商业风险预警机制和风险管理系统；进行经常性的市场营销与产品开发、生产集成性评价工作；优化企业的物流系统，实现集成化的销售链管理。

（三）完善企业成本管理机制，建立全面成本管理系统

目前，我国企业所处的环境可以说是一个不完全竞争的市场环境，价格在竞争中仍旧占据着重要的地位。ERP 中这部分的作用和目标就是建立和保持企业的成本优势，并由企业成本领先战略体系和全面成本管理系统予以保障。

（四）应用新的技术开发和工程设计管理模式

ERP 的一个重要目标就是通过对系统各部门持续不断的改进，最终提供给顾客满意的产品和服务。从这个角度出发，ERP 致力于构筑企业核心技术体系，建立和完善开发与控制系统之间的递阶控制机制，实现从顶向下和从底至上的技术协调机制，利用 Internet 实现企业与外界良好的信息沟通。

（五）建立敏捷的后勤管理系统

ERP 的核心是 MRP Ⅱ，而 MRP Ⅱ 的核心是 MRP。很多企业都存在供应链影响企业生产柔性的问题。ERP 的一个重要目标就是在 MRP 的基础上建立敏捷后勤管理系统（Agile Logistics），以解决制约新产品推出的瓶颈——供应柔性差，缩短生产准备周期；推动与外部协作单位的技术和生产信息及时交互；改进现场管理方法，缩短关键物料供应周期。

（六）实施精益生产方式

由于制造业企业的核心仍是生产，应用精益生产方式对生产系统进行改造不仅是制造业的发展趋势，而且也将使 ERP 的管理体系更加牢固。所以，ERP 主张将精益生产方式的理念引进企业的生产管理系统，其目标是通过精益生产方式的实施使管理体系的运行更加顺畅。作为企业谋求 21 世纪竞争优势的先进管理手段，ERP 系统所涉及的和应当实现的目标是不断扩展的，相信还会有更新的管理方法和管理模式产生。在日趋激烈的市场竞争中，任何管理方法和手段的最终目标只有一个，即开发、保持和发展企业的竞争优势，使企业在竞争中永远立于不败之地。

二、ERP 系统功能模块

ERP 将企业所有资源进行整合集成管理，简单地说是对企业的三大流——物流、资金流、信息流进行全面一体化管理的信息系统。它的功能模块可应用于生产型企业和服务型企业的管理。下面将以典型的生产企业为例介绍 ERP 的功能模块。

在企业中，一般的管理职能主要包括三方面的内容：生产控制（计划、制造）、物流管理（分销、采购、库存管理）和财务管理（会计核算、财务管理）。这三大系统之间有相应的接口，能够很好地整合在一起来对企业进行管理。另外，要特别提出的是，随着企业对人力资源管理的重视，已经有越来越多的 ERP 厂商将人力资源管理也纳入 ERP 系统。

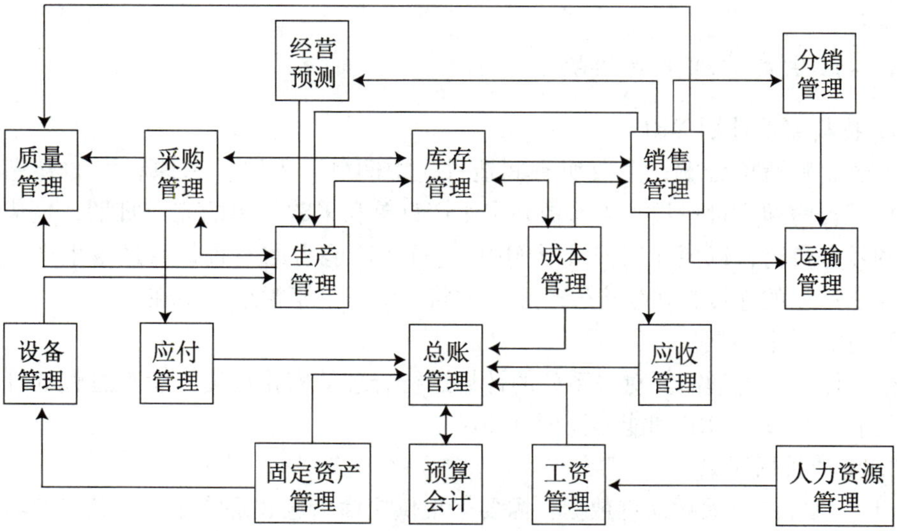

图 5－2　ERP 功能结构图

具体功能模块如下：

（一）财务管理模块

1. 应收/应付账款管理

该模块的主要功能有：单据与单据的管理、汇兑和分析、应收/应付款的基本信息以及核算分析、信用跟踪和自动维护、不同条件下的各种预测、分析报表等。

该模块帮助企业管理各类应收/应付款项，在与其他管理系统集成时可直接由相应系统产生的发票自动生成凭证，记入账务系统处理。对诸如客户的往来款进行处理，可以将来款在应收款间做分配抵冲客户应收款。系统还可以追踪客户的收款情况、拖欠款情况，及时提供客户的信用信息，提供灵活的应收/应付账龄分析等。

2. 固定资产管理

为了加强管理和核算，需要利用固定资产管理功能来计算和处理资产的购置、废弃、转移和折旧等业务。除了应用资产价值的法定折旧方法外，企业还可以在系统中自定义多种折旧和评估方法，反映固定资产管理方面的新需求，对资产进行不同方式的折旧、利息和保险金估算方面的处理。

该模块的主要功能有：基础数据维护、资产折旧管理、资产增减管理、资产维修管理、资产租赁管理。

3. 成本核算

按照核算对象和核算目的的不同，成本可分为：实际成本、标准成本、计划成本、定额成本。成本核算系统的功能主要包括标准成本制订、成本费用归依、成本计算等。

（二）生产管理主要模块

1. 物料需求计划 MRP

通过物料清单分解，生成所有制造件、中间件、采购件和原材料的补充量计划。根据提前期、批量规则等参数确定生产订单和采购订单的完成日期，生成工作中心的任务负荷，以便计划人员对 MRP 进行生产能力的检查。通过主生产计划与物料需求计划的连接，在生产管理系统中将各级计划平滑地连接在一起。

2. 生产流程管理

生产流程的管理需要对一系列的计划进行合理的安排调度，生产过程的计划类型主要有：MPS、MRP 和能力计划（CRP）。

3. 生产数据采集

（1）供应商及采购信息数据：需要采集供应商信息和采购业务信息以及与财务相关的应付账款信息。

（2）物料清单（Bill Of Material，BOM）：BOM 是用物料号和文件号作为所描述对象的参考代号。所有需要定义产品结构的应用都要使用物料清单。

4. 产品追踪

（1）工程更改管理：工程更改是在设计和生产过程中，某产品的结构、所用原材料、零部件等发生了变化，导致整个工程的局部或全部发生变化。工程更改管理为企业的生产提供了一致的描述，也是保证质量和工作效率的基础。

（2）与 CAD 系统集成：如果二者能够很好地集成，就可以在产品设计成型时，按照设计零件图产生它的 BOM 和标准件的成本数据。在发布新版图纸的同时，还要为生产工艺生成一个信号，通知管理人员核查并下达经过更改的工艺流程。

5. 质量管理

在采购时、在生产过程中、生产过程完工后，都需要对所生产的产品进行质量控制。批次管理通过对批次或成品批的管理和跟踪，可以精确地计划和控制产品质量，这将大大提升客户满意程度。批次跟踪功能还使企业能按照客户的技术条件分配最合适的批次。

（三）物流管理主要模块

1. 采购管理

采购管理要确定合理的定货量、合适的供应商和保持最佳的安全储备；能够随时提供定购、验收的信息，跟踪和催促外购或委外加工的物料，保证货物及时到达；并通过建立供应商的档案，用最新的成本信息来调整库存的成本。

主要功能包括：供应商信息查询、催货、采购与委外加工统计、价格分析。

2. 销售管理

销售环节与企业其他环节的相互作用，会直接影响主生产计划的制订，影响到采购、库存、运输、人力资源和财务指标，同时会受到库存、销售计划、财务、人力资源、生产等因素的影响。

主要功能包括：客户信息的管理和服务、销售订单的管理、销售价格的管理、销售计划的管理、销售的统计和分析。

（四）人力资源管理主要模块

1. 组织管理

（1）组织结构管理：人力资源管理系统应具备帮助企业重组、管理转型和再造的功能；提供准确的组织结构图，使人事主管人员利用组织管理系统来建立企业的组织结构图，创建全新的组织机构。

（2）员工计划与工作描述：为每个员工制订职务模型，包括职位要求、升迁路径和培训计划等。

（3）人事成本计划：人事成本计划对每个企业都是一个战略性成功的因素，它是有关人事活动最终效果的系统性、前瞻性计划。它能对人事成本进行计算，其结果可帮助管理者更好地做出决策。

2. 人事管理

（1）招聘管理：招聘管理是为企业招聘具备合适技能的员工的过程。

一般从以下几个方面提供支持：优化招聘过程以减少业务工作量，降低成本，岗位决策辅助。

（2）出差管理：对出差的申请、批准及报销进行工作流控制。

（3）福利管理：福利管理能帮助企业吸引和留住最优秀的人才，它被设计成可以满足多样化需求的手段。

3. 员工发展管理

（1）资格认证：企业为使提升渠道多元化，除了职位晋升之外，员工可申报或接受推荐参加资格培训，取得资格认证，获取担当更高一层工作的机会。

（2）培训管理：为资格认证和管理培训等目的设计课程，安排和跟踪培训进程，进行培训申请、审批和确认，并保存培训记录，完成培训后自动更新员工的技能信息。

（3）事业连续计划：有效的员工发展计划保证了企业的目标和员工的目标和谐一致。从计划、培训学习、考核、认证到再计划、再学习的循环往复，使得员工的职业生涯在此过程中得到螺旋式上升的发展。

4. 工资核算与薪资管理

（1）工资总/净核算：灵活、高效的工资核算系统能根据企业跨地区、跨部门、跨工种的不同工资结构及处理流程制订与之相适应的工资核算方法。

（2）工资处理：为了及时完成企业的工资审核和处理，工资处理功能提供一个在线处理系统，提醒处理人员何时该处理何种工资。当处理过程结束后，系统内嵌的审核功能自动记录，作为未来查阅的依据。

（3）薪资管理：主要包括薪资管理的设计和审批决策、资金的发放和薪资计算程序。

5. 工时管理

（1）班次计划：为任何给定的时间段安排一个目标计划，根据企业的要求和员工的出勤情况来计划班次情况。

（2）工时记录管理：工时记录管理实现了对复杂的薪资结构的支持，可以追踪总工作时数，以满足工作分析、休假管理和工作分担等业务的需要。

（3）考勤管理：根据企业当地的日历，灵活安排运行时间和作息时间表。

三、ERP 与 BPR / BPM

ERP 的实施过程与 BPR/BPM（业务流程重组/业务流程管理）有着密切的关系。早期实施 ERP 系统时，由于人们没有意识到需要进行流程重组，造成 ERP 实施的失败，从失败的经验教训中人们认识到，要想通过 ERP 改善经营、提高效益，必须对业务流程进行规范、优化或再造。

（一）实现 ERP 功能，必须进行企业流程管理

ERP 的应用改变了传统的经营管理方式，它将企业的经营管理活动分为若干个功能模块，这些功能模块的运行要求新的企业环境，要求对原来的组织机构、人员设置、工作流程进行变革以保证 ERP 功能的实现。

（二）为达到 ERP 软件的应用目标，必须实施业务流程管理

企业应用 ERP 的目的在于改善企业经营管理，提高企业经济效益。这就必然要求企业能够借助 ERP 的应用不断地优化业务流程，使整个经营活动更加符合科学管理的要求。

目前常用的 BPR 方法有全新设计法和系统改造法两种，整合的过程如下：

1. 确定 ERP 实施的总目标，并将其分解。

（1）ERP 要与企业发展目标相结合。

（2）ERP 要与企业管理模式相结合。

（3）ERP 要与企业管理基础相结合。

2. 根据 ERP 实施的阶段目标，制定 BPM 的活动计划。

3. 选择能够支持新流程的平台，即选用一套好的 ERP 系统。

第三节 我国企业 ERP 项目实施现状与难点

ERP 给企业提供了整合与协调主要内部流程的技术平台，解决了企业因为信息孤岛、不同企业流程与技术不同带来的组织效率低下等问题。在改善组织的协调、效率及决策制定流程的同时，ERP 带来的更多的是企业运作模式、管理思维的改变。同时，ERP 的管理思想和方法已在潜移默化中渗透于企业领导层的思维和工作中，使他们在不经意间用 ERP 知识和方法主动地发现问题、思考问题和解决问题，对他们的工作帮助的确很大。许多商业软件集成包自诩能够将公司的全部信息包括财务、会计、人力资源、供应链以及客户信息天衣无缝地整合在一起。对于那些备受不兼容的信息系统、不一致的运作流程困扰的管理人员来说，这样一个能够全方位地解决商业集成问题的方案确实是非常令人鼓舞的。

然而事实却是，很多企业的信息系统项目都失败了（或失去了控制）。这些不断出现的失败案例无疑会让企业的管理人员裹足不前。Dow Chemical 公司花了 7 年的时间、耗资近 5 亿美元，建立一个大型的企业系统，结果却是不得不把这个系统推倒重来。据统计，对 381 家国内石化、钢铁、飞机、船舶等企业的调查显示，

ERP应用比率高达80%，但是，应用最多的却是财务管理、库存管理模块；其次才是生产管理模块；最少的是车间管理模块，而后两者才能体现ERP的强大效力。其中，55%的企业认为生产管理模块是ERP实施的“瓶颈”，应用者不足6%，效果不理想；27%的企业全面应用信息化，但仅10%进入深化应用阶段；40%的企业应用于部分业务部门；仍有15%处于局部应用阶段；8%的企业才刚刚起步。当前生产管理模块应用仅局限于事后数据补录、简单统计，生产管控及产能预测应用很少；很多企业自行开发系统，品质难以保证。美国AMR调查显示，53%的客户反映ERP对工厂生产存在负面影响，体现在滞后的数据统计分析、管理及人力成本上升等方面。然而，生产管理模块是ERP软件的核心，也是企业运营的基础，其性能影响ERP软件的整体性，关系到ERP实施的成败。

那么，ERP为何总是与成功失之交臂？对于企业来讲，成功实施ERP项目的要点何在？

一、企业管理基础薄弱，业务数据混乱

在企业信息化建设过程中不难发现这样的规律：系统规模越大、与管理联系越密切、集成度越高的系统，风险也越大，失败概率越高。ERP实施是一个复杂的系统工程，管理基础薄弱对于急于实施ERP的企业无疑是致命的。ERP的管理理论基础是供应链管理，而供应链牵涉到企业的采购、供应、财务、人力资源、生产、设备、销售等，因此ERP的实施非常复杂。

ERP在实施过程中要求企业有科学、规范、细致、严格的管理基础，要求在进行数据处理时能够保证数据的完整性、准确性和一致性。但是目前多数企业的管理是分部门进行的，各个部门自成体系，部门之间的信息不一致，共享性较差，如客户数据在销售部和财务部不一致，销售和分销的业务数据不一致，由于大量数据偏差而影响其准确性，进而使管理效率下降，达不到企业的预期效果。数据混乱也使得一些想要实施ERP的企业望而却步。

另外，企业希望ERP能够提供决策支持数据，但是现行系统中该项能力匮乏，仅仅能完成简单校验。为了做出合理决策，企业设了几个人专职用手工方法计算这些数据，但是问题很多，第一是没有理论依据，要不断根据不同的情况和工艺流程随机应变；第二是没有考虑全部约束条件，只是凭经验找几个关键设备进行估算；第三是计算过程不严密，计算结果只能是一个估计值，不是严格的结论，企业要承担决策风险。这些不足必然在实际工作中造成很多问题。而大多数企业一直使用的ERP软件只能用BOM方法制定物料需求计划，没有任何决策支持功能，根本无法满足用户的需求。

二、不重视 ERP 项目规划与培训

很多企业认为，实施 ERP 就是花钱买来一套软件系统，把 ERP 首先看成是软件问题，然后才是管理问题。这种认识上的错误导致许多企业将 ERP 项目预算的 90% 都花在购买功能齐全的 ERP 软件系统上，而忽视了对人员的培训和系统流程的调整。实际上，ERP 不仅是现代企业向国际化发展的管理模式，它更是一种以现代资源管理为基础的企业管理集成化思想及新管理理论。

首先，ERP 更加注重与供应商、分销商和制造商的联系；其次，ERP 更加强调企业业务流程，支持企业的流程重组；再次，ERP 更多地强调财务，要求企业有较完善的财务管理体系。

三、过度依赖项目实施方，对 ERP 期望值过高

据了解，国外企业实施 ERP，实施方的服务链包含三个层次：1. 环境服务链，即要事先进行风险鉴定和评估，但这一点在国内还没有普及；2. 实施服务链，即企业在实施 ERP 时，要有第三方的咨询，从而听取客观的评价；3. 运行服务链，即实施方应对企业进行对应性的 ERP 培训，并进行完整流程的复合性验证。同时，企业也应对自身业务特点、对 ERP 的各种需求有清醒的认识，起码要能够向实施方清楚地表述自身的业务体系如何规划、需求在哪里。

另外，企业无法正确评价 ERP 系统的真实价值是一种比较普遍的现象。要么把它看成是包治百病的“灵丹妙药”，认为企业的所有问题都可以通过实施 ERP 来解决；要么认为 ERP 是“鸡肋”，没有多大价值。这两种认识都是对 ERP 投资回报评价的极端化表现。

ERP 的主要目的是帮助企业通过充分流程重组及资源整合，谋求利润的最大化。通过实施 ERP，企业可以实现从手工操作向信息集成化的转变，从而使企业的资源尽可能得到利用。

ERP 力图解决的是企业在竞争中最直接和最关键的问题——资源配置、业务效率以及由此引发的成本问题。但它不可能解决企业的所有问题，例如企业战略的选择、企业文化的塑造、企业制度的确立、企业融资等问题。

四、企业缺乏对 ERP 的应有认知

ERP 项目的部署通常是庞大而复杂的，ERP 系统的最终目标是通过流程重组和资源合理配置，实现企业信息优化、资源配置合理化。项目可能影响到企业中的每一名员工和每一项业务，与公司资源及业务流程有关的全体管理人员都要对 ERP

负责任。在现实中，一些企业仅将 ERP 的实施工作交给企业信息部门，而企业信息部门又由于权力受限或得不到相应部门支持，导致 ERP 的实施半途而废或是匆匆收场，未能显现 ERP 应有的功效，使得企业管理者不再热衷实施 ERP 管理。ERP 的成功实施首先需要企业领导者给予高度关注并亲力亲为，缺乏他们的支持和参与，ERP 项目注定要失败。其次，需要全体员工达成共识，齐心协力。

另外，在 ERP 实施过程中必然要优化工作流程，去除无效和多余的工作环节，进而确保企业有一个规范、科学的业务流程，并在此基础上为企业提供达到更高层次经营管理水平的系统架构和平台，实现扁平化管理。而目前我国大多数企业管理多是粗放式管理，业务流程和组织结构设置不够合理，在短时间内进行优化难度较大，若强行进行调整，势必会影响企业生产；若不按照 ERP 流程进行调整，则项目实施难度很大，达不到预期效果。这使得企业陷入两难境地，导致部分企业持徘徊和观望态度。

案例 5 – 1　青岛啤酒股份有限公司 ERP 系统

青岛啤酒股份有限公司成立于 1993 年，前身是 1903 年 8 月由德国商人和英国商人合资在青岛创建的日耳曼啤酒公司青岛公司，其品牌主张是“激情成就梦想”。青岛啤酒股票在我国香港、上海两地同时上市，是 2008 年北京奥运会官方赞助商，目前品牌价值 805.85 亿元，居中国啤酒行业首位，跻身世界品牌 500 强，产品远销世界 80 多个国家和地区，是世界六大啤酒厂商之一。

青岛啤酒公司在迅速完成扩张后，营销战略由以规模为主的“做大做强”相应地转变为以提升核心竞争力为主的“做强做大”。为此，青啤决定进一步完善信息化建设，实施一套功能强大、技术先进、设置灵活的管理信息系统，把供应商、生产厂商、零售商、消费者联系在一起，提高物流、信息流、资金流的管理水平，提高企业决策的及时性、准确性。2000 年，青岛啤酒公司决定采用 ERP 信息管理系统管理企业的财务、库存、销售、采购、储运等模块。

一、ERP 项目实施过程

（一）总体规划

ERP 系统的质量是决定 ERP 系统实施成功的基本因素，企业对 ERP 系统的基本要求就是系统的适用性、处理信息的准确性。准确地说就是要为企业“量身定做”，企业必须采用适合自己企业所在行业的 ERP 软件。因此在选择时，要考虑合适性、信息质量、系统质量三个维度。

在佳邦信息咨询有限公司的系统规划及帮助下，青啤与佳邦就如何选择和实施ERP信息管理系统进行了总体分析规划，从财务管理系统、分销系统、制造系统、供应链系统、项目管理系统、人力资源系统、客户观念管理系统等方面进行了企业的人力、物力、财力、信息方面的整合。此后青岛啤酒公司引进了Oracle公司的电子商务套件，启动了项目。

（二）领航实施

1. 第一期：财务系统和分销系统

1998年青岛啤酒公司就已经提出“新鲜度管理”的理念，即尽量缩短产品到达消费者手中的时间，这主要是物流管理的问题。在ERP信息管理系统实施过程中，为了实现这一目标，青岛啤酒股份有限公司与香港招商局共同出资组建了青岛啤酒招商物流有限公司，双方开始了物流领域的全面合作。即青岛啤酒公司实行第三方物流的形式，将其物流外包出去，公司即可以对其进行监管，又可以抽身而出着重内部的生产、财务、信息、客户、人员等的管理。为实现“新鲜度”这一目标，企业还制定了压缩库存、限制产量的方案，加快了产品周转速度，降低了库存，加快了资金周转。更重要的是，实现了以销定产的“订单经济”。

2. 第二期：物流、信息流、资金流全面整合

青岛啤酒的第二任务项目2002年6月启动，经过近5个月的奋战，2002年11月8日基于Oracle平台的青啤集团ERP系统得以在华南事业部的本部及5个试点企业成功上线。青岛啤酒集团筹建了技术中心，将物流、信息流、资金流全面统一在计算机网络的智能化管理之下，简化业务运行程序，对运输仓储过程中的各个环节进行了重新整合、优化，以减少运输周转次数、压缩库存、缩短产品仓储和周转时间等。譬如，根据客户订单，产品从生产厂直接运往港、站，省内订货从生产厂直接运到客户仓库。仅此一项，每箱的成本就下降了许多。同时对仓储的存量作了科学的界定，并规定了上限和下限，低于下限发出要货指令，高于上限再安排生产，这样使仓储成为生产调度的“平衡器”，有效改变了淡季库存积压、旺季市场断档的尴尬局面，满足了市场对“新鲜度”的要求。

（三）建立模板

经过上一阶段的领航实施后，青岛啤酒公司从华南事业部的项目中摸索出一些经验，建立起系统化的模型，坚定了信息化的信心。虽然在没有启动项目之前也从其他使用ERP的企业获取了一定经验，但毕竟自身的经验更有参考价值和实际效用价值。而且对于青啤公司员工来说，华南事业部的领航实施大大改善了整个公司的学习氛围，提高了企业成功的自信心。

（四）滚动推广

青啤股份在整个股份公司范围内滚动推广这一系统模型，从华南事业部一步一步推广到整个公司，最终实现整个集团的全面整合。信息系统的整合有力地支持了青岛啤酒内部的组织整合、市场整合、品牌整合、资本整合。

青岛啤酒的前任董事长金志国说：“后面我们的任务更重，首先要建立畅通的渠道，当然这需要进一步的变革，还要制定各种规章制度，建立综合信息库，采用先进的数理统计方法对收集的信息进行分析处理，并应用到经营决策、资源配置、纠正预防和持续改进过程中去。”就算有了模板，有了一定经验，滚动推广的过程还是需要根据不同地区、不同厂区的具体情况调整方案及流程，持续改进的过程是很重要的。

同时，这种滚动推广的模式有利于给予员工及公司缓冲的时间。对员工来说，他们有充分的时间来适应新环境并调整自身的技能；对于企业来说，这种滚动推广模式也有利于一步一步不断更新、调整与完善。

二、项目成功因素分析

（一）良好的系统和合作伙伴

ERP 系统的质量是决定 ERP 系统实施成功的基本因素，对于 ERP 系统的基本要求就是系统的适用性、处理信息的准确性以及数据的安全性。企业必须采用适合自己企业所在行业的 ERP 软件。因此在系统环境中，具体从合适性、信息质量、系统质量三个维度来评判。

丰富的实施经验是企业能够成功实施 ERP 系统的关键。青岛啤酒公司选择佳邦咨询有限公司为它做全面的咨询及规划，是因为佳邦在帮助大型集团公司进行信息系统规划和实施方面拥有丰富的成功经验，同时，它与 Oracle 公司有着紧密的合作关系，对如何在大型企业中推广 Oracle 电子商务套件有着独到的见解，而 Oracle 公司是全球大型数据库软件公司。拥有如此强大的两个合作伙伴，是青岛啤酒公司成功实施 ERP 的关键因素之一，也保证了 ERP 系统的信息质量、系统质量。

（二）经验丰富的实施团队

ERP 系统是一个集成性很强的系统，其设计、实施和运行需要企业内部各个部门的共同合作，对项目实施团队的经验性及团队的合作性有很高的要求。

佳邦咨询有限公司投入 16 名顾问组成全职实施队伍，对青岛啤酒公司进行全面的规划与指导，保证了该系统适合青岛啤酒公司的特点。同时青岛啤酒总部投入具有前期项目实施经验的业务骨干 8 名，华南事业部及各相关企业抽调业务骨干近

50 名，专业的领导实施小组有效保证了项目的成功实施。

（三）企业提供了强大的支持力量

ERP 的实施计划必须得到高层管理者的支持，高层管理者需要持续公开地在企业内部强调 ERP 计划，并且将它与企业的战略目标结合起来。除了公司高层的支持，还需要公司范围内的广泛支持。在企业 ERP 实施过程中，工作人员是影响整个系统实施成功的一个重要因素，系统的使用者要具备能熟练使用系统的素质。因此，企业需要通过教育和培训，提高组织成员对 ERP 的理解并提升整个企业的技术能力，最重要的是，通过培训和教育，员工可以在了解系统的基础上学习操作流程，降低他们对 ERP 系统的抵抗阻力。

青啤公司 ERP 系统的实施由其信息部牵头，精心组织实施，对项目十分重视。在金志国看来，“做 ERP，青啤绝对不是赶时髦，我们需要用新技术改造青啤传统业态的管理体制和动作方式”。此外，青啤还开展内部人员的定期培训与考核，以不断适应改革的需要。

通过 ERP 项目的实施，青岛啤酒将有效地实现集团内部市场网络、管理、品牌、销售等方面的整合，实现资源的优化配置，更强有力地贯彻执行集团公司“系统整合、机制创新、提高核心竞争力；结构调整、做强做大、再创新百年辉煌”的工作方针，继续进行市场、品牌、管理等方面的内部系统整合，进一步提高资源的综合利用效率，真正形成协同效应及规模效益，不断提升盈利水平；充分挖掘青岛啤酒品牌所蕴含的巨大市场潜力，并引入国外先进的管理模式和经验，不断提高核心竞争力和可持续发展能力。

（资料来源：青啤 ERP 信息管理系统建设成功案例，http：//www. enet. com. cn/article/2003/0926/A20030926264864. shtml。）

【问题思考】

1. 企业应用 ERP 系统存在一定的风险，必须认识到 ERP 的实施是管理项目而不仅仅是 IT 项目，并通过项目管理有针对性地管理风险，从而成功实施 ERP。试分析我国企业实施 ERP 项目时，要识别哪些风险因素，如何评估风险和控制风险？

2. 青岛啤酒 ERP 项目实施的成功案例带给我们的启示是什么？联想集团董事局主席柳传志曾经说过，企业“上 ERP 是找死，不上 ERP 是等死”，如何理解这句话？

案例5-2　供应链环境下中小企业ERP实施要点

供应链间的竞争取代企业间的竞争成为新时代的竞争形式。中小企业是供应链中不可缺少的一环，然而，中小企业的粗放型管理方式、低信息化水平大大限制了整个供应链的运作效率。提升中小企业的管理水平、加强其信息化建设，不只是中小企业自身的需要，对整个供应链更有着重要的意义。因此，实施ERP成为每个中小企业迫切需要考虑的问题。一方面，实施ERP是供应链对中小企业的要求，如果不上ERP，企业就无法融入全球化经济系统，无法应对日趋激烈的全球竞争；另一方面，实施ERP对于中小企业提升管理水平、增强竞争力有着非常重要的作用。

然而，在ERP被广泛认同的同时，ERP实施的失败率之高也让不少想上ERP的企业望而却步。由于ERP项目实施的成本很高，再加上中小企业本身流程、管理都比较灵活，很多企业实施ERP都以失败告终。张军（2009）对中小企业信息化的调查报告显示：61%的企业在信息化建设中选择了ERP软件，但只有10%取得了一定的成功。

因此，在供应链环境下，对于中小企业来说，不是上不上ERP的问题，而是不得不上的问题。然而中小企业实施ERP的成功率又是如此之低。因此，中小企业在人力、财务、物力有限、管理流程灵活的情况下，如何成功实施ERP，并在企业中成功应用就成为一个非常重要的问题。下面通过分析一家中小企业成功实施ERP的过程，针对中小企业的特点提出中小企业实施ERP的解决方案。

一、DG公司ERP项目简介

DG公司成立于1992年，是日本著名印刷设备制造商RB所有机型全线产品的中国总代理（包括港澳台地区），现有员工六十余人，总部设在北京，有青岛、深圳两个办事处。

2010年7月，DG公司开始进行软件选型，经过两个多月的考察、对比和多方咨询之后，DG公司最终选定了ZB的ERP软件。2010年9月，DG公司完成软件选型，进入软件实施阶段。在软件实施阶段，DG公司ERP实施小组在ZB客服人员的指导下，制定ERP实施计划。在经过企业调研、业务流程分析、业务流程重组、账号设置、系统测试、原始数据录入等阶段之后，2011年1月1日，DG的ERP系统正式上线。经历3个月的试运行之后，2011年4月1日，ERP进入正式运行阶段，并取得了不错的效果。

初步的员工使用调查反馈发现，员工普遍反映沟通更为畅通，工作效率有所提升，尤其是销售和工程部，普遍反映工作效率大幅提升。而经理们则反映销售、售后过程更可控，同时更容易对销售、售后信息进行统计分析。另外，DG 公司与 RB 公司初步形成信息共享，RB 公司可以对 DG 公司 ERP 系统中的售后数据进行分析，根据这些信息分析可以进一步改进产品以更好地满足客户需求，同时也根据不同的客户需求进行产品细分。这也为 DG 公司更好地展开销售、开拓更大的市场提供了更好的基础。

二、DG 公司 ERP 项目实施要点分析

DG 公司实施 ERP 面临的问题除了资源有限、流程不规范、企业基础数据欠缺、企业员工年龄、学历水平参差不齐等，还要满足整体供应链上下游企业的要求。在 ERP 实施过程中，DG 公司克服各种困难，同时考虑供应链上下游企业的要求，圆满完成了 ERP 实施任务。

（一）资源有限

一般而言，一个 ERP 项目的实施需要耗费很长时间，而软件实施及软件本身的花费都非常高，中小企业资源有限的问题会使其负担比大企业更大的风险，因为 ERP 项目的失败很有可能直接导致中小企业破产。对于 DG 公司，人力、财力、物力短缺的问题同样存在，在当初决定要上 ERP 的时候，企业研究了 ERP 实施统计数据，参阅大量 ERP 实施案例，并对实施 ERP 的不同公司进行实地考察，认为这个问题是可以通过有效的操作来避免的，企业才最终决定要上 ERP。DG 公司在解决资源有限的问题时，主要采用了以下方法：

首先，在软件选型的时候，DG 公司确立了评价软件的七个维度，这七个维度主要从软件功能、软件实施难度、软件成本、供应商资历、满足整体供应链要求五个方面对软件进行评价，最终选择了成长型企业 ZB 公司的 ERP 软件。从比对的各个软件来看，ZB 的软件功能齐全、可扩展性好、与企业流程接近，在与整体供应链整合方面有更强的开放性。

其次，DG 公司在整个 ERP 实施过程中重点明确。即先将公司最迫切需要而 ERP 中算法相对简单的销售、售后工程模块上线，待这些模块顺利运行后，再将人事、财务模块这些 ERP 中算法复杂、但 DG 公司不那么急需的模块上线实施。根据“二八法则”，企业 80% 的业务、人员集中在销售、售后这两个模块中，而这部分内容在 ERP 中流程相对简单，因此放在第一阶段，花费大量的精力实施。而人事、财务部分牵扯人员较少，业务相对比较简单，但在 ERP 中算法却非常复杂，非常容易出错，因此在销售、售后模块实施初见成效之后再实施。这种分模块的实施方法大大降低了 ERP 的实施风险。

（二）基础数据欠缺

中小企业还有一个非常重要的特点就是不重视基础数据的保存。而在实施 ERP 的时候，这个问题就成为阻碍其发挥作用的巨大障碍。因为 ERP 上线后，是需要直接步入正式运行的，如果没有基础数据的支撑，ERP 就会成为一个空架子，没有实际作用。供应链的上游、下游企业均被要求基础数据完备，并可以进行统计分析。

在 DG 公司的 ERP 实施中，主要的基础数据是客户资料、工程单、产品信息。由于在过去的企业运行中，对于客户资料、产品信息都没有进行专门的统计，客户资料仅仅依赖销售人员的记忆，而销售人员变动或者忘记，造成大量的客户资料损失。产品信息也依赖于销售人员、工程人员的记忆，公司没有现成的产品名录，同时销售人员、工程人员对同一款设备可能叫法各异。如 RB 一款机型，销售人员叫作 RB924，而工程人员则叫为 920。这样的产品信息如果导入 ERP 中，则会出现非常大的问题。工程单信息有汇总信息，但是信息简单，很多工程单仅仅填写类似“安装完成”、“设备维修完成”的信息，这些信息对于统计工程单信息基本没有价值。

通过对企业各部门的详细分析，DG 公司做出整理基础数据的决定：从公司留存的近三年的工程单中整理出客户资料、售后信息。在工程单中，经过分析发现工程信息基本无价值，但是客户资料却很准确、齐全。项目组组织相关人员对客户信息进行核对，最终整理出比较完备的客户信息。而工程单中的工程信息非常简单，且无法补充，经过多方讨论，DG 公司决定仅仅补录过去一年的工程信息。

对于产品信息，则从 RB 公司获取完整的产品名录，再与销售部、工程部沟通，统一产品名称，并就同一机型不同配置的问题达成一致，获得基本完备的产品信息。同时对销售部开放产品录入权限，这样可以在新产品上线的时候进行产品信息的备案。

（三）流程不规范

ERP 作为一种先进的管理方式，其先进性主要体现在其规范的流程方面。而中小企业的流程很不规范，很容易受人为因素影响，在这种情况下就存在是修改企业流程还是修改 ERP 中流程的问题。如果修改企业流程，一旦操作不当，就会造成管理的混乱；如果修改 ERP 中的流程，就需要大量的二次开发，软件的二次开发很容易造成实施进度的延缓，造成预算的增加；同时由于中小企业的流程很不规范，如果将 ERP 中规范、科学的流程改为企业现有的流程，本身也会带来很多问题，影响企业的进一步发展。

DG 公司在实施 ERP 过程中，也遇到了这样的问题。项目实施小组在分析现有流程以及 ERP 系统流程后，确立了这样的解决原则：对于 ERP 中的核心问题，要按照 ERP 流程，修改企业流程；对于一些无关紧要但非常影响员工操作习惯的流程，修改 ERP 以适应企业流程；对于因为自身业务特殊性造成流程不同的问题，选择改变 ERP 流程来适应企业流程。

通过 ERP 的实施，保留了企业原有流程，仅对实现方式进行改变。工程经理、工程师的派工、汇报等通过 ERP 系统进行，取消工程秘书的工程单记录工作。这样改变后，减轻了工程部秘书的工作。因为在 ERP 的售后单中既体现了工程量，也体现了工程内容。

国外大型厂商的 ERP 软件价格过高，大多数中小企业难以承受；而国内一些公司的软件虽然价格实惠，但生产管理模块不理想。供应链环境下的 ERP 系统规划和实施要考虑到中小企业特定的内外部环境制约，因此其实施难度及挑战性可能要高于一般企业。

（资料参考：全球供应链环境下中小企业实施 ERP 的思考探究，http：//www. ciotimes. com/application/erp/84657. html。）

【问题思考】

1. 企业资源计划系统（ERP）对组织的主要作用是什么？“对于中小企业来说，不是上不上的问题，而是不得不上的问题”，对于中小企业来讲，实施过程中除了一般企业常见的问题外，还有哪些关键点需要突破？

2. 电子商务平台的建设已成为当今中小型企业在严峻的竞争形势下低成本实现渠道突破的重要途径之一。对于广大中小型企业来说，如何以有限的资金预算，建设一个完美支撑企业电商化运营需求并实现电商平台与线下业务整合的后端支持系统？与传统行业的 ERP 不同，中小企业电商如何解决好类 ERP 与电商系统的对接及线上、线下资源的协同问题？

第六章　企业客户关系管理

“你吃的是第几只鸭?”(“银塔餐厅”广告语)。从银塔餐厅档案记录可以了解杰列尔带来的“鸭子革命”：餐厅的墙上，挂满了名人食客的照片，包括法国作家巴尔扎克、德国首相俾斯麦、俄国歌唱家夏里亚宾、英国前首相丘吉尔、美国前总统肯尼迪等；再看“食客名录”及鸭子编号，英国国王爱德华七世是最早来吃鸭子的腕级名人，他吃的鸭子编号为328号；喜剧大师卓别林吃的是253652号；影星伊丽莎白·泰勒吃的是579051号……最有意思的是日本天皇裕仁，“二战”时期他吃的是53211号，50年后又当了一次回头客，吃掉了423900号。今天，冲着一只美味鸭，更冲着一个吉祥号，“银塔餐厅”的名声持续看涨，食客络绎不绝。

第一节　客户关系管理内涵

客户关系管理（Customer Relationship Management，CRM），顾名思义，是企业用来管理客户关系的工具。客户关系管理是一个不断加强与顾客交流、不断了解顾客需求并不断对产品及服务进行改进和提高以满足顾客需求的连续过程。其内涵是企业利用信息技术（IT）和互联网技术实现对客户的整合营销，是以客户为核心的企业营销的技术实现和管理实现。

企业运用全部的资源，并不是以追求市场占有率为唯一目标，而是以客户为导向，运用技术手段，通过与客户互动，全方位分析客户的行为，了解每一位独立的客户所具有的特性，通过让客户认同企业的产品及服务，并将其作为第一考虑对象，愿意与企业维持长久的交易关系，以追求客户所累积的终身价值，来帮助企业达成长久获利的目标。

可以从三个层面来理解客户关系管理：理念、技术与实施。其中，理念是CRM成功的关键，它是CRM实施应用的基础和土壤；信息系统、IT技术是CRM成功实施的手段和方法；实施是决定CRM成功与否、效果如何的直接因素。

客户关系管理首先是一种管理理念，源于市场营销理论中的关系营销，其核心思想是将企业的客户（包括最终客户、分销商和合作伙伴）作为最重要的企业资源，通过完善的客户服务和深入的客户分析来满足客户的需求，保证实现客户的终生价值。对于客户关系管理理念的理解是组织能够向建立“以客户为核心、以市场为导向”经营管理模式转变的第一步。

客户关系管理是一种旨在改善企业与客户之间关系的新型管理机制，它实施于企业的市场营销、销售、服务与技术支持等与客户相关的领域。一方面，通过向企业的销售、市场和客户服务专业人员提供全面、个性化的客户资料，并强化其跟踪服务、信息分析的能力，使他们能够协同建立和维护一系列与客户和生意伙伴之间卓有成效的“一对一关系”，从而使企业得以为客户提供更快捷和周到的优质服务，提高客户满意度，吸引和保持更多的客户，从而增加营业额；另一方面，则通过信息共享和优化商业流程来有效地降低企业经营成本。客户关系管理的实施要求“以客户为中心”来构架企业，完善对客户需求快速反应的组织形式，规范以客户服务为核心的工作流程，建立客户驱动的产品/服务设计，进而培养客户的品牌忠诚度，扩大可盈利份额。

同时，客户关系管理也是一种管理软件和技术，它将最佳的商业实践与数据挖掘、数据仓库、一对一营销、销售自动化以及其他信息技术紧密结合在一起，为企业的销售、客户服务和决策支持等提供了一个业务自动化解决方案，使企业有了一个基于电子商务的面对客户的前沿阵地，从而顺利实现从传统企业模式到以电子商务为基础的现代企业模式的转化。客户关系管理集合了当今最新的信息技术，它们包括电子商务、多媒体技术、数据仓库和数据挖掘、专家系统和人工智能、呼叫中心等等；吸纳了当今先进的软件开发技术、企业经营管理模式、营销理论与技巧，是先进理念的反映与体现。CRM 软件是将 CRM 理念具体贯彻到组织中并实现其目标的有效、有形的工具与平台。CRM 软件提供的不一定都用得到，或者还需要其他的软件、平台进行集成。

第二节　客户关系管理系统的功能

CRM 系统主要应用于企业销售、市场、服务等与客户密切接触的前端部门，通过接口与 ERP、SCM 等系统协同运作，共同为企业开源节流、提高企业市场竞争力和综合实力服务。

CRM 的功能可以归纳为三个方面：1. 销售、营销和客户服务三部分业务流程的信息化；2. 与客户进行沟通所需要手段（如电话、传真、网络、Email 等）的集成和自动化处理；3. 对上面两部分功能所积累的信息进行加工处理，产生客户智能，为企业的战略、战术提供决策支持。

CRM系统的核心是客户数据的管理。可以把客户数据库看作是一个数据中心，利用它，企业可以记录在整个市场销售的过程中与客户发生的各种互动，跟踪各类活动的状态，建立各类数据的统计模型用于后期的分析和决策支持。为达到上述目的，一套CRM系统大都具备市场管理、销售管理、销售支持与服务和竞争对象记录与分析等功能，有的软件还包括了呼叫中心、合作伙伴关系管理、商业智能、知识管理、电子商务等功能。

一、市场管理

1. 现有客户数据分析。

识别每一个具体客户，按照共同属性对客户进行分类，并对已分类的客户群体进行分析。

2. 提供个性化的市场信息。

在对现有客户数据进行分析的基础上，发掘最有潜力的客户并对不同客户群体制定有针对性的市场宣传与促销计划，提供个性化的、在价格方面具有吸引力的产品介绍。

3. 提供销售预测功能。

在对市场、客户群体和历史数据进行分析的基础上，预测产品和服务的需求状况。

二、销售管理

1. 包含内容：

商机录入、商机预测、商机上报、商机审批、商机查询、商机分配、商机跟踪、商机变更、商机报价等方面的商机管理。

2. 提供有效、快速而安全的交易方式。

一般的CRM系统均会提供电话销售（Telesales）、移动销售（Mobile Sales）、网上销售（E-commerce）等多种销售形式，并在每一种销售形式中考虑实时的订单价格、确认数量和交易安全等方面的问题。

3. 提供订单与合同管理。

记录多种交易形式，包括订单和合同的建立、更改、查询等。可以根据客户、产品等多种形式进行搜索。

4. 对销售情况进行分析。

三、销售支持与服务

1. 呼叫中心服务（Call Center Service）。

2. 订单与合同的处理状态及执行情况跟踪。

3. 实时的发票处理。

4. 提供产品的保修与维修处理。记录客户的维修或保修请求，执行维修和保修过程，记录该过程中所发生的服务费用和备品备件服务，并在维修服务完成后，开具服务发票。

5. 记录产品的索赔及退货。

四、客户管理

1. 客户分类，客户可分为：个人客户、团队客户、潜在客户。

2. 客户录入/修改，录入修改客户档案。

3. 客户查询，查询客户档案。

4. 客户信用评定。系统可以自动根据客户的回款时间、回款额与销售额之间的关系来评定客户的信用度。

5. 客户活动度设定。自动或者手动设定客户的活动度，活动度是指客户与公司之间的来往频度，活动度作为系统字典可以在后台进行自定义设置。

6. 客户变更，更改某个客户对应的业务员。

7. 行动记录，记录每次业务员对客户的拜访情况或其他业务活动情况。

8. 客户资源。如果公司的产品需要与客户先前已有的资源配合使用（比如软件产品与客户电脑），则可能在公司售后服务中需要涉及查询客户相应资源，所以此模块记录客户的相关资源数据，便于以后服务人员使用。

9. 客户关怀。系统对客户公司的重大活动、庆典或客户联系人的相关纪念日做出提醒，公司服务人员进行相关的客户关怀服务。

10. 客户请求/投诉。包括请求/投诉记录、处理、回访、满意度调查。

11. 客户订单。包括客户订单录入、客户订单查询、合同查询。

12. 客户统计。包括客户流失统计、客户新增统计、客户地区分布统计、客户行业分布统计。

五、综合分析

1. 商机得失分析。对公司成功（或失败）与客户达成交易的机会占公司整体销售机会的比例进行分析，并对商机得失原因（包括产品因素、业务员素质因素、价格因素、竞争对手等）进行细分。

2. 商机竞争分析。对公司所有商业机会的竞争对手进行分析，从而得出数据，帮助公司高层量化分析各个竞争对手公司的影响，列出对手的优势劣势。

3. 客户投诉分析。对客户投诉进行分析，分析内容包括：客户投诉的原因（产品质量，产品服务）、投诉的比例（客户投诉占整体销售案例的比例）、客户投诉的员工。

4. 客户满意度分析。面对客户的任何销售、服务人员都将借助系统向客户发送客户满意度调查表，系统对所有回收的调查表进行分析，分析内容包括产品质量、产品价格、服务质量、服务响应速度等多方面内容。

5. 竞争者分析。记录主要竞争对手和竞争者的基本情况，包括其公司背景、目前发展状况、主要的竞争领域和竞争策略等内容。记录主要竞争产品和其他企业所提供的同类产品、近似产品和其他可替代产品，包括其主要用途、性能及价格等内容。

CRM 集成系统的功能构成不是独立存在的，它必然与企业后端的供应链管理（Supply Chain Management）紧密相关，从而保证 CRM 系统中每一张订单能够在保证利润的前提下有效及时地得到确认并确保执行。每一笔销售交易的达成都有赖于企业后台的平台支撑，即 ERP 系统，包括分销与运输管理、生产与服务计划、信用与风险控制、成本与利润分析等内容。

第三节　客户关系管理的实施现状及误区

2001 年，世界著名技术研究咨询公司 Gartner Group 的一项研究报告指出，超过 50% 的 CRM 项目被认为是失败的。2004 年，美国零售联合协会对其 100 家会员企业进行调查，仅仅 30% 的企业认为它们的 CRM 项目实现了或者超过了它们的预期目标。2005 年，全球领先的商业咨询公司贝恩公司进行了一次名为“管理工具和趋势”的调查，结果表明，“CRM 被认为是仅次于战略规划的最常使用的管理工具”。

由此可见，客户关系管理理念已经在世界范围内被广泛接受，在企业中的应用普遍，但是客户关系管理的成功率并不是很高，如何有效地应用客户关系管理仍存在很多困难。其中很大的一个原因便是实施者对客户关系管理的认识存在很大误区。

客户关系管理实践存在的主要误区包括：

一、忽视客户关系管理的整体规划，未与企业文化进行整合

很多企业实施 CRM 时，没有对其进行全面整体的规划。很多企业认为 CRM 由单一部门实施就够了：有的认为 CRM 是一项营销策略，理所当然应由营销部门负责实施；有的认为 CRM 的核心是以客户为中心、同客户建立关系，应由客服部门负责；有的甚至认为 CRM 是一个技术系统，应将其划入技术部。

实际上，CRM 的实施涉及企业组织结构、业务流程的方方面面。企业应该根据其发展策略、企业的任务和目标、企业经营管理的状况，确定企业客户关系管理建设的任务和目标，对全面实施客户关系管理及其相应的业务流程重组、组织结构调整、信息技术建设等进行整体规划。

经营理念和认识上的落后是实施客户关系管理的最大障碍，很多企业的客户关系管理缺乏企业全员的参与，没有实现与企业文化的“无缝整合”。企业文化是企业员工长期形成的一种共同价值观，影响着企业能否有效地与客户之间建立良好的关系。在 CRM 实践中，企业应始终坚持客户至上、客户第一，把“以客户为中心”的基本理念渗透到各个方面和各个环节，将这种思想灌输传递给企业全体员工。

二、片面认为客户关系管理仅仅是一套软件系统，过分追求技术

很多企业错误地认为客户关系管理仅仅是一套软件系统，过多地依赖客户关系管理工具。主要体现在以下几个方面：

1. 企业认为引进了多功能、高科技的 CRM 软件系统，一切问题都可以解决，没有将客户关系管理作为一种管理理念，低估了 CRM 实施的复杂性。一个企业没有 CRM 软件也能进行客户关系管理，软件只是一种使客户关系管理更加高效运行的工具和手段。客户关系管理的根本起源不是技术进步，而是营销管理思想演变的必然结果。企业应当将客户关系管理思想融入企业管理理念，而不是单纯依靠软件。

2. 一些企业在实施 CRM 时不顾自己企业的实际需求，盲目追求系统功能的多与新，增加了不必要的成本，也给维护人员增加了负担。在实施 CRM 之前，企业应该对自身进行分析，找出薄弱处，制定相应的目标，根据自己的需求引进适合企业的 CRM 系统。近年来，一些企业成功地实施了 CRM，它们的共同之处是“务实地、有原则地引进 CRM 系统，适度地设定目标，在相对小的范围内高度集中实施项目”（Darrell K. Rigby , Dianne Ledingham，2004）。很多实践证明：在企业关键流程和竞争激烈环节实施 CRM 常能收到实效，这将成为 CRM 未来的普遍策略。

3. 借助客户关系管理软件，企业能够更容易地分析客户数据，但企业常因此忽略了与客户的沟通交流和情感联系。CRM 数据库中的信息体现的是客户的购买情

况与对企业的贡献度，而不能反映客户购买现场的表现和内心想法。客户关系管理的核心思想是“以客户为中心”，实际上，CRM 软件通过数据挖掘技术分析顾客特征，细分顾客类型，目的是销售更多的产品和服务，这仍是“以产品为中心”的体现。企业应一方面利用 CRM 软件分析客户特征，了解客户行为，一方面加强与客户的情感联系，这才是建立良好持续的客户关系的精髓所在。

三、对客户“一视同仁”，不加区分地对待

著名的帕累托法则，即“二八法则”指出，在顶部的 20% 顾客创造了公司 80% 的利润。在某些情况下，利润的分配更为极端：最有获利性的 20% 顾客有可能创造了公司 150%—300% 的利润；而最不具有获利性的 10%—20% 的顾客实际上会人均造成 50%—200% 的亏损；其余 60%—70% 的顾客则处于盈亏平衡状态。

因此，企业不应该对其所有的客户平均分配资源。在庞大的客户数据库中，客户的社会背景、消费习惯都大不相同，对企业产品和服务的需求也不同，对企业的价值贡献也不一样。客户关系管理就是要对客户进行分析，将客户分成“三六九等”，剔除那些最差的顾客，实现资源的优化配置，这样才能以较小的成本留住更多重要的、有价值的客户。企业可以根据价值度和关系牢固度对顾客进行分类，加以区别对待。

从宏观上看，客户关系管理是一种全新的经营管理理念，是现代商务的重要组成部分；从中观上看，客户关系管理包含着一系列企业解决方案，是对企业营销策略的提升和完善；从微观上看，客户关系管理意味着一套应用软件系统，是以数据库、人工智能和通信技术为基础的管理工具。实施客户关系管理必须全面理解客户关系管理的内涵，领会其核心与精髓。它的成功不可能一蹴而就，企业必须要有长远的眼光，将客户关系管理同企业文化融合起来，形成长远的共同价值观。

案例 6－1　每个人心中都有一个豆瓣：豆瓣网的客户关系管理

豆瓣网是以技术和产品为核心、以生活和文化为内容的创新网络服务网站。豆瓣一直致力于帮助都市人群发现生活中有用的事物，通过桌面和移动产品来服务都市日常生活的各个方面。豆瓣的用户规模多年稳健增长，2012 年月度覆盖用户超过一亿。豆瓣的核心用户群是具有良好教育背景的都市青年，他们热衷参与各种有趣的线上、线下活动，拥有各种鬼马创意，是互联网上流行风尚的发起者和推动者。豆瓣已渐渐成为他们生活中不可缺少的一部分。

豆瓣擅长从海量用户的行为中挖掘和创造新的价值，并通过多种方式返还给用户。凭借独特的使用模式、持续的创新和对用户的尊重，豆瓣被公认为中国极具影响力的 Web2.0 网站和行业中深具良好口碑和发展潜力的创新企业。豆瓣主要的盈利模式是品牌广告、互动营销以及不断建设和增长中的围绕电子商务行业的渠道收入。

一、豆瓣网站的产品

（一）豆瓣读书

豆瓣读书自 2005 年上线至今，已成为国内信息最全、用户数量最大且最为活跃的读书网站。它专注于为用户提供全面且精细化的读书服务，同时不断探索新的产品模式。2012 年豆瓣读书每个月有超过 800 万的来访用户、过亿的访问次数。

（二）豆瓣阅读

豆瓣阅读是豆瓣读书 2012 年推出的数字阅读服务，支持 Web、iPhone 、Android、Kindle 等桌面和移动设备，自 2012 年 5 月 7 日作品商店上线以来，商店上线作品达 600 余部，用户评论 3000 余篇，有 50 万用户购买付费或者下载免费作品。豆瓣阅读的现有内容涵盖了小说、历史、科技、艺术与设计、生活等多种门类，定位为集短篇作品和图书为一体的综合平台。

（三）豆瓣电影

豆瓣电影是中国最大和最权威的电影分享与评论社区，收录了百万条影片和影评人的资料，有 2500 多家电影院加盟，更汇聚了数千万热爱电影的人。豆瓣电影于 2012 年 5 月推出了在线选座购票功能，到 2012 年已开通全国 33 个城市的 81 家影院购票通道，更多影院还在不断加入，极大方便了人们的观影生活。

（四）豆瓣音乐

豆瓣音乐是中国最大的音乐分享、评论、音乐人推广社区，拥有最完整的全球音乐信息库、最具权威的用户音乐评论和最具创造力的独立音乐人资源。这里汇集了 90 多万音乐条目，21000 多位独立音乐人，2011 年全年平均每 5 分钟诞生一首原创音乐，覆盖粉丝量超千万。

（五）豆瓣同城

豆瓣同城是国内最大的线下活动信息发布平台，包括音乐/演出、话剧、展览、电影、讲座/沙龙、戏剧/曲艺、生活/聚会、体育、旅行、公益……专注于一线城市业余生活方式。

（六）豆瓣小组

豆瓣小组于2005年上线，定位于“对同一个话题感兴趣的人的聚集地”，至今已有30多万个小组被用户创建，每月用户超过5500万。内容包括娱乐、美容、时尚、旅行等生活的方方面面。用户在这里发布内容，同时也通过互动或浏览发现更多感兴趣的内容。

二、豆瓣网客户关系管理（CRM）的实施

豆瓣的平台基于Linux，数据库用的是MYSQL，除了数据挖掘和搜索，其他都是在开源产品之上开发的。

豆瓣自身是集众家所长的结果：一是简约素雅的界面风格来自FLICKR，包括它的分享概念；二是电子商务方面借鉴了亚马逊，比如用户评价和推荐；三是借用社会网络（SNS）的一些元素，把人和人的社会关系真实地搬到网上，不过一般的社会网络是没有媒介的，而豆瓣用相同兴趣作为媒介。

当客户在豆瓣上注册以后，豆瓣就会自动保存你在线上的所有记录。你查看图书、电影以后，其信息系统会记录下你浏览过的书目，当你再次进入豆瓣读书时，系统识别出你的账号后就会根据你的喜好推荐有关书目。客户浏览书店信息的次数越多，系统对客户的了解也就越多，也就能更好地为客户服务。显然，这种有针对性的服务对维持客户的忠诚度有极大帮助。

CRM在豆瓣网站的成功实施不仅给它带来了回头客，也极大地提高了该网站的声誉和影响力，使其成为公认的网上评论的杰出代表。豆瓣网站实施CRM的成功说明：CRM客户智能战略不仅在技术上被证明是完善的，在商业运作上也是完全可行的。统计数字表明，企业发展一个新客户往往要比留住一个老客户多花费5倍的成本，而CRM的客户智能可以给企业带来忠实和稳定的客户群，也必将带来良好的收益。

三、豆瓣网客户关系管理的建设与应用

（一）技术建设

豆瓣的核心能力是从技术引擎开始的。豆瓣最初的设想是通过精准强大的算法对用户进行产品推荐。就像豆瓣电台，通过分析5年间积累的用户音乐偏好，设计出一套复杂的算法，选择为用户播放的歌曲。然而当用户达到一定数量，内容更为生活化之后，豆瓣员工发现，依靠机器完成的算法推荐远没有用户推荐的效果好，

于是其核心能力慢慢转化为对用户需求的分析和挖掘。随着用户量增长，每日请求量增加，网站承载大用户量使用的构架建设也成为内功。洪强宁作为首席构架师使得豆瓣成为国内代码界使用 Python 语言的一面旗帜。现在多产品线并行运营，快速推出新产品，Python 支持的敏捷开发功不可没。

豆瓣全部使用 python 开发。网站后台的搜索引擎基于 Twisted，GUI 基于 Quixote，还用到了 Celementree、MySQL 和 PIL。与大多数网站不同的是，豆瓣网站最早开发的是一套推荐引擎，这是一个基于数学统计的计算机模型。在用户点击过、看过东西以后，这套模型可以自动分析出“与其口味最像的人”，并主动推荐用户最有可能喜欢的书籍、音乐或者电影。Web 越来越像一个计算机平台，通过各种 Web 应用将计算机连接起来，比如需要相册时可以使用 FLICKR，需要地图时调用 Google Map 的 Api。随着很多服务商逐渐将自己的服务开放出来，每个网站都可以被视为一个软件服务提供商。强大的功能、简单的使用，这是 Web2.0 应用的必然趋势。由豆瓣的应用可以看出，发现用户之间的关系，在后台建立导引用户功能的连接，针对数据量做好方便的存储和查询，这些就是网站技术的核心。

（二）用户体验，用户参与

通过技术手段清理一些不太真实的数据，豆瓣并无太多理由介入内容层面的直接交易，因为它相信“推荐的力量”，豆瓣三百余人的工作团队中，超过半数都是工程师，他们日复一日地完善豆瓣的算法，试图理解用户每一次点击、标记、发言等行为痕迹背后的逻辑关系，最终为用户带来最为匹配的推荐结果——就像“一千个人眼中，有着一千个哈姆雷特”，每一个豆瓣用户，都将有一个独立的围绕着他而存在的数据库。通过人机交互，豆瓣将完全符合他的兴趣的内容顺次展开，其中亦不会缺少商业内容。因为“精准”，豆瓣用户对于商业内容的接受程度比其他平台更高，这种 ROI 将给豆瓣带来广告客户的极大回报。

豆瓣是 100% 的动态网站。呈现给每个注册用户的主页都是各不相同的，而同一个用户在不同时间上豆瓣，也会看到不同的首页。动态、个性，这都是豆瓣带给用户的 Web2.0 体验。这样的用户体验给顾客留下特别好的印象，并且时时抓住顾客期待页面动态更新的心理。

豆瓣坚持简洁干净的 UI 设计，与其他网站相比，用户会发现豆瓣的广告很少，甚至大部分页面是没有广告的。这也是豆瓣建立以来一直秉承的一个理念——用户体验至上。一方面，每一屏只能显示一个展示类广告，从不出现强制类广告和动态广告。或许豆瓣是业内唯一一家只做静态类展示广告的网站，比如弹窗、全屏、富媒体，甚至 Flash 这样的广告形式豆瓣都还没有做过。另一方面，它对品牌的筛选也是非常严格的，豆瓣每年会拒绝大量的客户。豆瓣杜绝植入式广告、低俗广告不仅仅得到了用户们的信任，而且留下了良好的口碑。

对大部分人来说，书籍、音乐、电影的选择特别多，这就带来一个问题，也就是需要发现和分享。每个人的口味都不一样，大家共享之后就会产生口碑传递，大大满足了用户的需求。为什么豆瓣之前没有相似的构思？为什么众多的跟风者总会有感觉差异？创新来自找到需求，细节来自了解需求。豆瓣的员工总是从顾客的角度出发，更多地考虑顾客的便利感受和体验需求。

（三）留住老顾客，吸引新顾客

音乐和电影相对都比较大众，除了那些畅销书和热门书，通常书的阅读更加小众。豆瓣是一个典型的“满足小众需求”的业务模式。一方面，在电影和音乐上，人们比较容易找到喜好相近的同伴，但对于书，特别是一本比较冷门的书，找到共同爱好者的概率就比较小。而书又有“圈子阅读”的特性，一本共同喜好的书往往联结的就是两个志趣相投的人，而这批有共同书籍爱好的人基本都有交流的需求，这对“圈子”（小组）的形成是天然的催化剂。

另一方面，喜好阅读的人普遍习惯文字表达和对阅读的书籍留批注，这是豆瓣评论的一个很好的基础。豆瓣最开始是以邮件和在高端的读书类杂志上发广告来做推广的，被吸引去豆瓣的第一批用户人群素质比较好，他们又通过 BLOG 把豆瓣介绍开来，看到他们的 BLOG 的人又成为豆瓣新的用户。这些人普遍使用 BLOG，使得这个口碑传播循环能继续下去。

“豆邮”是用户的站内联系方式。“豆列”是个人基于某个特定主题的一系列推荐。这是两个官方性质的独创语言符号。而在官方之外，网站更主动收集推广了用户创意的“豆瓣辞典”，如“豆粉”指豆瓣的粉丝，“豆芽”是新注册用户，“黄豆”是资深用户等，这些亲切又别具新意的词汇形成了豆瓣独特的语言体系。

在这种具有人文情怀的环境下，豆瓣网站就像一块磁铁，将老顾客留下，吸引慕名而来的新顾客。

（四）基于客户关系管理的“豆瓣猜想”

豆瓣网的创始人杨勃表示：“传统的电子商务网站，物是一等公民，人是二等公民；而一些社会网络网站，人是一等公民，物是二等公民。”豆瓣网运用了先进的 CRM 管理理念和技术，始终以客户为中心，建立读者数据库，进行有针对性的读者服务，让读者得到更好的体验，而其中的“豆瓣猜你喜欢”更是这种个性化服务的代表。系统会记录下用户浏览和购买的书目，当该用户再次进入该网站时，系统经过身份识别后会根据用户的个人喜好推荐相关的书目。

“豆瓣猜想”有三个优点。首先它是完全免费的，任何上网用户只需注册一个用户名就可以享受这项服务；其次，它有很好的移动性，用户可以在任何一台能够上网的计算机上查看到为自己推荐的书目；最后，这种针对性的服务不仅为用户节省了查询检索的时间，对维持用户的忠诚度也有极大的帮助。

（五）品味系统——读书，电影，音乐

在以用户数和流量为标准的排名中，豆瓣在中国是前 20 强，在全球是前 100 强。其实任何熟悉豆瓣的用户都知道，豆瓣真正的价值不是这些数字，而是数字背后的深度。这几千万的活跃用户对应的群体是高度集中的高素质都市青年。从一开始，它就被打上了兴趣图谱的烙印。用户不要求最多，用户黏性才是豆瓣始终关注和探索的事情。

豆瓣读书、豆瓣电影、豆瓣音乐构成了豆瓣独特的品味系统，并开拓了用户的新视野，为顾客提供无与伦比的体验，其在评论网站里处于第一的地位且获得了丰厚的利润。豆瓣传统的盈利来源于豆瓣读书。它为当当、卓越亚马逊等图书电商导入一定的流量，从而带来一定的分成。

（六）表达系统——我读，我看，我听

我读、我看、我听，实质就是用户分别就读书、电影、音乐建立的收藏夹。三个页面架构一致，左边是产品状态区，从上到下分别是“在、想、过”，其中电影只有“想和过”两种状态设置，信息来自于用户之前在单一产品页面的标识动作。除了状态，用户可以标签的形式对收藏夹的产品做分类整理。

表达系统是品味系统与交流系统的连接。如果说品位系统关注“物”，交流系统关注“人”，那么表达系统就是通过用户个体融合这两个重点。

以“我的豆瓣”中的内容为例，用户站内发布信息汇总（评论、回帖、讨论）、收藏行为、向外推荐和交换信息都是用户对品味系统的贡献。而这些内容共同组成用户的个人展现，达成其参与交流系统。而豆瓣在这里对用户的产品推荐更像是书友会的目录，是以用户个体行为和用户交流系统中触及的其他用户行为为基础向用户进行推荐，更有针对性，也可以看作是交流系统对表达系统的反馈。

在个人展现部分，收藏（列表）是豆瓣的核心体现，好比个人的网上书架。在豆瓣，个人展现应用方面的“收藏”还不单指“物”，还包括“人”，因网站交友功能上的薄弱，“友邻”的作用更多地表现在“友邻”对“物”的收藏上。

（七）交流系统——同城，小组，友邻

“同城”、“小组”、“友邻”，就交友来说，这是一个范围逐渐缩小的过程。豆瓣在这之上加入了共同爱好“物”这个媒介，交友纬度增加了，使得豆瓣相对于一般交友网站或者 QQ 更有针对性。

基于 SNS 建立的网站大多是交友类型的，但豆瓣中的交友功能只能算其附属品。首先网站在交友服务上比较薄弱，小组（群交友）只有论坛，友邻（单对单）只有豆邮，用户交互方式需要拓展；其次网站“物”的体现压倒了“人”，用户个体的关注点在“物”，“友邻”的作用更多地体现在帮助用户找到“物”上。

总括来说，豆瓣目前提供的服务有：特定用途的检索（书、电影、音乐还有本站内的用户）、购买渠道推荐（“在哪里买”）、特定商品的比价（“一网打尽10多家网店”）、资料的存储和共享（“我的豆瓣”和“别人眼里我的主页”）、站内线上交互（“小组讨论”和“豆邮”）、SN（“友邻”和“同城”）、“二手交换”，还有“豆瓣推荐”（“猜你会喜欢”和“豆瓣认为和你口味最像”）。

四、豆瓣网站应用客户关系管理的重要性

（一）盈利模式

1. 品牌广告

2010年，豆瓣推出了自己的广告产品，主要包括展示类广告、品牌小站和豆瓣FM中的音频广告。到2012年11月，豆瓣已经与将近200个品牌合作，为它们提供定制化的广告方案。这些品牌横跨汽车、时尚、IT、家电、旅游、奢侈品、化妆品等多个领域。在豆瓣看来，合作的客户是否是世界500强并不重要，最为核心的原则是品牌的定位要与豆瓣的用户高度贴合。

2. 互动营销

同为社交网络，豆瓣却有着自己独特的气质，小站、线上活动、同城活动等产品助力品牌商开展互动营销。

3. 图书电商渠道分成

豆瓣传统的盈利来源于豆瓣读书。它为当当、卓越亚马逊等电商导入一定的流量，为其带来一定的分成收入。

4. 豆瓣阅读电子书售卖

豆瓣阅读是豆瓣旗下的电子书阅读和售卖平台，豆瓣阅读付费书店于2012年5月7日正式上线，到2012年底已经覆盖PC和移动端多平台。

5. 豆瓣电影在线选座位购票

2012年5月17日，继开通购书服务之后，豆瓣再次开始拓展新的收入来源——豆瓣电影在线选座位购票服务正式上线。到2013年2月1日，豆瓣电影已覆盖全国400个城市2500家影院，实时查询全国放映时间表，部分影院已支持直接选座位购票。该功能已在IOS& Android双平台同时开放。

6. 豆瓣FM付费版——豆瓣FM PRO

2013年1月7日，豆瓣发布了旗下电台产品的升级版——豆瓣FM PRO，采用付费订阅模式，每月10元，半年价50元。

7. 豆瓣同城票务

豆瓣同城有大量的话剧、演唱会等商业演出信息，活动页面提供票务链接，通过将用户引导至相关的票务网站实现销售收入分成；2012年上线同城活动官方售票。

（二）良好口碑

豆瓣网站以“兴趣”为媒介将都市人群聚集在一起，通过分享互动产生爱好小组，他们热爱生活，除了阅读、看电影、听音乐，更活跃于豆瓣小组、小站，对吃、穿、住、用、行等进行热烈的讨论。豆瓣已渐渐成为他们生活中不可缺少的一部分。这些用户将这个网站介绍给周围的人，老顾客成了忠实的粉丝，新顾客也慕名而来，在影响力上，它不亚于当下的任何一家企业。

（资料来源：曾利梅，中央民族大学 MIS 课程作业，2013。）

【参考资料】

1. 文静．广告门专访豆瓣网：豆瓣到底是什么？广告门．（http：//back. adquan. com/article1. php？id＝12936.）

2. 豆瓣阅读：图书业无纸化的生存与成功，中国人力资源开发网 http：//www. chinahrd. net.

3. 钱亦蕉．豆瓣生意经，http：//ent. sina. com. cn/x/2005－12－19/1529933803. htm.

【问题思考】

1. 从关系营销中，如何建立满足当今市场竞争需求的用户关系，如何改善用户服务体系？从豆瓣网的案例中，我们得到启示是什么？

2. 中国有 5.13 亿的互联网用户、多样化的 1.8 万亿 GB 数据，企业数据以每年 55% 的速度增长。在蓬勃发展的中国市场环境中，大数据所带来的机遇前所未有。以数据为本、分析为先的 CRM，帮助企业获得客户资源的管理平台 CRM，面对大数据时代的到来，应如何去做？

案例 6－2　联想集团的客户关系管理

一、联想及其服务简介

联想集团成立于 1984 年。公司主要生产台式电脑、服务器、笔记本电脑、打印机、掌上电脑、主机板、手机等电子产品。1996 年开始，联想电脑销量位居国内市场首位。联想在举世瞩目之下并购了被称为“个人电脑时代缔造者”的 IBM 全球 PC 业务，由民族 IT 产业的领军企业一跃成为全球第三大个人电脑生产商。

作为卓越 IT 服务的引领者，联想秉承“以客为尊　超越期待”的服务价值理念，围绕 IT 设备生命周期，为消费者和商业客户提供方案咨询、维修延保、网络应用、技术支持、桌面与系统维护、运营外包、资产回收等全方位的服务解决方案。联想服务在中国创新建设 eCare 网络平台——覆盖范围最广、响应能力最强的现场服务网络、高绩效运营的国际化技术支持及呼叫中心、智能化、互动化、规模化的 Web 官方服务网站，整合为“三网合一”强大的 IT 服务交付体系，堪称服务业界最佳实践的典范。联想服务因为 2008 北京奥运会提供 3 万台现场 IT 设备的专业技术支持及多品牌电脑服务而享誉国际。自 1998 年起，它连续 11 年获得 CCID 最佳支持服务大奖；自 2003 年起连续 5 年获得 COPC 认证（亚太首家）；2005 年引入 HDI 认证体系，由三级认证提升到 2007 年的四级认证（全球仅有的两家公司之一）。

二、联想实施客户关系管理的目的

实施客户关系管理的重要性是由客户关系管理的收益、成本与风险决定的。联想的客户关系管理功能表现为以下四点：

（一）有利于客户与销售管理

1. 联想 CRM 通过对客户档案信息、交往记录、报价记录、交易记录、反馈情况等信息的动态获取和分析，使企业多角度地把握客户需求，全面透视客户情况。

2. 挖掘老客户：联想 CRM 根据交易历史分析老客户购买倾向，帮助企业在老客户中挖掘新的销售机会，提高客户资源的整体价值；在赢得新客户的同时更要维护好与老客户之间的关系。事实已经证明：发展新客户的成本比留住老客户的成本高 5 倍，因此留住老客户也可以节约销售成本。

3. 有利于实施企业的报价策略：联想 CRM 使业务员对客户每次报价的内容和过程一目了然，避免了由于沟通不畅造成的报价混乱，也维护了联想统一的价格态势。

（二）有利于市场的管理

联想 CRM 通过对市场活动参与客户的销售机会、销售任务及销售订单进行全程跟踪，定量分析市场活动的投入与产出。

（三）有利于联想服务的实施

1. 保证服务质量：联想通过实行客户关系管理，帮助企业从收到客户的服务请求开始，全程跟踪服务的执行过程，保证服务的及时性和完成质量。

2. 帮助联想做到一对一的服务：联想为每位客户指定专门的服务代表，做到责任明确、服务到位，真正实现一对一的关系型服务。

3. 有利于了解客户满意度：可以使企业及时地收集客户的反馈信息并对其进行

整理和分析，使企业对客户的满意程度了如指掌。

（四）有利于支持联想决策

通过对客户关系的管理，联想将收集到的信息用于内部交流，促进市场、销售、服务三大环节协同工作。

三、联想客户关系管理的目标分析

客户关系管理的终极目标为：培养顾客忠诚度，使客户终身价值最大化。

客户价值最大化即客户资产最大化，而客户价值最大化的驱动因素主要包括三个方面：价值资产、品牌资产与关系资产。联想的价值资产建设主要表现为联想集团不断加大对技术研发的投入和研发体系的建设力度，提高产品质量与服务效用；在品牌资产管理方面，联想通过赞助北京奥运会、收购 IBM 的 PC 业务等等活动，使得品牌价值大大提升。2008 年联想入选世界品牌价值实验室编制的《中国购买者满意度第一品牌》；而在与客户的关系资产建设中，联想很注重与客户互动：联想经常与大型客户联谊，与政府机关保持了较好的关系，而且开通了多条客户维系通道，保证与客户更多更直接的接触。通过这三个方面的努力，联想拥有了一大群忠诚的顾客：国内多家大型企业常年与联想合作，比如中国移动、中国电信及国内大多数高校等，而在中国政府的采购中，联想也占了很大一部分份额。这也是联想实施客户关系管理的目标与结果的统一。

四、联想客户服务项目实施情况

（一）联想的 Call Center

联想呼叫中心拥有 200 个座席，是国内规模最大的呼叫中心之一，同时也是国内最繁忙的呼叫中心之一，每天打入电话 18000 余个，而且数量仍在不断增加。

联想电脑公司的呼叫中心在降低成本与提高客户满意度方面成效卓著：客户可以通过 Internet 实现自助式服务，在快捷方便获取资料、完成查询的同时，降低了用户呼叫的处理成本；它的强化座席功能可对用户呼叫进行一站式处理，用户的查询、售前咨询、报修、投诉皆可在一次呼叫内完成，而且消除了不必要的转接和等待时间，大大提高了客户满意度；此外，联想呼叫中心对问题处理和事件跟踪的有效管理也赢得了极高的客户满意度；联想呼叫中心还建立了完善的客户回访制度，能够及时了解客户的意见并加以改进；联想还把对维修客户的满意度回访作为考评维修站的重要依据，及时淘汰不合格的维修站。与此同时，呼叫中心会根据维修站的地域、产品、考评表现、工作量等因素来智能分派报修单。

（二）Clover客户关系管理系统

Clover客户关系管理系统集合了客户管理、市场管理、销售管理、采购管理、库存管理、售后管理、产品管理、费用管理、日程管理、自定义报表分析、自定义统计图分析等功能。整个软件基于B/S架构，不需要安装任何客户端，使用浏览器即可完成企业各种业务流程；同时还采用了最新的Ajax技术，最大限度地提高处理速度，改善用户的操作体验。

当一个联想电脑的用户遇到机器故障，打电话到Call Center求助时，接待人员可以马上从Clover CRM系统中清楚地知道该客户的许多信息，如住址、电话、产品型号、购机日期、以前的服务记录等，不用客户再烦琐地解释，就能很快地为他安排好解决问题的方案。

一位销售人员要联络一位重要客户前，他可以通过CRM系统了解这位客户的全部情况，包括他们单位以前的购买情况、服务情况、资信状况、应用需求、谁是决策人、联想公司都有哪些部门的哪些人与他们联络过、发生过哪些问题、如何解决的等诸多信息，其中的许多工作都是由联想公司的其他部门完成的，不借助Clover CRM系统是根本不可能了解到的。这时，这位销售人员是否会更加胸有成竹了呢？如果此时你主动通知客户急需的某种产品已经到货，同时，联想又有两款新产品可以更好地满足他们的应用需求时，客户的反应会怎么样呢？所以Clover CRM是把IT、业务和管理有机集成在一起的大型基础项目，也是一项业务基础工程。

（三）牵手Siebel

联想实施CRM项目，选择Siebel作为服务商，主要着重它拥有充足的顾问资源、丰富的项目实施经验和对国情、政策的深刻理解和把握、对行业特点的了解，期望它充分考虑企业业务和信息化现状的优势，帮助企业实现以下七个目标：

1. 客户信息管理

通过对客户档案信息、交往记录、报价记录、交易记录、反馈情况等信息的动态获取和分析，使企业多角度地把握客户需要，全面透视客户情况。

2. 挖掘老客户

根据交易历史分析老客户的购买倾向，帮助企业在老客户中挖掘新的销售机会，提高客户资源的整体价值。

3. 制定客户报价策略

业务员可对客户每次报价的内容和过程一目了然，避免由于沟通渠道不畅造成的报价混乱。

4. 投入产出分析

通过对市场活动中参与客户、销售机会、销售任务及销售订单进行全程跟踪，定量分析市场活动的投入与产出。

5. 分析市场需求点

通过对产品销售进行特征分析，根据产品的不同特征与销量的内在联系和发展趋势，发现市场的需求热点。

6. 保证服务质量

帮助企业从收到客户的服务请求开始，全程跟踪服务任务的执行过程，保证服务的及时性和完成质量。

7. 做到一对一服务

让企业为每位客户指定专门的服务代表，做到责任明确、服务到位，真正实现一对一的关系型服务。通过对客户反馈信息及时的收集、整理和分析，使企业对客户的满意程度了如指掌。

五、联想的业务客户管理

（一）有关业务客户的范围界定

联想通过对客户档案信息、交往记录、报价记录和反馈等进行分析，从各角度把握顾客需求，并按客户的属性将客户分为终端客户、内部客户以及合作伙伴等，进行不同的管理。因此，CRM 对联想来说，不仅对客户与销售管理有很大的帮助，更有助于其对决策的管理。

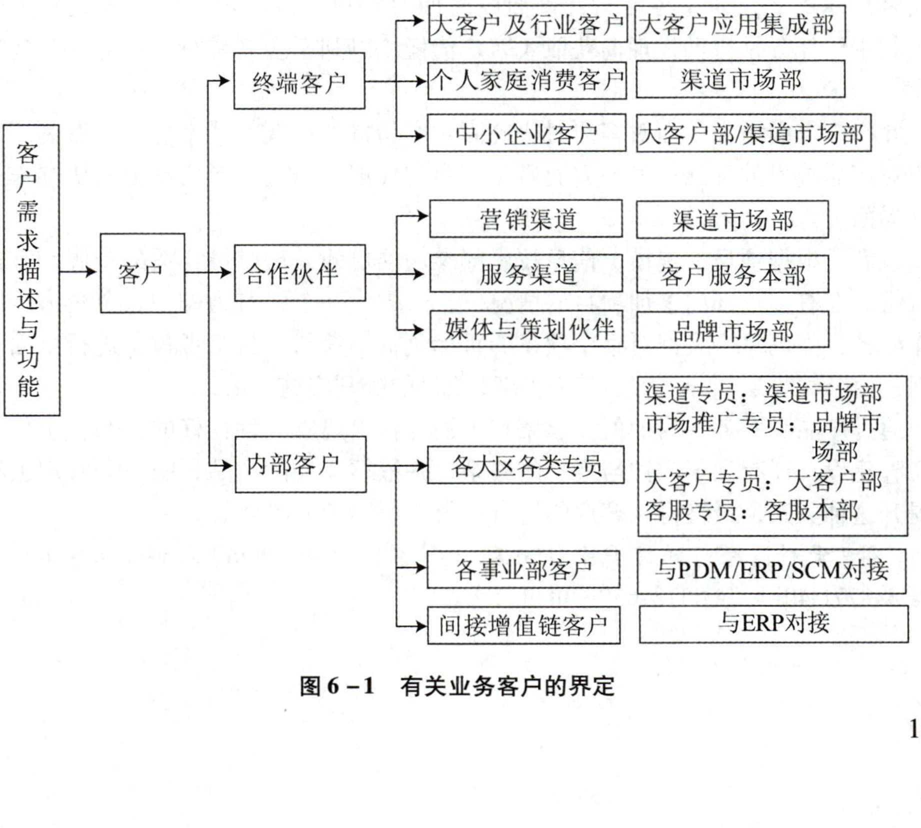

图 6－1　有关业务客户的界定

（二）联想客户挖掘分析

1. 关注客户“终身价值”+“VIP模式”

联想的内部建立了自己的商机管理系统，工作人员每天的工作除了打开电脑看报表和商机分析，就是去拜访客户。联想的大客户策略吸取了惠普和戴尔的优势，并结合自身的特点，发展出一套独特的大客户市场运作体系。针对大客户，联想不仅仅是改变销售渠道，企业各个环节也都变了。产品、营销、销售、供应、售后服务，从企业资源这块看，联想对零散消费者和大客户打造的五个价值链完全不同。

从联想推行的“大客户市场”策略来看，可以认为其实质就是一种有针对性的“VIP模式”。这种模式既关注短期利润，更注重长期收益；既关注单笔交易，更注重长期关系。它的核心是挖掘“顾客终身价值”。同时，联想大客户市场“VIP模式”既保障了联想的利益，也顾及了分销渠道的利益，并调动了渠道的积极性。

客户重视产品的价值，联想通过重视产品的品质和品牌建设，以客户需求为导向，牢牢抓住了客户，并提高了客户对联想品牌的忠诚度，获取了客户的终身价值。

2. 双重界面锁定大客户

联想夺回大客户市场重要的杀手锏之一就是捆绑式合作带来的稳定与透明。戴尔的流程、价值链很优越，但人员流动性太大，导致其短期行为比较多；联想与戴尔的大客户市场模式不同，是通过客户经理与代理商的双重界面来锁定客户。在联想大客户模式下，客户经理与代理商同时面对客户，但客户经理只管谈判不管签单，其主要任务是协助代理商获取大客户信任，以利于合同推行，而并非与代理商争利。

此举一方面增强了面对客户时代理商对产品特点把握的技术能力，有利于解答客户对产品技术的疑惑；另一方面避免厂商与代理商争利，形成两方面协同作战的良好局面。

最后，根据项目的规模，信息技术部参加项目的人员以最合适的资源和方式组织队伍。在有多个部门参加项目的情况下，选拔出一个强有力的项目负责人。加强协作精神，强调每个人都对整个项目的目标负责，参与项目组考核，进行全面项目管理，由公司高层领导监督，确保CRM项目的顺利实施。

通过产品和服务、附加值、承诺和识别与客户建立一种良好的关系，不仅有利于品牌建设，还有利于维护与客户的关系，并依靠优良的产品、服务和管理去维护和提升这种关系，最终得到客户的终身价值，获得最大的利益。

（参考资料：联想的客户关系管理（CRM）分析，http://wenku.baidu.com/view/3a877f340b4c2e3f5727639e.html。）

【问题思考】

1. CRM 首先是一种现代企业管理思想和理念；其次，CRM 是创新的企业管理模式和运营机制；再次，CRM 是一种技术系统。三个层面相辅相成，缺一不可。但在具体实施过程中，该注重 CRM 的哪个方面？技术的？管理的？还是理念上的？

2. 随着新型管理思想和现代 IT 技术不断普及，大数据时代给企业的 CRM 系统带来哪些商机？

第七章　供应链管理系统

21 世纪的竞争不再是企业和企业之间的竞争，而是供应链和供应链之间的竞争。

——马丁・克里斯托夫，英国著名物流与供应链管理专家

第一节　供应链管理概述

一、供应链与供应链结构

供应链是指在生产及流通过程中，涉及将产品或服务提供给最终用户活动的上游与下游企业所形成的网链结构。即围绕核心企业，通过对信息流、物流、资金流的控制，将原材料供应商、生产商、分销商、零售商及最终消费者连接成一体的功能网链结构模式，如图 7－1 所示。这种网络结构其组成特点为：

1. 供应链由许多节点企业组成，一般有一个核心企业；
2. 供应链上企业各自分担了采购、生产、销售的职能；
3. 每一个节点企业可以是多个供应链的成员；
4. 相邻节点企业之间的关系是供需关系；
5. 供应链加盟企业之间是一种长期合作、相互信赖、互补互利的双赢关系；
6. 供应链节点企业可以分布在世界各地；
7. 供应链把企业内部和节点企业之间的供应、制造、销售看作整体功能。

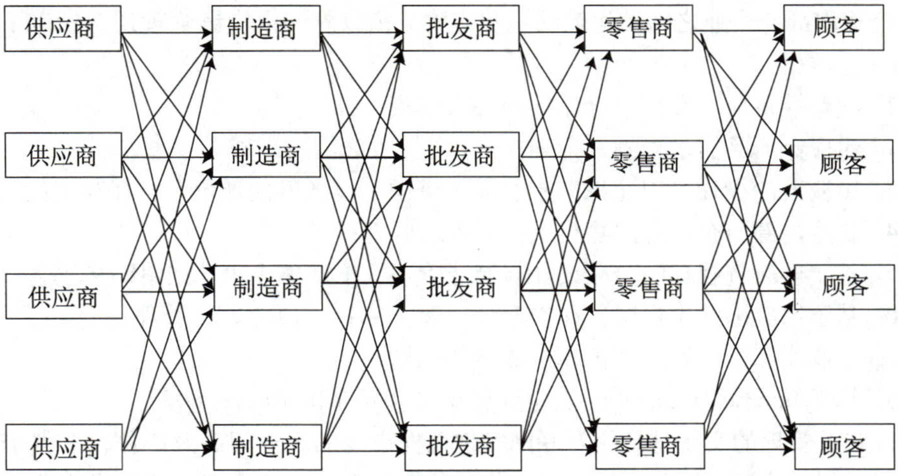

图 7－1　供应链结构图

供应链与供应链的竞争本质刻画了当今世界的工业经济。Rice（2001）曾对 30 多位工业界、学术界和咨询公司的供应链专家做了一次尔菲（Delphi）调查。他们中有 70% 的人认为将来的竞争已经不再是企业与企业之间的竞争，而是供应链与供应链之间的竞争。现实世界中绝大多数供应链的结构都不是一条线性链而是一个网络。在有互动、竞争与干扰的供应链之间，往往还有共同的节点企业，比如相同的供货商、第三方物流企业或者大型零售网店等。比如，戴尔、惠普、苹果、联想等世界著名电脑供应链都用英特尔的芯片原料，而联邦快递等全球物流公司也为无数互相竞争的供应链承办运输与配送业务。沃尔玛（Wal－Mart）、凯马特（Kmart）、塔吉特（Target）、家乐福（Carrefour）、华联等连锁超市互为竞争对手却又享有很多共同的供货商。而众多竞争激烈的汽车制造供应链中有相同的汽车部配件供应商为其共同的节点企业更是不争的事实。因此竞争的供应链往往没有明确的边界，而是你中有我，我中有你。这使得供应链的链际竞争问题变得相当复杂，极大地挑战了传统管理科学的研究手段和方法。

二、供应链管理

供应链管理则是指利用计算机网络技术全面规划供应链中的商流、物流、信息流、资金流等并进行计划、组织、协调与控制，主要涉及四个领域：供应（Supply）、生产计划（Schedule Plan）、物流（Logistics）、需求（Demand）。在以上四个领域的基础上，可以将供应链管理细分为职能领域和辅助领域。职能领域主要包括产品工程、产品技术保证、采购、生产控制、库存控制、仓储管理、分销管理；而辅助领域主要包括客户服务、制造、设计工程、会计核算、人力资源、市场营销。

除了企业内部与企业之间的运输问题和实物分销以外，供应链管理还包括以下主要内容：

1. 战略性供应商和用户合作伙伴关系管理；
2. 供应链产品需求预测和计划；
3. 供应链的设计（对全球节点企业、资源、设备等的评价、选择和定位）；
4. 企业内部与企业之间物料供应与需求管理；
5. 基于供应链管理的产品设计与制造管理、生产集成化计划跟踪和控制；
6. 基于供应链的用户服务和物流（运输、库存、包装等）管理；
7. 企业间资金流管理（汇率、成本等问题）；
8. 基于 Internet/Intranet 的供应链交互信息管理和知识管理等。

供应链管理的实质是利用互联网实现面向市场的企业间高效协作，对整个供应链进行计划、协调、操作、控制和优化，从而最大限度地根据市场需求变化，协同彼此行动，降低供应链上的总成本。为此要把供应链上各个职能部门有机地结合在一起，从而最大限度地发挥出供应链整体的力量，达到供应链企业群体获益的目的。

供应链管理覆盖了从供应商到客户的全部过程，包括外购、制造、分销、库存管理、运输、仓储、客户服务等。随着涉及的资源和环节的增加，对供应链的管理变得十分复杂，为了对供应链各个环节进行管理，建立供应链管理系统就成为必不可少的条件。

第二节　供应链管理的特点

供应链管理的管理思想和实施方法从 20 世纪 60 年代开始发展到现在，其理论、方法、技术和应用等方面都得到了较快的发展，见表 7－1。特别是在当今社会，随着劳动分工、价值链的分解和外包，供应链管理更是得到了广泛应用。

表 7－1　供应链管理理论与方法的发展

	第一阶段	第二阶段	第三阶段	第四阶段
年代	20 世纪 60—70 年代	20 世纪 80—90 年代	20 世纪 90 年代到 20 世纪末	21 世纪初

续表

	第一阶段	第二阶段	第三阶段	第四阶段
状态	萌芽状态，供应链还只能称为业务链	初级阶段：供应链上仍然存在着大量的企业之间的目标冲突，无法从整个供应链的角度出发来实现供应链的整体竞争优势，从而导致供应链管理的绩效低下，尚无法实现整体供应链的运作和从供应链向价值链的根本突破	形成阶段	成熟和全面发展阶段
竞争焦点	为了生产而管理，企业之间的竞争是产品数量和质量的竞争	企业间的竞争转向了追求生产效率	企业竞争重点转向市场和客户，更加注重在全球范围内一切可利用的资源	不确定性需求的信息共享管理、快速的决策管理、供应链协同动作的系统化管理
管理思想	MRP/MRP－Ⅱ	MRP－Ⅱ、ERP 和 JIT	ERP、APS、CRM、KM、DW/DM	VMI、CFAR、DI、3PL/4PL、PLM
关系特点	供应链上各成员之间合作关系极为松散	经营重点仍是注重企业的独立运作，忽略与外部供应链成员企业的联系	通过相互关系，主张供应链各成员之间一致“协调对外”，以便对客户需求做出快速反应	供应链成员之间协同运作
理论研究	停留在开始探索和尝试阶段	学术研究得到了较快的发展	给出供应链管理的构架，研究基本原理，并推断供应链管理对整个社会将是一个巨大的挑战	成功洞察供应链的关键因素

供应链管理有以下特点：

一、以顾客为中心

从某种意义上讲，供应链管理本身就是以顾客为中心的“拉式营销”推动的结果，其出发点和落脚点都是为顾客创造更多的价值，都是以市场需求的拉动为原动力。顾客价值是供应链管理的核心，企业根据顾客的需求来组织生产；以往供应链的起始动力来自制造环节，先生产产品，再推向市场，在消费者购买之前，是不会知道销售效果的。在这种“推式系统”里，存货不足和销售不佳的风险同时存在。

现在，从产品设计开始，企业已经让顾客参与，以使产品能真正符合顾客的需求。这种“拉式系统”的供应链是以顾客的需求为原动力的。

二、强调企业的核心竞争力

在供应链管理中，一个重要的理念就是强调企业的核心业务和竞争力，并为其在供应链上定位，将非核心业务外包。由于企业的资源有限，企业要在各式各样的行业和领域都获得竞争优势是十分困难的，因此它必须集中资源在某个自己所专长的领域，即核心业务上。这样在供应链上定位，使其成为供应链上一个不可替代的角色。

沃尔玛作为一家连锁商业零售企业，高水准的服务以及以此为基础构造的顾客网络是它的核心竞争力。于是，沃尔玛超越自身的“商业零售企业”身份，建立起了高效供应链。首先，沃尔玛不仅仅是一家等待上游厂商供货、组织配送的纯粹的商业企业，而是直接参与到上游厂商的生产计划中去，与上游厂商共同商讨和制定产品计划、供货周期，甚至帮助上游厂商进行新产品研发和质量控制。这就意味着沃尔玛总是能够最早得到市场最希望看到的商品，当别的零售商正在等待供货商的产品目录或者商谈合同时，沃尔玛的货架上已经开始热销某款新产品了。其次，沃尔玛高水准的客户服务能够及时地将消费者的意见反馈给厂商，并帮助厂商对产品进行改进和完善。过去，商业零售企业只是作为中间人，将商品从生产厂商传递到消费者手里，反过来再将消费者的意见通过电话或书面形式反馈到厂商那里。当然，这一供应链实施的前提是先进的信息技术和信息系统，离开了统一、集中、实时监控的供应链管理系统，沃尔玛的直接控制生产和高水准的客户服务将无从谈起。

三、相互协作的双赢理念

在传统的企业运营中，供销之间互不相干，是一种敌对争利的关系，系统协调性差。在供应链管理模式下，所有环节都被看作一个整体，链上的企业除了自身的利益外，还应该追求整体的竞争力和盈利能力，合作是供应链与供应链之间竞争的一个关键。

在供应链管理中，不但有双赢理念，更重要的是通过技术手段把理念形态落实到操作实务上。企业要特别注重战略伙伴关系管理，管理的重点是以面向供应商和用户取代面向产品，增加与主要供应商和用户的联系，增进相互之间的了解（产品、工艺、组织、企业文化等），相互之间保持一定的一致性，实现信息共享。企业应通过为用户提供与竞争者不同的产品和服务或增值的信息而获利。供应商管理库存（VMI）和共同计划、预测与库存补充的应用就是企业转向改善、建立良好的合作伙伴关系的典型例子。通过建立良好的合作伙伴关系，企业就可以更好地与用户、供应商和服务提供商实现集成和合作，共同在预测、产品设计、生产、运输计划和竞争策略等方面设计和控制整个供应链的运作。

四、优化信息流程

信息流程是企业内员工、客户和供货商的沟通过程。利用电子商务、电子邮件甚至互联网进行信息交流，虽然手段不同，但内容并没有改变。而计算机信息系统的优势在于其自动化操作和处理大量数据的能力，使信息流通速度加快，同时减少失误。然而，信息系统只是支持业务过程的工具，企业本身的商业模式决定着信息系统的架构模式。

为了适应供应链管理的优化需求，必须从与生产产品有关的第一层供应商开始，环环相扣，直到货物到达最终用户手中，真正按链的特性改造企业业务流程，使各个节点企业都具有处理物流和信息流的自组织和自适应能力。要形成贯穿供应链的分布式数据库的信息集成，从而集中协调不同企业的关键数据。如订货预测、库存状态、缺货情况、生产计划、运输安排、在途物资等数据。为便于管理人员迅速、准确地获得各种信息，应该充分利用电子数据交换（EDI）、Internet 等技术手段，实现供应链的分布数据库信息集成，共享采购订单的电子接收与发送、多位置库存控制、批量和系列号跟踪、周期盘点等重要信息。

思科公司是运用因特网实现虚拟供应链的典范，超过 90% 的公司订单来自因特网，而思科的工作人员直接过手的订单不超过 50%。思科公司通过公司外部网连接零部件供应商、分销商和合同制造商，以此形成一个虚拟的、实时的供应链。当客户通过思科的网站订购一种典型的思科产品如路由器时，所下的订单将触发一系列的消息给其生产印刷电路板的合同厂商，同时分销商也会被通知提供路由器的通用部件如电源，组装成品的合同制造商通过登录到思科公司的外部网并连接至其生产执行系统，可以事先知道可能发生的订单类型和数量。信息整合也使整个供应链上的企业都能共享有用的信息。例如，沃尔玛与宝洁公司共享宝洁产品在沃尔玛零售网络中的销售信息，使宝洁能够更好地管理这些产品的生产，也保障了沃尔玛商场中这些产品的供货。

第三节　供应链管理系统的功能

一、供应链管理系统功能

一般基于 Internet/Intranet 的供应链管理系统结构如图 7－2 所示。

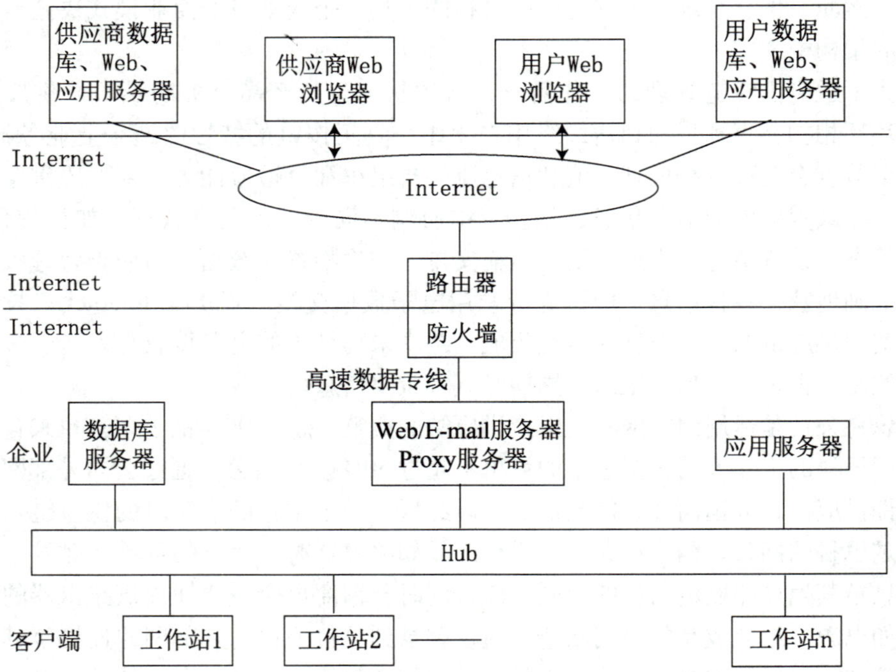

图 7－2　基于 Internet/Intranet 的供应链信息系统构架

供应链管理的功能主要由采购管理、产品管理、库存管理、销售管理、客户关系管理（包括渠道管理）、预算管理、竞争对手分析、信息管理、系统管理（包括内部用户权限管理、系统模板选择、系统基本设置）等几部分组成。具体到不同企业的实际应用时，对设置在供应链管理系统中的功能模块，软件提供商或系统实施方会根据企业实际做一些定制化处理。

（一）采购管理

采购管理系统包括生产资料和非生产资料等各种业务采购。采购企业可以通过虚拟的在线产品目录，迅速而实时地访问产品信息；通过价格和品质的比较，选定产品供应商；通过在线交易来实现传统采购交易中的多种功能，缩短采购周期，降低成本，保证自身业务高效地运转。对于专业的采购人员而言，他们可以通过系统对库存状况的分析来评估供应商的实力；实时而迅速地了解供应商的信息，避免传统交易中的种种障碍，对于限定采购时间产品极为有利。

1. 目录管理：建立买方私有目录，查询产品信息及供应商。

2. 请购管理：生成请购单，可以根据常用的采购行为设置请购模板。

3. 采购单管理：由请购单汇总成采购单及进行采购协议的维护。

4. 询价模块：根据采购类型按照不同流程获取产品价格。询价单的内容包括：供应商名称和产品名称、数量、期望交货日期、截止日期、要求等。

5. 送货地点、备注、附件、送货方式和付款方式（可选）。询价回应的内容包括：数量范围、是否包括运费、询价回应的有效期。

6. 审批管理：根据审批流程实现对采购的审批。

（二）产品管理

用户可以方便地在网上查询产品分类、新产品介绍、产品价格、产品库存（相关的供求情况）等，也可以通过产品的搜索引擎进行查找。后台进行产品信息的录入、删除、修改。

（三）库存管理

完成出入库管理、分仓管理（仓库档案增删改）、存量查询（一览表、汇总、明细）、盘点结存、移库调拨、残损管理、退换货管理、安全库存管理等库存业务管理的基本过程。

（四）销售机构管理

设置销售区域及区域的层次关系，加强对各区域的分级管理。用户还可根据需要建立适合自己的多层组织结构，定义组织职能和组织关系，进行人员配置，设置人员权限，管理人员信息。部门、人员的组织层次、角色、权限都可以任意划分，可以灵活地实现组织与部门的重组。

（五）销售管理

销售管理是对分销业务进行管理的主要功能，包括销售流程的管理、产品价格的管理、客户信用额度的管理以及优惠策略的管理。

1. 销售流程的管理（订单管理）：客户在网上实现选购过程，在线支付、状态查询等。

2. 产品价格的管理：在后台管理产品的报价，针对不同的客户（等级）设定产品不同报价（折扣）。

3. 促销管理：返点的申请，销售人员根据各级代理商和经销商的业绩，为他们申请返点，管理人员对返点申请进行审批，审批有效后系统自动把返点加在代理商和经销商账户上。返点可在系统中冲减应收款，可查询返点的明细情况等等。

4. 赠品的管理。

5. 退换货管理：申请表单流程处理。

（六）订单管理

对于客户下的订单通过订单履行来完成，即订单的处理、订单的确认、订单状态管理，包括取消、付款、发货等多种状态以及订单出库和订单查询等等。

（七）销售统计

可以通过销售统计查询某个产品、某地区的下级分销商，到某个下级分销商的销售情况，还可形成周/月报表。

（八）竞争对手分析

竞争对手的存在经常会阻碍销售的顺利进行，甚至会直接造成销售失败，所以知己知彼就显得尤为关键。在这个模块中，将允许输入并查看竞争对手的产品、部件、价格、企业情报，并允许与竞争对手进行企业实力与背景、产品、价格等的比较，包括竞争对手产品、价格、市场策略等的收集分析。

（九）信誉额度管理

管理客户的信誉额度，信用额度用来约束客户在使用先取货后付款方式下可以成交订单的最大金额，以控制风险。

（十）渠道健康状况监测

如货物周转周期过长或有货物超期未到，信用透支严重等，可以用颜色标记来报警。基于渠道的销售统计包括日常交易量、查询交易明细、渠道成本、流通率、效率计算等。客户的反馈及投诉，建立在线的客户服务接受客户的投诉和反馈信息。

（十一）预算和计划

根据企业业务要求，参考本月发生额，对下个月份的资金（进出）、库存（进出）、人员、运输等因素进行预算申请并制定相应的业务计划，通过内部流程的审批。

（十二）分析和预测模块

对销售管道中的线索来源、销售机会、销售进度、账户区域分布、客户组织结构等进行图表分析，能够最直观地展现销售业绩，便于销售人员和经理人员及时发现问题的关键所在，做出正确决策。

二、供应链物流管理

物流是指物质实体从供应者向需求者的物理移动。它由一系列创造时间价值和空间价值的经济活动组成，包括企业物流和社会物流，它具有系统性、复杂性和高成本性，是社会经济活动中必不可少的环节。

物流是为供应链服务的，其内容包括为用户服务、需求预测、情报信息联系、材料搬运、订单处理、选址、采购、仓库管理、包装、运输、配送装卸、逆向回收和废料处理等业务过程。具体组成如图 7－3 所示。

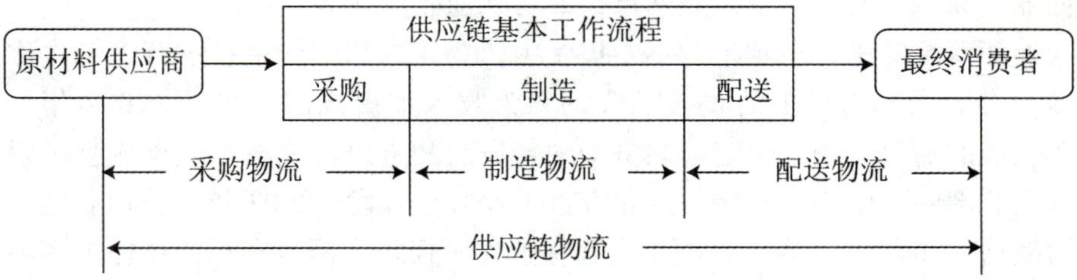

图 7－3　供应链物流的组成

物流信息系统是将物流和信息流有机结合在一起的系统，它是使用系统的观点、思想和方法建立起来的，以计算机为基本信息处理手段，以现代通信设备为基本信息传输工具，为管理决策提供信息服务，能进行物流信息的收集、传递、存储、加工、维护和使用的系统。

案例 7－1　顺丰速运的高效物流配送系统

随着互联网络的快速发展，网络购物的日益大众化，物流行业正迅速发展。快递行业早已不是中国邮政或者 DHL、UPS 的天下，民营快递公司正在以它们低廉的价格和快速、高效的服务在快递市场中占据一席之地。对于越来越多的人来说，或许诸如申通、中通、顺丰等民营快递才是他们的首选。

自我国物流市场全面开放以来，国际快递巨头纷纷进入中国市场。同时，民营快递公司也在迅速发展，与外资公司一较高下。在激烈的市场竞争中，涌现出不少优秀的民营快递，比如申通快递、宅急送、顺丰速运、中通速递。然而，在众多公司进行价格战时，顺丰速运却像是民营快递中的一个另类，始终坚持自己相对较高的价格。顺丰速运不降低价格，却以其物流速度快成为许多人的首选，迅速发展成为国内民营快递的领军人物。

一、发展历程

顺丰速运（集团）有限公司（以下简称顺丰）成立于 1993 年，总部设在深圳，是一家主要经营国内、国际快递及相关业务的服务性企业。初期只从事广东与香港之间的快递业务。1996 年，顺丰才开始涉足内地快递市场。

顺丰速运拥有 38 家直属分公司、3 间分拨中心、近 100 个中转场、逾 6000 个基层营业网点，覆盖了中国内地 31 个省、自治区和直辖市，300 多个大中城市及 1900 多个县级市或县区。此外，顺丰在中国香港、澳门、台湾地区、韩国、日本、马来西亚、新加坡及美国都设立网点，或者开通收派业务。

与此相匹配的是，在顺丰的不断扩张中，企业内部架构也在进行着一次次的调整。1999 年，公司将员工的收入模式调整为收入加提成制。2001—2002 年，为适应业务发展的需要，顺丰决定增加多个中转班次和进出口班次。顺丰成立了财务软件的升级总部管理中心，开始关注北方重工业城市开发。2003 年，公司制定了多元化发展战略。2005—2006 年，顺丰全面提速，不仅扩大网点布局，还提供多项增值服务，重新进行定位，瞄准中、低、高端市场，强调提高服务质量。2011 年，企业营业额超过 150 亿人民币。

在短短的十几年里，顺丰速运能够如此迅速地由一家地区性快递公司发展成为全国性企业，一方面源于它所采用的自发加盟模式，即网点的建立一般采取合作和代理的方式；另一方面，支撑顺丰稳健发展的是它的产品定位，即做小件快递，拒绝大件、重件。正是由于明确的目标和定位，顺丰才能不断发展。

二、物流管理

顺丰快递的一个战略目标是由区域性快递公司发展成全国性快递公司。顺丰快递从广东起家，在夯实了珠三角地区密集的快递网络之后，在长三角地区复制了其业务模式，进而再向华北、华中和西南地区不断扩张，直至海外。

快递最重要的就是速度，在确保货物安全到达的同时，谁能更快地送达谁就更有希望赢得客户的青睐，顺丰深知这一点。自 1993 年成立开始，顺丰一直把“速度第一”贯穿于其营销理念中。如今，顺丰已实现全天候、全年 365 天派送（无节假日）。

顺丰不断投入资金加强公司的基础建设，积极研发和引进具有高科技含量的信息技术与设备，不断提升作业自动化水平，实现了对快件流转全过程、全环节的信息监控、跟踪、查询及资源调度，促进了快递网络的不断优化，确保了服务质量的稳步提升，奠定了业内客户服务满意度的领先地位。

（一）专线包机

顺丰航空拥有以波音 B757、B737 机型为主的全货机机队，自开航以来，机队规模始终保持平稳增长。公开资料显示，截至 2013 年 11 月，顺丰速运旗下拥有 31 架全货机、13 架自有货机、5000 多个营业网点、150 多个一二级中转场和一万多台营运车辆，业务也正在从标准化的快递服务转型为提供定制化的综合物流解决方案，依托现有的全货机资源，以夜航模式为主，百分百无缝空地对接，不断提升快件时效。另外，顺丰与航空公司还协定利用多条航线的腹舱运送快件。顺丰快件的分拨中心对物件进行初次分拨后，会根据货物目的地的远近决定是否转飞或参加干线车的中转。

顺丰航空的首架飞机是从中国南方航空股份有限公司购买的波音 757—200 型客机，经改装成全货机，载量 20 余吨。随后在 2010 年 7 月，顺丰开通拉萨航线，至此，顺丰集团快递服务网络覆盖了内地和港澳台地区，成为目前国内业务量最大的民营速运企业。而后，顺丰航空第二架全货机也降落在深圳宝安机场。深圳机场相关负责人介绍，从最早划出顺丰速运单独操作通道，到后来为其快件分拨提供两万平方米的专用场地，直至配合市政府为顺丰航空提供 7 万余平方米的发展用地，他们见证了顺丰的发展。另外，机场还为顺丰航空的顺利开航积极协调各方关系，并提供了具体的业务指导。而作为“回报”，顺丰航空将为深圳机场货邮吞吐量的增长提供强劲支持。

“顺丰航空的成立，完全是顺丰速运公司自身业务的快速成长催生的。”货运业内人士表示。自 2004 年起，顺丰航空业务增长幅度年均高达 70%，其租赁的波音 737 机型已不能满足公司日益增长的业务需求。如果有自己的航空公司，就可在产业链上占据主动，不仅可自行选择经济性能更好的机型，还能根据市场变化不断推出新产品。“顺丰航空开航后的航班安排在凌晨时段，这样白天速递公司可以收货，夜晚分拨，凌晨运送，次日便送达目的地。”深圳机场人士介绍，在用自营飞机开发主打速递产品的同时，顺丰速运仍会租用其他航空公司的全货机或客机腹舱，通过运力的多层次结构，保证快件运输的时效性。果然，有了自己的航空公司后，“航空即日到”这张新业务王牌随之打出，顺丰在其官方主页的新业务栏中介绍：“速运网络目前已覆盖北京、上海、广州、深圳等全国 17 个重要城市，在当日规定的截单时间前确认的收件，承诺在当日 18：00—22：00 送到。”当然，产品价格也延续了顺丰一贯的高价风格。

（二）航空配货权

飞机的货舱是有限的，而航空公司运送货物都是通过货代公司来进行配货，货代公司在选择快递公司的时候要根据其规模、信誉度、稳定性、安全性等进行综合评定，这就是所谓的“航空配货权”。在我国，第一家享受优先配货权的单位是国企——中国邮政，其次就是顺丰。

（三）营销网络自营式

与其他快递公司大部分都是网络加盟式不同，顺丰的网络都是自营式的。顺丰的老板王卫于1993年3月26日在广东顺德起家创立顺丰，顺丰从刚开始由老板亲自送货的小公司发展到今日，顺丰已经成为拥有7万人的员工的集团性企业，2007年12月，顺丰被评为“深圳市龙头企业”。自始至终没有发展一个加盟代理商在全国拥有35个区部、2500个分部、8000多个营业网点、车辆4000多辆，而这些数据的拥有者都是王卫。顺丰快递网点完全自营，没有建设代理网点或采取加盟连锁的方式，其网络策略是“自然延伸”，即根据自身实力和市场发展程度，哪里有市场就将网络铺设到哪里。

（四）系统追踪

顺丰的客户在致电下单之后，收派员的手机和HHT掌上电脑终端都会收到一条发件短信。收派员会按照短信上的内容和客户联系上门收件。自收到短信的那一刻起，他必须在1个小时内把此票快件收回，否则就会造成“逾限”。在派件时，收派员收到部门管理人出仓的快件后，必须把这些快件在两小时内派送完毕，否则也会造成“逾限”。这就是顺丰的“收一派二”规定。每一票快件逾限，收派员就会被扣分，而收派员一年只有20分，如果20分扣完，此人必须离开顺丰。其目的是在有限的时间内为客户提供无限的价值。客户除了可以在顺丰网站上跟踪快件之外，还可以通过客服查询。快件在由分点部运往分拨场、飞机场的途中，也是可以监控的。因为这些运输车辆上都装着GPS全球定位系统，车辆必须按照指定时间、指定路线运行，否则就会被报警，管理人员就会质询。

（五）时效管理

顺丰注重培训，其客服人员、递送员可以将快件所到区域全部背诵记忆下来（上岗前培训一周，实习一个月）。顺丰没有专职销售人员，他们认为，递送时限是第一位的，在非航空原因的情况下，他们可以实现所开通城市24小时送达。这种经营管理理念保证了顺丰的速度和稳定的客户群体。

做到快，就能赢。这是任何物流企业成功的不二法则。顺丰于2010年研发试用的“时效管理系统”包含了对快件跟踪、时效预警、路由规划等系统全部环节的监控。这样的系统，辅之以经济上的激励措施，公司得以将员工管理得井井有条。

一位顺丰员工自述，现在公司对派件的出仓时效要求越来越高，因为要提高派件处理时效，出仓就越早越好，而监控平台终端是以收一（1小时内收件）派二（两小时内派送签收）时效为准，正常要求在8：30前出完仓，预定10：30前派完件。如果有收递员超时派送，每天都会有报表数据提交到总部。终端扫描时效以仓管员吧枪时间为准，因此，收递员试图掩盖都不可能。而超时派件将直接影响到收递员当月业绩考核成绩。

除此以外，分点部、中转场发车时，车标、车牌都要通过吧枪扫描，这样就能快捷有效地提取车辆与快件信息。每台车上都配备GPS设备，车辆必须按照规划部规划好的线路行驶，如有偏离或绕道，都视为违反公司规定。这样的监控系统能高效地反馈并纠正整个运营网络出现的问题。

（六）7公里的服务半径——网点布置运筹学

收递员的吧枪菜单内可不断更新所在区域的待收件，系统会尽可能地优化收递员的出发时间和频率，以最俭省的路线帮助收递员完成尽量多的收递任务。“多快好省”是顺丰公司不断追求的经营管理境界。

为了让业务开展得既快捷又高效，顺丰在物流网络优化方面颇费心思。为确保一线收递员能在1小时内到达所属区域内任何地点，公司规划部会根据数学模型计算出不同客户数量与不同商业流通频率下的服务半径，比如二线城市市区的服务半径一般是7公里。也就是说，顺丰在一般城市市区点部的分布会以约7公里为单位，按照最优拓扑结构，结合街区的房租成本，进行合理选址。有些CBD区域的点部布局稍微密集一些，而在郊区则可能远远大于7公里的服务半径。总而言之，不论从理论上还是从事实上做到1小时上门收件都没有任何问题。

顺丰速运的收递员收、发快件的高效率，则源于人的流通，也就是说，当客服中心接到发快件的请求后，会向收递员发送指令，收递员的吧枪菜单内随时不断更新所在区域的待收件，系统会尽可能地优化收递员的出发时间和频率，以最俭省的路线帮助收递员完成尽量多的收递任务。除了点部的分布要满足“1小时交通圈”要求，在上一级中转站，也按照时效要求，设置两小时交通圈。这样，只要是在同一个区部，也就是说同一个电话区号范围内，就能做到4小时到达。而为了确保既有时效又节省成本，各级网点的交通车辆基本上都是定时按照规定的频率发车，就像公交车一样。分部每派出一辆车，都必须按照指定路线经过线路上的各个点部，以最短且最省时的线路绕回。

对跨省、跨区域的快件运送，目前国内许多快递公司都采用租用航空公司货仓的方式运营，顺丰速运也采用了租机方式，并有部分包机。但由于民航客机的线路网点布局不能最有效地满足快递公司的需要，顺丰先后自购两架飞机，专营航空货运。顺丰速运自2003年开始包机，加上自购飞机，到2009年底日均运力增长到

400 吨，日起降 20 多次。到 2010 年 8 月，日运能增加到了 700 多吨，每日起降 40 次。2010 年该公司航空件数量同比增长 50%。大大增强的航空运载能力是顺丰“让快件保持快速流通状态”的核心资源。

（七）自行研制的“吧枪”——优化先进管理工具

新的吧枪 HHT 4 系统具备 3G 手机的基本功能，作为终端机，它集合了整个公司的全部 IT 系统功能，并支持 GPRS、WIFI、蓝牙、拍照等功能。顺丰这家起步于 20 世纪 90 年代的速运公司，2000 年前后决定对加盟商全部收权，改为自建、直营模式。到 2002 年，经过多番拉锯式较量，顺丰将全部的经营网点股权收回，确立了直营模式，并在深圳设立了总部。顺丰早在 2007 年就推广标准化服务，统一快递操作标准，统一企业 VI（视觉设计），为提升效率打下了基础。

为让个性与习惯不同的人在执行业务流程时都严格遵守统一标准，该公司在工具设备上找到了突破口。早在 2006 年顺丰便自主研发了吧枪，此后不断改进吧枪功能。自 2010 年 2 月起，公司的工程师就开始参与新式吧枪研发项目，这款与清华大学共同研发的设备——新的吧枪采用 HHT 4 系统，具备 3G 手机的基本功能，作为终端机，它集合了整个公司的全部 IT 系统功能，并支持 GPRS、WIFI、蓝牙、拍照等功能。为了确保功能稳定性，研发部门进行了 6 次改版。2010 年 8 月，该公司全网络所有的二级中转场均使用上述自主研发的新终端。运用条形码技术，小小一台吧枪，能实现公司对所有业务人员的业务跟踪与监控。

该公司一直不断地在实践中改进标准化方案。自 2007 年起，顺丰就在全公司内发起“寻找爱迪生”比赛。2010 年，顺丰发起第四届营运工具设计创意大赛，设置万元奖金，请全公司所有一线员工参与研发设计更适合操作的工具。这些创意涉及快件装卸、搬运、分拣、集装、测重等操作环节。一线员工中不乏创新人才，比如，回单信封的设计员工就荣获第一届比赛奖金 1 万元。这一设计是在运单反面增加回单信封，使得回单快件操作只需把回单放入撕去面单的信封内即可，刚刚设计出来就在深圳、北京等地试用，2010 年 8 月 1 日起在全网推广，每月可省 5000 元至 8.5 万元成本。吧枪的设计创新也在为标准化服务，8 台终端同时升级 70M 的数据，10 分钟就能完成。目前这个吧枪已有十多项专利。

（八）快件分类

顺丰根据快件的性质将快件进行细致的分类。根据快件目的及运输方式，分为如下几类：

1. 香港件：原寄地或目的地为香港特区的快件（主要通过深圳机场海关、广州机场海关、广州邮办、东莞常平海关报关出口）。

2. 航空件：所有走航空运送通道的快件。

3. 区内件：原寄地和目的地的电话区号相同的快件（部分可实现四小时送

达)。

4. 省内件：同一个省的非区内件和非航空件。

5. 省外件：不同省的非航空件。

6. 陆运件：全程经陆路运输的快件。

7. 同城件：原寄地和目的地在同一个城市的快件。

快件分类也使得顺丰的物流管理更加高效。

(九) 稳定的团队

顺丰速运的合作商——广州电子商务企业唯品会副总裁唐倚智认为，顺丰值得称道的宝贵财富有两点，一是拥有自有飞机，二是团队稳定。尤其是团队的稳定，快递团队的管理是提升服务水平的关键，“有稳定的团队才有稳定的服务质量”。

如何实现团队稳定？根本方法还是直营模式的强化。直营模式的好处在顺丰被体现得淋漓尽致。由于公司管理体系强大，员工实现自己利益最大化的唯一办法就是严格按照公司的规定工作。早期顺丰对员工的利益分配采用分区承包制，公司只通过平台运营来获取利益分成。然而这种方式对员工的约束力较弱，而对权力过大的分部主管往往无法约束。在保证服务质量及与竞争对手进行竞争方面均存在不利因素。

直营模式确立后，顺丰采用聘用制，对员工按月进行绩效考核。在此之前，快递行业曾经出现过互相挖人或者许多管理干部自己出去单干的现象。但顺丰凭借管理系统的优势，总能做到最快运输，那些出去单干的干部无法实现这样的时效，原先的客户再次回头找到顺丰。单干并不能带走公司的客户，这让员工对公司平台的依赖性大大加强，而聘用制又将员工与公司紧紧地联系起来。公司一方面为员工提供晋升机会，包括专业线、管理线两条发展路径，同时员工可以在两条通道里互相转换。另一方面，考核实行打分制，让员工的表现与收入形成直接的激励关系。而考核体系也在不断提升。比如以前分点部级别评定是考虑利润贡献度，按 A、B、C、D、E 分级。而 2010 年 6 月 1 日后，分点部按照 1 ~ 23 级分级，定级标准是分点部业务量和点部数量。为了照顾艰苦地区的员工，顺丰还设立艰苦系数补贴等。

(资料参考：顺丰物流分析，MBA 智库文档)

【问题思考】

1. 我国快递市场的全面开放，电子商务线下物流配送的需求增加，给我国民营物流业创造了很大的发展空间。顺丰物流在自建庞大的物流服务体系、强化 IT 投入与建设等方面毫不吝啬，其未来发展会有什么样的表现？其瓶颈又会是什么？

2. 顺丰物流给我国的民营物流企业带来哪些方面的启示？

案例7－2　物流与供应链典型案例

一、沃尔玛

沃尔玛在美国以供应链为中心的方式体现了其非凡的运营和管理能力。沃尔玛通常首先在目标地区建立一个分销中心，然后建立一系列由该分销中心每日进行补货的商场，以保证库存最低。此外，沃尔玛还在供应链管理的其他方面如采购、POS机数据的收集和利用以及“连续流”分销等方面处于领先地位。通过有效的供应链管理，沃尔玛保持其在低进货成本领域的领先地位，确保了其“每日低价”战略的成功。

沃尔玛如今在美国拥有3000多家连锁店，在海外拥有1000多家连锁店。沃尔玛的成功在很大程度上得益于它将传统与现代经营模式成功地结合在一起，“e”化了传统企业，从而使传统企业得以在新兴数码时代纵横驰骋，所向披靡。这家世界最大的传统零售商“不灭的神话”，正是在高科技的鼎力支持下才得以实现的。而其中，供应链管理起了非常重要的作用。

绕开中间商，直接从工厂进货，为压低价格提供大的空间。沃尔玛打破了传统零售行业的存销方式，实行“过站式”物流管理，即“统一订货、统一分配、统一运送”。这样，与行业平均值相比，沃尔玛的销售成本就降低了2%到3%。

二、惠普

大规模定制的根本在于一个公司要拥有向全世界不同的顾客提供高度个性化产品和服务的能力。大规模定制的关键在于将产品差别化的工作推迟到供应网络的最后一个环节进行。

为了做到这一点，公司必须重新构思和整合其产品的设计、制造和发送产品的过程以及整个供应网络的结构。通过采用这样一种全面的方法，公司能以最高的效率来运作，以最小的存货量迅速地完成顾客的订单。

惠普采用标准组件法来设计其台式打印机，在欧洲和亚洲市场上根据顾客的要求装配成不同风格的产品出售。例如，惠普实现产品差异化的工作不是在其设在新加坡的生产厂进行的，而是在德国斯图加特的欧洲分销中心完成的。分销中心不仅仅进行产品的个性化加工，还自行采购能使产品差异化的材料（如电源、包装、使用手册等等）。

三、中海物流

中海物流是国内比较早进入专业化物流服务领域的企业之一，从1998年开始，他们就开始以IBM为主要服务对象提供全方位JIT（Just in time）配送服务，是福田保税区首家投入运行的综合性现代物流企业。目前他们已与美能达、IBM、联想、三星电子、诺基亚等80多家国内外跨国企业建立了业务关系，1998年以来连续被评为我国进出口企业500强。他们在实践中逐步摸索出一套横向“四流合一”的物流运作模式。具体包括：

1. 纷繁复杂的商流

中海物流配送中心通过委托合同的形式为IBM和美能达提供第三方物流服务。

2. 快捷畅通的物流渠道

有些客户的业务非常复杂，例如IBM的供应商多达160多家，而且遍布世界各地，中海物流除利用自己的硬件和软件设施以外，还通过与陆路运输公司及海运、空运部门建立稳定的合作伙伴关系，使正向物流和反向物流畅通无阻。

3. 高效及时的信息传输

中海物流研发了一套融进仓、出仓、运输、报关、检疫、信息反馈和结算于一体的物流信息管理系统，通过EDI（电子数据交换）系统与海关联机操作，掌握全部货物变化的情况。

4. 准确无误的资金流向

除以上业务之外，中海物流还扮演结算中心的角色，每天作业完毕，各种费用自动生成，并各流其向。

四、戴尔

戴尔计算机公司负责全球采购业务的副总裁罗伯特·萨克斯说：“供应链是指产品从设计、制造、库存管理、资讯系统、网络分布到销售及市场推广的整个过程。在以产品为核心业务的企业里，供应链管理的科学化程度和水平的高低，直接决定了这个企业是否具有竞争力。”

戴尔计算机的供应链从根本上改变了计算机行业的制造和零售模式。戴尔采用直销战略，直接从顾客那里获得订单，按订单生产并在数天内送到客户手中。为支持这一战略，戴尔要求其供应商在戴尔的制造厂内仅仅保持15分钟的库存。在20世纪90年代后期，戴尔的半成品和产成品周转天数已经达到14天，因此其销售的计算机较基于传统供应链的竞争对手要“新”60天。戴尔能做到4天的库存周期，而竞争对手大都还徘徊在30—40天。这样，按IT行业零部件产品每周平均贬值1%计算，戴尔产品的竞争力便显而易见。

戴尔成功的供应链管理中最具影响力的应该是戴尔的直线订购模式（Build - to - Order Model）。直线模式是根据客户的具体需求而不是根据市场的预测制订生产计划的。直线模式并不等于直销，直线模式的真正核心在于直销背后的对采购、生产、配送等一系列环节的快速反应，利用一切先进的通讯方法和自己的顾客保持联系，了解每一个顾客的独特需求，细分产品。

在戴尔直线模式的背后，是其出色的供应链管理，它能在收到顾客个人化需求的订单后，立即向不同的供应商采购材料，迅速转入生产，再交给快递公司分发送货。整条供应链管理的关键，一是客户服务，二是物料配送。

五、IBM

供应链管理的实现，是把供应商、生产厂家、分销商、零售商等在一条供应链上的所有节点企业都联系起来进行优化，使生产资料以最快的速度，通过生产、分销环节变成增值的产品，到达有消费需求的消费者手中。这不仅可以降低成本，减少社会库存，而且使社会资源得到优化配置，更重要的是通过信息网络、组织网络实现了生产及销售的有效连接和物流、信息流、资金流的合理流动。

IBM 过去倾向于根据库存来生产计算机，由于其制造的产品型号繁多，常常发现在有的地区存储的产品不合适，丧失了销售时机。

通过实施供应链管理，IBM 公司生产的盲目性得以避免，完整的欧洲区供应链管理系统所带来的益处是：帮助 IBM 随时掌握各网点的销售情况，充分了解、捕捉与满足顾客的真正需求，并且按照订单制造、交货，没有生产效率的损失，在满足市场需求的基础上，增进了与用户的关系；利于全面掌握所有供应商的详细情况；合理规划异地库存的最佳水平；合理安排生产数量、时间以及运输等问题；合理调整公司的广告策略和价格政策；网上订货和电子贸易；可随时把电脑中的动态信息告诉每一位想了解的顾客；减少了工业垃圾和制造过程对环境的破坏。

【问题思考】

1. 供应链系统设计中应该考虑的关键是什么？
2. 以上成功案例给我们的启示是什么？

第八章 企业信息系统应用与管理

不要无限期地推迟自动化，对于一个面向事务的人工系统的自动化来说，存在着一个转化点，从那一点开始自动化的系统从经济上是可取的。

第一节 企业信息系统建设项目决策

企业信息系统的建设是指按照信息系统的要求，根据计算机的规定和用户习惯建立人机系统的过程。

一、企业信息系统开发策略

企业信息系统的建设可以采用购买商品化软件、企业自主开发、委托开发和合作开发等方式来实现。信息系统建设方式的选择主要受项目规模、企业自身信息技术人员的实力、项目所需时间和项目经费等诸多因素的影响。下面将分别介绍以上4种开发方式。其优缺点见表8－1。

表8－1 各种开发策略的优缺点

项目	建立途径			
	购买商品化软件	自行开发	委托开发	合作开发
耗用时间	较短	较长	较长	较长
费用	较低	较低	较高	较高
针对性	较差	强	强	强
使用难度	较难	容易	容易	容易
易维护性	较容易	容易	较难	较容易
灵活性	好	较差	差	较差
对技术力量的要求	低	高	低	较高

（一）用户自主开发

企业可以应用电子表格和数据库软件、查询与报表语言等工具来开发自己的信息系统。这种方式的优点是企业对项目的需求比较了解，用户与技术人员之间的信息沟通比较容易，项目容易出成果。同时，企业自主开发对今后系统的维护和升级工作有利，所需经费较少，并有助于培养一批懂业务的信息技术人员。

但由于企业信息技术人员的实力和经验可能不如专业的信息系统开发公司，因此在开发软件、硬件配置和网络环境等方面，难以选择到合适的产品；另外，自主开发时，开发文档的质量、数据的完整性和安全性可能存在缺陷，这些都会直接影响系统的质量和开发周期。

（二）委托开发（外包）

委托开发方式是根据企业对未来信息系统的需求，在规定的工期、费用和服务的基础上，委托第三方进行信息系统开发。

委托开发的程序是：

1. 根据企业制定的信息系统规划，确定需要外包的项目。
2. 进行系统规划，定义未来系统的目标和要解决的问题，确定成本、技术和时间的可行性。
3. 制定系统开发的招标书，选择开发商。
4. 测试和验收系统。
5. 监督和评估外包开发系统。

当采用委托开发方式后，企业能够把主要精力放在系统需求和系统运行方面，利用企业外部的智力资源，保证完成时间、成本和质量，并能采用最新的技术。

但如果用户与信息专业人员之间的信息沟通渠道不畅，开发的项目就会难以完全满足用户的需要；同时，外包降低了企业对系统的控制力，系统容易受到外部的攻击。

（三）联合开发

联合开发是结合企业自主开发和外包，由用户与外部的信息专业人员共同开发的方式。这种方法有利于提高有关需求和解决方案的沟通效率，但同时可能也集合了企业自主开发和外包方式的短处。

（四）购买商业化软件

目前也有部分企业会购买现成的应用软件包，并要求软件商修改。软件包给系统开发与维护带来了规模经济效益。

另外，按照谁负责系统开发，信息系统建设项目可分成三类：内部开发（Insourcing，由组织内部的信息技术部门或者信息技术力量开发信息系统），第三方开发（Outsourcing，由组织之外的第三方负责系统开发），知识工人开发（Selfsourcing，由知识工人自行开发各自所需系统）。

二、企业信息系统开发项目外包的策略分析

外包是指企业动态地配置自身和其他企业的功能和服务，并利用企业外部的资源为企业内部的生产和经营服务的过程。外包根据不同依据可分为很多不同类型，其中信息技术服务外包是很重要的一种类型。在新一轮的全球产业转移中，信息技术服务外包已经成为一种新兴的服务贸易模式，并且正在迅猛发展。印度、墨西哥等国家已经把握住机遇，成为世界著名的信息技术外包中心。

信息技术外包是指用户在规定的服务水平基础上，将一部分或全部信息技术（IT）、信息系统（IS）和相关服务委托给服务商，由其管理并提供用户所需的信息服务。信息系统开发外包主要指的是依靠第三方提供企业所需的 IT 功能。企业之所以要把信息技术服务外包出去，原因有三：

1. 企业战略转变，竞争的关键由一般技术转向核心技术，更集中于核心活动。

企业把一般技术的生产和服务外包出去，专注开发核心技术，以最大限度地保持企业的竞争力。

2. 降低企业 IT 成本，改善 IT 管理。

企业成本最小化、利润最大化的目标为服务外包提供了强大动力。就短期效益而言，信息技术服务外包公司可节省 20%—40% 的运营成本。

3. 信息技术的飞速发展，为服务外包提供了技术基础。

信息技术特别是网络技术的发展，使服务外包成为现实。

当然，信息技术服务外包也有一些局限性，如有的 IT 功能不容易从企业中分离；技术发展的不确定性；IT 活动的估价困难；IT 服务提供策略的转换成本很高；缺乏组织学习和创新等。

中国国际航空公司是国内实行信息技术外包较早且比较成功的企业之一。现在国航除了一些具备规模效应和管理水平的小型系统以及少数属于区别性关键技术的大型系统由自己的计算中心开发运行之外，考虑到经济因素几乎 70%—80% 的大型系统都已外包出去。如果自行开发这些系统，与外包给外部承包商相比，其规模经济效应或管理水平都不具有优势。具体而言，订票、离港系统外包给民航局计算中心，货运、货运结算系统外包给 SITA（国际民航电讯学会），客运结算系统外包给民航局结算中心。

与传统企业信息系统建设模式相比，外包模式的特点如下表 8－2 所示。

表 8－2　传统企业信息系统建设模式和信息技术外包模式比较

比较内容	传统企业信息系统建设模式	信息技术外包模式
方案论证、咨询	企业自行论证或第三方有偿服务	服务商免费承担
硬件设备	企业拥有全部设备	企业可租用部分设备
应用系统	企业购买或自行开发，费用高	企业可租用，付租费，费用低
项目实施周期	长达数年，企业承担风险	周期短，企业、服务商共担风险
日常管理维护	企业承担，维护费用高	服务商承担，企业支付服务费
IT 人员	企业拥有全部人员，人工费用高	服务商技术人员，具有技术优势
员工培训	企业自行培训或第三方有偿服务	服务商免费承担
信息安全	网络黑客、病毒攻击	网络黑客，病毒攻击，服务商泄露
投资方式	一次性投资，后续费用	长期投资，服务商规模经济
风险	信息系统失败	企业对外包管理失控

信息技术（IT）外包是企业利用信息技术资源的重要战略，信息技术外包成功的关键在于决定哪些 IT 外包、哪些内制以及采取何种外包或内制策略。下面分析选择 IT 外包的影响因素和策略。

（一）业务因素

决定哪些 IT 外包，需要首先区分不同 IT 对业务所起的作用和它们对公司竞争地位的影响。有些 IT 能使公司与其他公司在技术上区别开来，而有些 IT 则只是提供一些必要的功能。具体哪些 IT 活动可作为一般商品，哪些可用来与竞争对手相区分，取决于不同公司的实际情况以及竞争形势的变化。

（二）经济因素

把外包纳入战略考虑会给公司带来经济利益。因为来自外部承包商的竞争威胁将促使内部 IT 部门精减人员、提高效率和节约开支以降低成本。许多公司因为引入外包战略，而使其内部 IT 部门的成本削减了 10% 以上，有的公司削减速度甚至超过 40%。

（三）技术因素

承包方经常进行大量的外包业务谈判，因而对合同的技术含义有充分的了解，而顾客方公司在外包方面的经验可能相对缺乏得多。为弥补这个不足，公司管理者应当很好地了解所要外包的技术的特定服务要求。

影响信息技术外包选择的因素是很复杂的，公司的具体情况也各不相同。制定

IT 外包战略应当结合公司的实际和竞争形势的变化来考虑。

根据对企业的贡献大小和战略影响，可将 IT 活动分为：

1. 根据战略影响划分：差异型 IT 活动，即使企业不同于其竞争对手的 IT 活动。商品型 IT 活动，即只提供必要功能的 IT 活动。

2. 根据对企业贡献的大小划分：关键的 IT 活动和有用而非必不可少的 IT 活动。

基于 IT 活动类型的外包决策框架如下：

1. 差异型：应由内部提供，以便保护公司的创意、竞争力、专业性和革新能力。

2. 关键商品型：理论上适合于外包，但因事关重大，选择供应商时应慎重。

3. 有用商品型：外包的最佳候选者。

4. 有用差异型：IT 活动的差异性对企业无益，甚至昂贵，应采取标准化措施消除这种差异以降低成本。

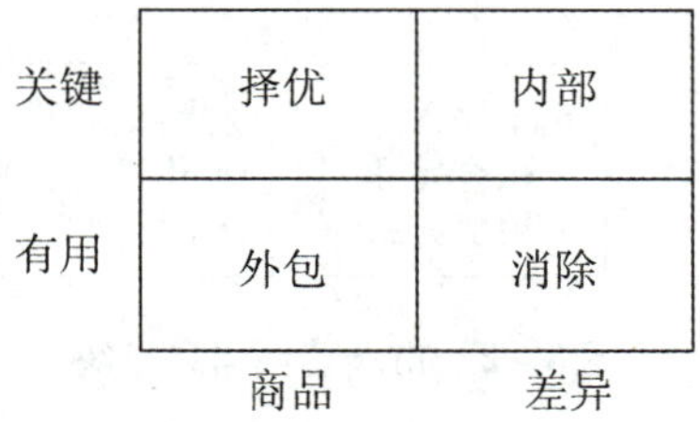

图 8－1　企业信息技术服务外包策略选择框架

第二节　企业职能信息系统

一、市场营销信息系统

市场营销管理的主要内容包括：广告、促销、产品管理、定价、销售预测、销售自动化以及销售业务管理等。相应的，市场信息系统也包括战略层、策略层、控制层和业务处理层。我们可以用图来表示其全部功能，见图 8－2。

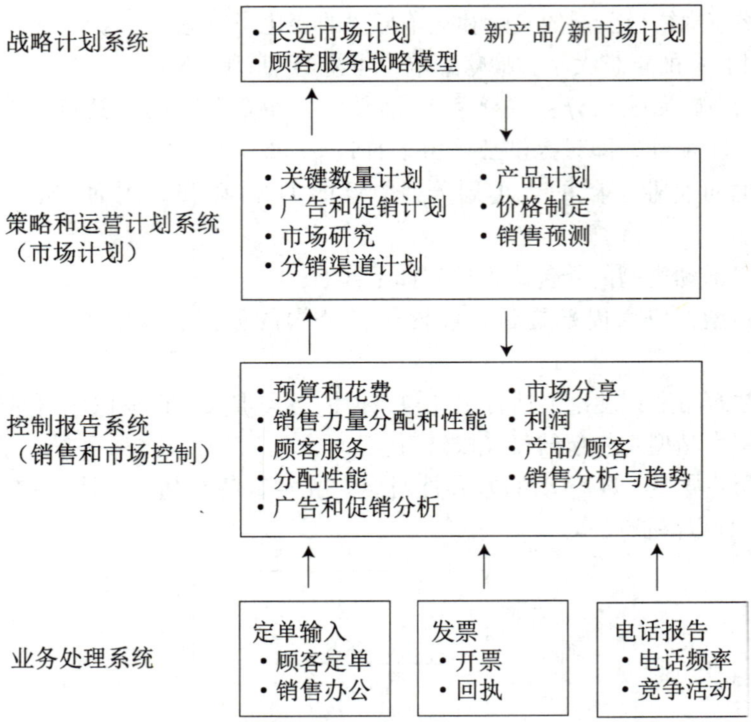

图 8－2　市场营销信息系统

下面我们分层次对市场营销信息系统的一些功能进行介绍。

（一）销售预测

销售预测包括短期和长期的销售预测。短期预测包括一周、一月最多一年的预测，也有短至一天的预测。长期预测则最短为一年，可能 2—5 年甚至十几年。要预测就需要模型。短期预测一般使用移动平均数法、指数平滑法模型，而中长期预测则要使用拟合模型、回归模型或系统动力学模型等。

预测信息系统一般应有如下功能：1. 收集和整理数据，滤除不合理的历史数据。2. 选择好的预测模型，以准确表达需求行为，从而改善预测精度。3. 用产品的寿命曲线修正长期预测，增加长期预测和新产品预测的精度。4. 管理人员可以根据预先知道的外界影响，调整模型。5. 使用模型维护技术，减少历史数据的存储量。6. 使用监控手段，保证现行预测模型延续使用，减少人工干预。7. 根据企业外部的经济因素不断发展预测模型。实现这些功能的预测子系统的结构见图 8－3。

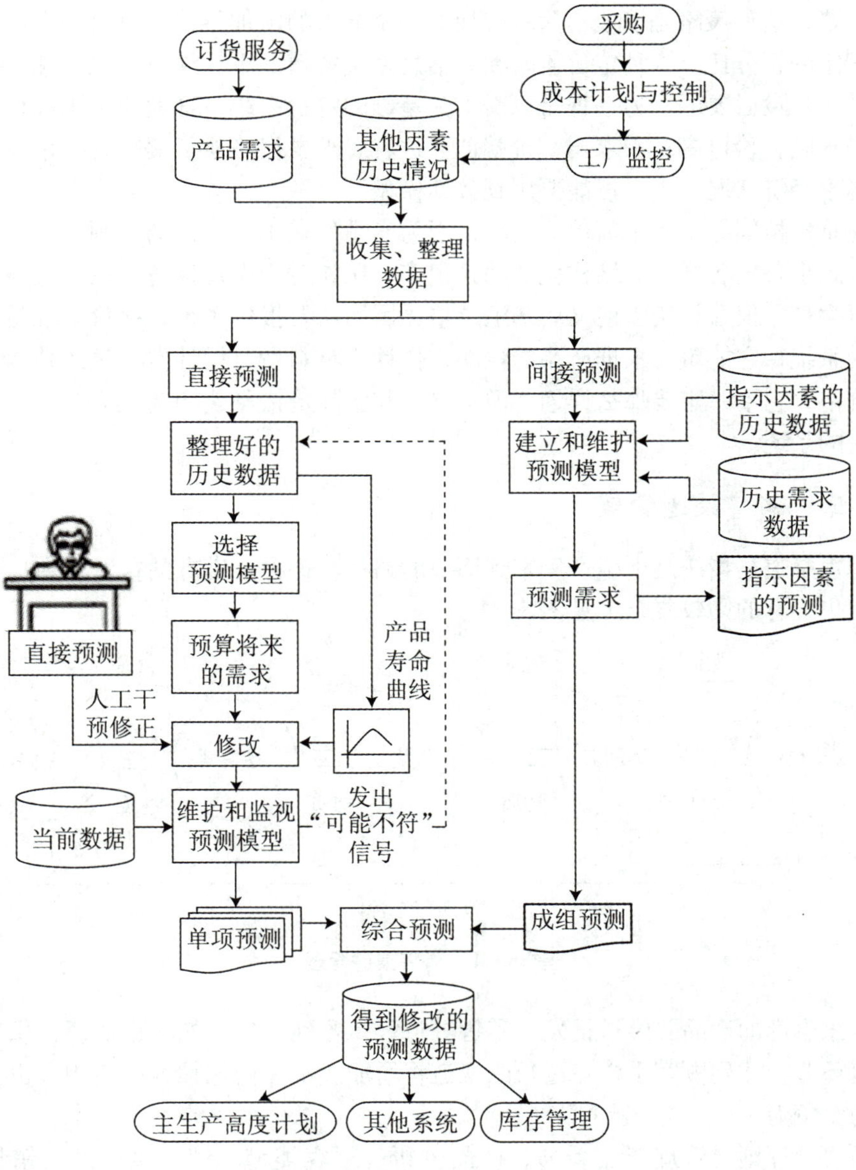

图8－3　预测信息系统基本功能

无论多么好的系统如果没有准确的数据也无法做出准确的预测。预测应当是预测需求，而不是过去的生产和销售。预测不可能100%准确，预测的目标是尽可能反映真实的需求情况，并计算出过去的预测精度。

（二）定价子系统

定价系统要协助决策者确定定价策略。定价策略有两种，一是以成本为基础的定价策略，这种策略是以成本为基础加上一个要求的附加值，可以是一个固定值或一个固定的百分比。这种定价策略在有信息系统的情况下，简直易如反掌，实际上定价系统是没必要的。另一种是以需求为基础的定价系统，这就要求正确地估计需求，需求旺，价可高；需求弱，价就低。这就要求要很好地了解顾客、市场、竞争者和国家经济状况。这时可能要用到数学模型。

但是价格问题不是个简单的问题，因为产品形式不同，市场规则不同，价格确定的方式也各式各样，非结构化的因素很多。比如对于大型设备，往往是根据订货再进行生产。但在订货以前又要知道价格，因而需要报价系统，报价系统是一种价格计划系统，它能事先根据产品的性能，估计出材料费、设计费、生产费等，然后给出价格；它不一定要那么详细，但又要求和实际价格不能相差太大，因而是个很难建造的系统。

（三）销售渠道管理

销售渠道是指产品由生产厂家到用户的路径。这种渠道有的很短，由厂家直接到达用户，有的则较复杂，见图 8 -4。

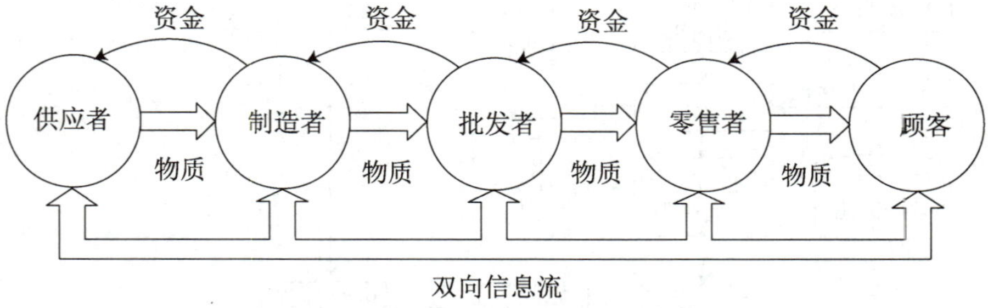

图 8 -4　销售渠道管理

厂家生产的产品要经过批发、零售等过程，才到用户。如城市的蔬菜供应要经过几道环节，才到顾客手中。过长的渠道将增加成本，增加顾客的负担，也会降低厂家的竞争力。

销售管理则要管理产品系列、产品分析、顾客类型、销售员业绩、销售领域等。销售过程可以应用大量的信息技术。面向顾客的销售点系统（Point of Sales，POS）是最基层的信息处理和收集系统，销售管理的大量数据均可从这里得到，而且提高了销售自动化水平。支持整个销售过程的电子传输系统叫 EDI（Electronic Data Interchange）。EDI 不仅支持销售各环节的信息传输，还将各环节“捆绑”在一起，加固联盟，提高竞争优势。同时，以 Internet 为通路的电子商业也已成为销售自动化的重要手段。

（四）市场情报和市场研究子系统

市场情报子系统要收集竞争者行为的信息，大量的企业是利用正当的手段，根据公开信息分析竞争者的行为。市场情报系统在这方面起了很大的作用。

市场情报系统的主要活动是收集数据、评价数据、分析数据、存储情报、分发情报等。收集数据主要包括一次数据，即直接的原始数据，来自电话、报表、会议等渠道，收集完以后要把它整理存档；二次数据则是从别的数据库中查得的信息，随着网络的发展，这方面的信息会越来越多，信息的内容也越来越丰富。比如现在利用 Internet 可以收集到 70% 以上的信息。

市场研究子系统是对市场情报子系统收集的数据进行研究的系统，但对于研究而言这些数据往往还不足够，还要进行一些有目的的专项收集或调查。

二、财务信息系统

财务是企业的四大职能之一，它实际上包括了两大部分，一部分是会计，一部分是财务。会计主要的任务是记账，使资金的运作不发生差错。而财务则更多关心如何运作好资金，使其产生效益。

（一）会计信息系统

保证记账正确不是一件容易的事。手工记账没有不出差错的情况，即使是计算机记账，也不能保证没有差错。目前的会计工作主要涉及的是历史数据，根据这些数据报表产生一些综合数据报表如收入表（income statement）和平衡表（balance sheet）。会计信息系统最成熟的部分和最固定的部分是记账部分，见图 8 – 5。

这个系统包含了订单处理、库存处理、会计应收、会计应付、工资、总账和财务报告等子系统。具体如下：

1. 订货处理

接受和处理顾客的订单，并产生给顾客的发票和用于销售分析的数据。有些公司还保存顾客的订单，直到顾客收到货物为止。当顾客送来订单时，计算机的订货处理系统应当可以校核顾客的信誉，即衡量他的付款能力，从而做出接收订货和拒绝订货的决定。该流程如图 8 – 6 所示。

2. 会计应收应支系统

应收系统的功能有：加入新的应收项目，它由开票后的订单触发，一般每日一次批量处理；删除已付的项目，从而真实地反映对顾客的业务；准备报表，一般发货后给顾客 30 天时间付清货款，如 30 天已过则算拖欠货款。每个月信用卡公司都要给公司一个拖欠货款的报告，这些报表的每行代表一个发票，全表列出未付账目；会计应收项目也向总账提供数据。会计应支系统设立会计应付记录，向供应商

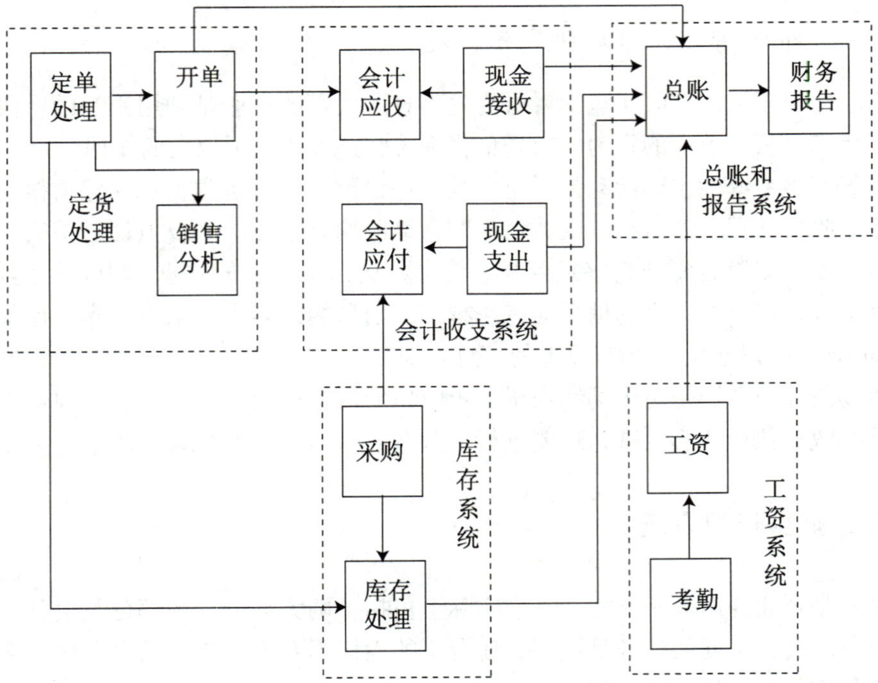

图 8－5　会计系统结构

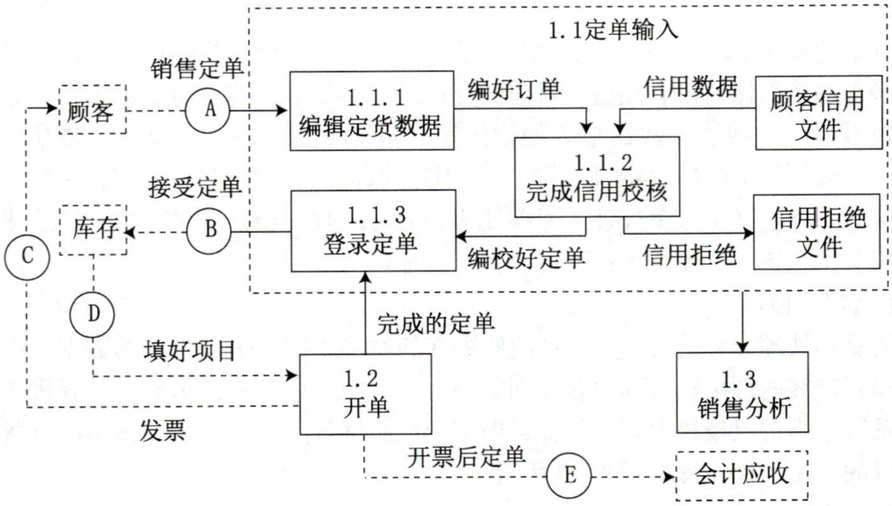

图 8－6　订货处理流程

付款后，删除付过的支出，提供总账数据。

3. 库存系统

库存系统包括采购和库存处理系统两大部分，见图 8－7。

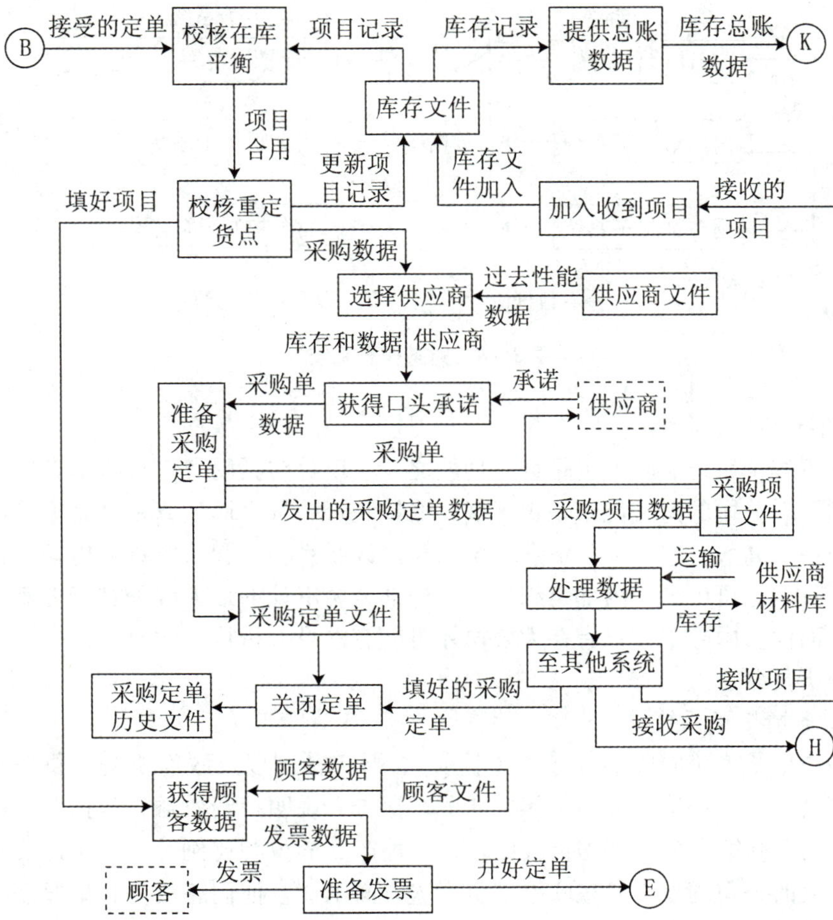

图 8－7　库存系统

采购包括选择供应商、得到口头允诺、准备采购文件、关闭采购订单等环节。和采购直接联系的就是接收，接收包括处理接收和通知其他系统等环节。

库存处理是根据库存文件，校核重订货点、填好订单项目、给顾客开发票、开好订单通知会计应收系统并提供总账数据的过程。

4. 总账系统

总账系统是综合各子系统的数据提供一个企业运营的全貌的系统。它包括两个子系统：总账更新系统和报告准备系统。

（二）财务信息系统

财务的总目标是最好地利用资金和剩余资金的最优投资。财务信息系统是协助主管达到这些目标的计算机系统。财务信息系统的概念模式见图 8－8。

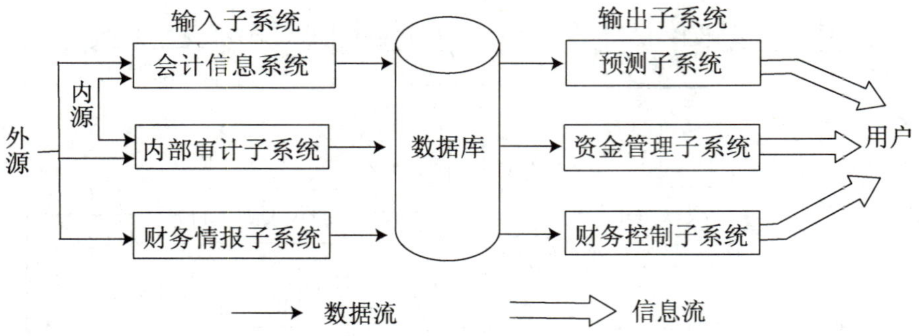

图 8－8　财务信息系统

1. 内部审查子系统

内部审查子系统实际上也是会计功能之一。审计包括财务审计和运营审计。财务审计主要看公司的财务记录是否正确，账钱是否一致。而运营审计是审计财务手续是否完备、高效，它往往和信息系统的再设计联系在一起。审计可以请外部审计公司来负责，也可由公司内部组织进行。外部公司审计的最大好处在于客观性和其知识的全面性。内部审计只有在大公司才可能有常设的机构。运营审计一般应有信息系统分析员参加。

2. 财务情报子系统

财务情报子系统向股票持有者（股东）、财务社团以及政府机构提供信息，帮助其了解公司经济环境。公司每年要向股东报告、说明投资效益，包括股票的年增长率，并与 500 家大公司平均指数比较、各种产品的盈利比例等，每年还要召开股东大会，大的公司均设有股东联络部负责这方面工作。他们还负责收集股东的意见和建议，并及时和股东沟通。财务情报子系统还从政府报告、期刊、网上数据库收集经济信息，以便分析经济形势。

3. 输出子系统

财务系统的主要系统，它们能帮助公司进行财务决策。

4. 资金管理子系统

财务系统最重要的子系统。它帮助企业实现两个目标：(1) 保证收入流大于消耗支出流。(2) 保证这个条件全年稳定，为此要进行现金流分析。

5. 现金和证券管理

现金和证券管理也是财务管理的重要内容，它应使现金较快流动而不要呆滞。计划日、周、月的现金存支，防止现金短缺。用计算机模拟寻求最佳的现金来源，并处理多余现金的投资问题，确定合理的证券组合、资金组合。

6. 财务控制系统

财务控制系统要控制一些支出和控制一些企业参数。控制的支出包括：销售、电话、租金、办公用品等，它可以给出表格以便管理人员发现问题。

三、MRP 系统

这里说的生产是广义的生产。对生产产品的企业来生产就是制造，对于服务业来说生产是服务运营。

制造信息系统可以分为两大类。一类是通过技术实现产品生产的系统；另一类是通过管理实现生产的系统。技术信息系统包括：CAD（Computer Aided Design，计算机辅助设计）、CAM（Computer Aided Manufacturing，计算机辅助制造）、CNC（Computer Numeric Control，计算机数字控制）和 Robot（机器人）等。管理系统则以 MRP（Material Requirement Planning，物料需求计划）、MRP— II（Manufacturing Resources Planning，制造资源计划）为中心，还有 CAQ（Computer Aided Quality Control，计算机辅助质量控制）等系统。

物料需求计划（MRP）的发展经历了三个阶段，20 世纪 60 年代初期为解决“订货点管理”的不足，发展了主要控制物料的物料需求计划。此阶段的 MRP 可定义为“利用主生产调度（MPS）、物料用量清单（BOM）、库存（Inventory）和未交货单（Open Order）等各种资料，经计算得到未来的物料需求，并进行订单的补充和修改”。20 世纪 70 年代闭环式的（Closed Loop）MRP 在制定主生产计划时进行了产能分析，它能适应主生产计划的改变，又能适应现场情况的变化，构成了闭环的动态控制。20 世纪 80 年代 MRP 逐渐为 MRP－II 所代替，这时企业资源不仅指材料，人力、资金、设备和时间也被看成企业资源并由企业加以控制，被称为“制造业全面资源计划与控制系统”。其系统结构图与作业流程如图 8－9 所示。但总的来说，MRP－II 是对内管理的系统，在战略规划、市场方面以及高层决策方面功能较弱，ERP 是在 MRP－II 基础上扩充了市场、财务等功能的系统。由于本书篇幅有限，不可能介绍 MRP 所有子系统，在此只介绍几个主要的子系统。

（一）主生产计划子系统

主生产计划子系统一般应包括两部分：一部分叫总量计划子系统；另一部分叫主生产计划系统。

总量计划是关于总体水平的计划，它不是细的要求，例如，总量是钢产量，不是钢板或钢锭产量等，它是用标准产品代表所有产品。总量计划的目标是充分利用人力和资源设备。总量计划是制定一年的计划，它考虑的是平衡全年的生产。

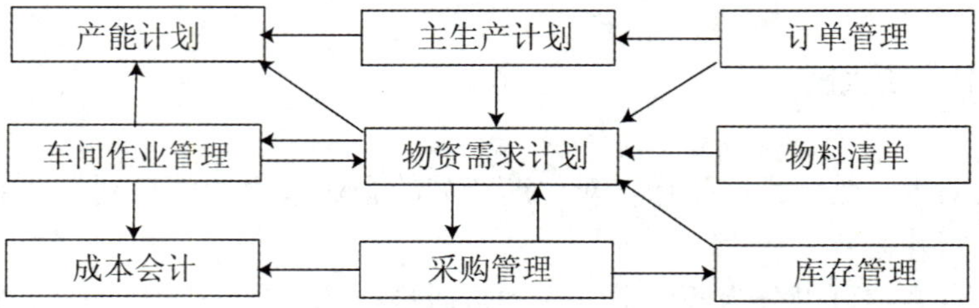

MRP-Ⅱ系统结构图

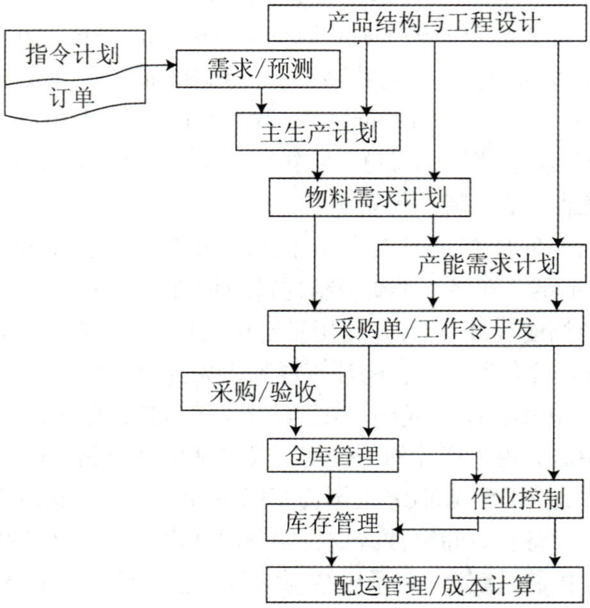

MRP-Ⅱ系统流程图

图 8-9　MRP 系统结构图与流程图

（二）库存控制子系统

该系统利用主生产计划（MPS）、物料清单（BOM）、采购、生产等资料计算出相关需求的状况，其的主要功能有：1. 计算各种原材料和零部件的需求时间、需求数量和需求地区。2. 配合作业控制，使仓库和车间管理人员早安排准备对物料运送、设备和工具的需求。3. 及时采购原材料，避免库存积压。4. 计划和控制产品加工全过程，确保准时交货。

系统采用“限定需求”技术，即某项需求可通过计算机搜索，追溯到需要它的上一级需求项。库存管理子系统输出的类型大致有以下几种：1. 指示库存管理人员做出的行动命令。2. 向“生产制造活动计划”子系统提供信息、指示每一项的开发初步计划。3. 库存系统执行的主生产调度计划情况报告。4. 库存会计与库存控制的执行情况报表。

（三）成本计划与控制子系统

成本系统与生产信息系统共享数据，生产系统及工厂监控系统可以向成本管理系统直接提供数据。

1. 直接劳动成本的计划与控制

直接劳动成本可以估算，也可以从直接劳动标准推导而得，即用劳动标准和操作时间数来求得。实际直接劳动成本的基本信息来自工厂监控子系统，这些信息包括车间工作令号、机器标识、工作令开始、结束时间等等。系统会分析实际直接劳动成本与标准直接劳动成本之间的偏差，通知有关成本中心，督促管理人员调整不合理偏差。

2. 材料成本计划与控制

标准材料成本是通过标准材料消耗和标准材料单价来计算的。标准材料价格要经常由采购部门审核。每一项的合理需用量和合理损耗量定为标准材料消耗，按产品结构逐层累加可以得到最终产品的标准材料消耗。

实际材料成本偏差来自采购价格波动、工艺过程变更、加工废品和额外消耗等方面，材料实际使用的情况来自仓库控制系统。

3. 管理费的处理

管理费用的计划和控制对成本管理有很大影响。

管理费用处理过程中最大的困难是分摊。使用计算机进行管理费分摊时，每个成本可以认为是独立的，每个成本由中心赋以分摊编号。

4. 计划和控制资产消耗

无论考虑收入和支出的平衡，还是做长期的利润规划，都要考虑资产和投资项目的问题。系统在计划和控制资产消耗时自动执行一些计算。

四、人力资源信息系统

人力资源管理贯穿人员雇用的整个生命周期，我们可以用图 8－10 来表示。

人力资源信息系统（HRIS）是支持人力资源管理的系统。人力资源系统的结构也像其他系统一样，有输入系统和输出系统。输入系统包括记账子系统、人力资源研究子系统和人力资源情报子系统。输出系统包括人力计划子系统、招聘子系统、人力管理子系统、酬劳子系统、津贴子系统和环境报告子系统等，所有子系统通过中间的数据库被联系起来。见图 8－11。

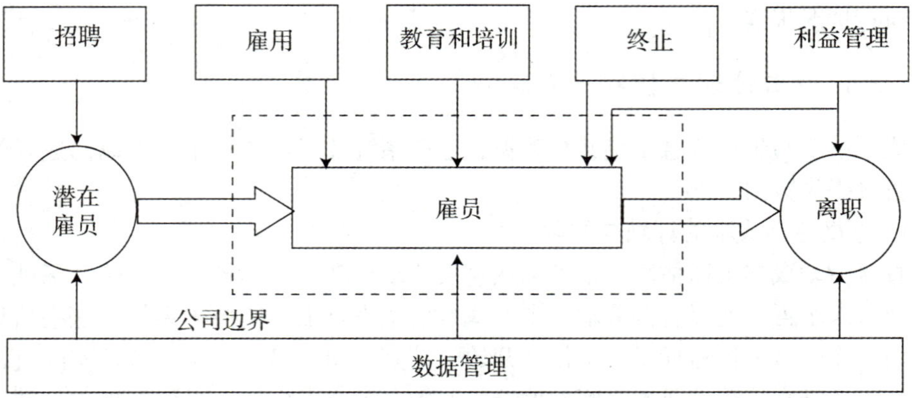

图 8－10　人力资源系统功能流程

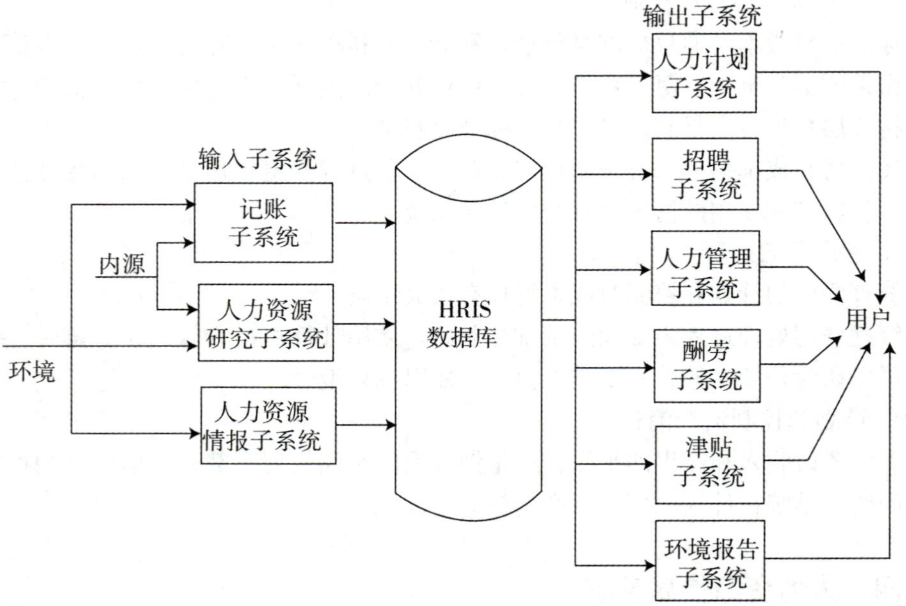

图 8－11　人力资源信息系统结构

（一）输入子系统

1. 记账子系统

主要功能包括登录个人数据，如姓名、年龄、生日等；计算个人会计数据，如小时工资率、现在总收入、收入税等。

2. 人力资源研究子系统

其内容包括晋升提拔的研究、岗位分析和评价、牢骚研究等。

3. 人力资源情报子系统

内容包括汇总政府各种关于人事的情报、人才供应单位、保险公司、人才市场、学校等的信息；工会组织方面的信息，以便更好协调劳资关系；全球社团的信息，如教育、再创新及住房等方面信息；财务社团的信息以及竞争者的信息。

（二）输出子系统

1. 人力计划子系统

主要内容是估计未来的岗位、人力，给出 HRIS 的总要求。

2. 招聘子系统

内容包括接受外来的申请、跟踪申请者、内部人才寻找等。这是个小型子系统。

3. 人力管理子系统

内容包括业绩评价、培训、职位控制、任免、技术/胜任、晋升、多面手等。这里业绩评价和培训尤其引人注意。

4. 酬劳子系统

内容包括工资、功绩考核、行政酬劳、奖金等。工资有时会放到会计信息系统，但人事系统往往还保留该系统的一些功能。

5. 津贴子系统

主要处理退休人员的津贴，包括定义津贴、津贴报告、股票购买和要求处理，退休基金的利用。

6. 环境报告子系统

主要负责向政府报告企业的人事政策和实情，有时也向工会报告。

由于人力资源管理的非结构化性较强，相对于其他信息系统，企业实际应用要少一些。

第三节　企业信息系统建设项目风险分析

信息系统的建立动因来自于组织内部的需求与外部环境的压力；信息系统的失败也同样源于内部与外部的抵制。

一个组织一旦引入了一套信息系统，该系统就会对这个组织的管理和行为产生重大的影响。组织内个人与团体之间的人际关系会发生变化，为管理组织的各种资源所需要的信息处理方式也会发生变化，这些变化最终将导致权力的再分配，并引起一些内部工作人员对系统的抵制，严重时会使一个各方面都不错的信息系统搁浅。这些系统都有一个共同的特点：为实现某个特定的系统功能，系统要求它的使用者必须改变他们的行为，即改变他们原有的工作方式和工作习惯。

除了内部抵制导致的系统建设失败外，还有一些其他的原因。我们常常会发现，在一些十分类似的组织中，同样的系统，在有些组织中获得了成功，而在另一些组织中却失败了。

项目建设过程需要有效的管理，由于项目实施中有相当多的不确定因素和人为因素，使得对这一过程的管理变得异常困难。如果管理不当，就会造成许多后果：投资严重超过预算；工期大大超出计划；技术缺陷导致达不到预期的效果；没有能获得预期的收益等。

一、项目实施管理中常见问题

（一）分析阶段

1. 没有为研究存在的问题分配足够的时间、经费、人力等资源，因而不能很好地定义问题，项目实施的目标含混不清，效益也无法衡量。

2. 初步规划过于草率，对项目所需时间与经费的估计缺乏标准。

3. 项目组组织不当。没有足够的专职人员，系统的最终用户在项目组里没有代表。

4. 部分开发组成员向用户承诺了一些不可能完成的任务。

5. 用户需求来自于原系统不完善的文档和不完备的系统分析活动。

6. 用户拒绝向项目组提供必要的信息。

7. 项目分析人员缺乏与用户交流的能力与技巧，不能与用户恰当地交谈，不会向用户提出适当的问题，不能与用户做深入的交流。

（二）设计阶段

1. 用户没有参与设计，设计方案完全由计算机专业人员完成。受这些人员个人偏好的影响，设计方案与组织原有的结构、活动、文化吻合得不好。

2. 设计只考虑了当前的需要而没有能够顾及组织未来的需要。

3. 业务流程及人员必须要做重大改变的设计中，缺乏对这些改变可能对组织产生影响的考虑与分析。

4. 工程设计的说明书不完善。

（三）编程阶段

1. 软件开发所需要的时间与费用被低估。

2. 向程序员提供的说明书不完备。

3. 大量时间花在编写程序代码上，用于研究程序之间逻辑的时间不足。

4. 程序员没有充分利用结构化和面向对象的编程方法，他们编写的程序难以修改和维护。

5. 程序缺少完整的文档。

6. 对机时等必要的资源没有做出计划。

（四）测试阶段

1. 正常的测试所需要的时间与费用被低估。

2. 项目组没有制定有组织的测试计划。

3. 用户没有充分地参与测试。他们不愿提供测试用的数据样本，不愿意检验测试的结果，不愿意为测试耗费时间。

4. 项目组没有为用户高层管理人员提供验收测试的办法，管理人员不能审核和签署测试的结果。

（五）转换阶段

1. 对转换所需要的时间与经费估计不足，特别是数据的转换环节。

2. 转换开始以前用户从未接触过新系统，到系统要安装的时候才开始对用户进行培训。

3. 为了补偿开发工作的超支与超时，系统还没有完全就绪就急于投入运行。

4. 系统和用户文档不完整。

5. 没有进行绩效评估，没有建立评价的标准，也没有把系统运行的结果同早先的目标相比较。

6. 对系统维护工作的预见性不足。受过维护培训的专业信息系统维护人员不够。

二、项目建设过程中的风险因素

（一）管理方面

1. 需求难以确定

不仅不同的系统对同一信息可能有不同的理解，从而产生不同的需求，有时同一系统也会因时间地点的不同而提出不同的要求，使得系统需求难以被具体地确定。

2. 工作量难以确定

系统需求不确定是导致工作量难以确定的原因之一，但更重要的原因是迄今为止仍然缺少有效的技术与方法事先估算系统分析与系统设计所需要的时间。信息技术发展很快，许多大型甚至小型系统都是“首次开发”，并且没有先期经验可供借鉴。估算的计划往往与实际相差很远，不准确的计划会直接影响到对实施过程的控制，导致时间的拖延、预算超支甚至系统的失败。

（二）人为因素

1. 高层领导难以及时地了解问题

坏消息向上传递速度较慢，“报喜不报忧”几乎是所有组织的通病。实施中各阶段发生的问题往往会被中层滤掉，不能被及时反映到管理和决策的高层中去。这使一些错误得不到及时纠正，继续发展扩大直至积累到难以纠正时，才被报告给高层领导。

2. 缺少管理者的支持

如果一个信息系统项目在各个层次上都能得到管理人员的支持，那么该系统就很可能被用户和专业开发人员从正面给予理解。他们都会感到，参与开发过程会受到高层领导的注意和重视，他们的努力和付出会得到回报。管理层的重视还能保证项目获得足够的资金和其他必要的资源支持。

当系统要改变原有的工作习惯和流程的时候，尤其是要重新改组原有的组织结构的时候，领导层的支持就更不可缺少；如果缺少这种支持或支持的力度不够，就可能会造成失败。

3. 人员抵触

不能处理好实施过程中组织内普遍存在的不安心理与担心情绪，将会导致员工对改革的抵制。统计表明，这种内在的抵制是造成失败的重要因素。一项调查邀请被调查者在诸多失败因素中选出几项最重要的因素，结果60%的人认为抵制是再造工程项目成功的最大障碍。

（三）技术方面的因素

信息系统依照其规模、范围、复杂程度、技术含量和组织要素的不同而有很大的不同。它们成功的可能性也因其风险的大小而异。影响系统风险的要素主要可以从三个方面来考察。

1. 项目规模

规模可以从项目所需要的资金、实施项目所需要人员的数量和时间、项目所影响到的单位和部门的数量来衡量。显然规模越大的项目风险也越大。

2. 系统的结构化程度

系统的结构化程度是指系统输入、输出以及数据处理过程的确定性。结构化程度高的系统有明确的输入、输出定义和处理过程定义。结构化程度低的系统则相反，用户常常说不清楚究竟需要什么，或者需求常常随着用户、时间和情况的不同而不断改变。结构化程度高的系统风险就小。

3. 技术经验

如果开发小组缺乏技术经验，项目将面临较大的风险。如果开发小组不熟悉所需要的硬件、软件和数据库，他们将可能为了熟悉这些内容而耗用额外的时间，使项目拖期。

第四节 企业信息系统维护与管理

一、企业信息系统管理的组织设置

由于信息资源是企业的战略资源，信息资源管理或称企业信息化管理已成为企业管理的重要支柱。一般的大中型企业均设有专门的组织机构和专职人员从事信息资源管理工作。这些专门组织机构如信息中心（或计算中心）、图书资料室、企业档案室等，另外，企业中还有一些组织机构也兼有重要的信息资源管理任务，如计划、统计部门、产品技术的研究与开发部门、市场营销部门、生产与物资部门、标准化与质量管理部门、人力资源管理部门、项目管理部门、政策研究与法律咨询部门等。信息资源是企业各项活动的支柱，维系着企业的生存与发展。企业各级组织及其人员都要深刻认识信息资源的战略意义，在各自岗位上自觉地、有效地开发、利用信息资源。

在有关信息资源管理的各类组织中，企业信息中心是基于现代信息技术的信息资源管理机构，其管理手段与管理对象多与现代计算机技术、通讯与网络技术有关。现代信息技术本身是信息资源的重要组成部分。利用现代信息技术开发、利用信息资源是现代信息资源管理的主要内容。

（一）信息中心

一般来说，企业信息中心的主要职能包括：

1. 在企业主要负责人的主持下制定企业信息资源开发、利用、管理的总体规划，其中包括信息系统建设规划。

2. 负责企业管理信息系统的开发、维护与运行管理。

3. 信息资源管理的标准、规范、规章制度的制定、修订和执行。

4. 信息资源开发与管理专业人员的专业技能培训、企业广大职工信息管理与信息技术知识的教育培训和新开发的信息系统的用户培训。

5. 企业内部和外部的宣传与信息服务。

6. 为企业信息技术推广应用其他项目如计算机辅助设计 CAD、计算机辅助制造 CAM 等提供技术支持。

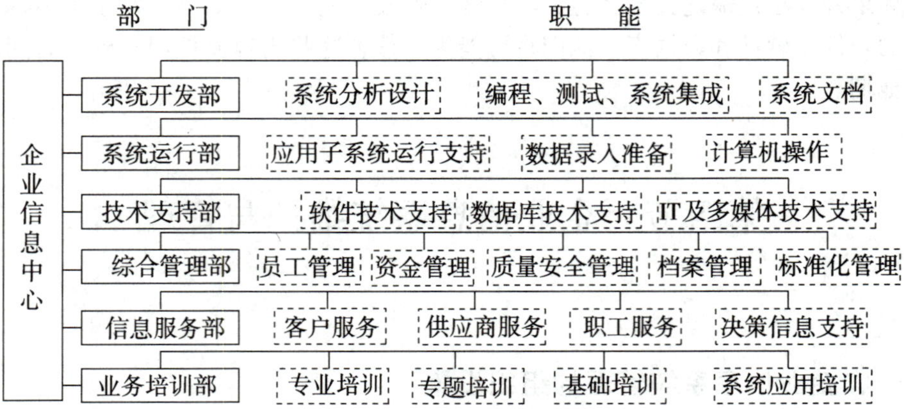

图 8－12　企业信息中心的组织结构及其职能示意图

在图 8－12 企业信息中心所属各部门下面的虚框中，注明了这些部门的职能或业务范围。各部门可根据工作任务需要进行分组，分组的原则可以是业务职能范围，也可以按任务的阶段或按项目分组，如系统开发部就可按项目分组。

（二）企业信息资源管理人员

1. 企业信息主管（CIO）

由于信息资源管理在组织中的重要作用和战略地位，企业主要高层管理人员必须从企业的全局和整体需要出发，直接领导与主持全企业的信息资源管理工作。担负这一职责的企业高层领导人就是企业的信息主管（Chief Information Officer，CIO）。

企业信息主管（CIO）的主要职责是：

（1）在企业主管（总经理、总裁）的领导下，主持制定、修订企业信息资源开发、利用和管理的全面规划；

（2）在企业主管（总经理、总裁）的领导下，主持企业信息管理系统的开发；

（3）直接领导企业内信息资源管理职能部门，如信息中心、图书资料室、企业档案室的工作，统一领导与协调企业其他部门信息资源的开发、利用与管理工作，主持信息资源开发、利用与管理的对外交流与合作；

（4）审批企业信息资源管理有关规章制度、标准、规范并监督实施；

（5）负责信息管理与信息技术人才的招聘、选拔与培养；

（6）负责企业信息资源开发、利用与管理所需资金的预算与筹措；

（7）参与企业高层决策。

显然，信息主管对企业的信息资源管理负有全面责任。由于信息资源管理关系企业全局，信息主管一般应由相当于企业副总经理或副总裁等高层管理人员担任。

2. 中、基层管理人员和专业技术人员

企业信息资源管理的中、基层管理人员包括信息中心（或计算中心）、图书资料室、企业档案室等组织机构的负责人以及这些机构的分支机构的负责人；企业中兼有重要信息资源管理任务的组织机构，如计划、统计、产品与技术的研究与开发、市场研究与销售、生产与物资管理、标准化与质量管理、人力资源管理、宣传与教育、政策研究与法律咨询等部门分管信息资源（含信息系统与信息技术）工作的负责人。

企业管理信息系统的专业或技术人员主要有：

（1）系统分析员；（2）系统设计人员；（3）程序员；（4）系统文档管理人员；（5）数据采集人员；（6）数据录入人员；（7）计算机硬件操作与维护人员；（8）数据库管理人员；（9）网络管理人员；（10）通信技术人员；（11）结构化布线与系统安装技术人员；（12）承担培训任务的教师及教学辅助人员；（13）图书资料与档案管理人员；（14）网站的编辑与美工人员；（15）从事标准化管理、质量管理、安全管理、技术管理、计划、统计等工作的人员。

二、企业信息系统的维护与管理

维护是指对已投入运行的系统进行局部修改或改进的活动，以使它能更好地实现用户和组织的目标。

系统刚建成时所编制的程序和数据很少能一字不改地沿用下去。系统人员应根据外界环境的变更和业务量增减等情况及时对系统进行维护。因此，系统的维护是系统生存的重要条件。一般来说，在系统的整个生命周期中，2/3 以上的经费用在维护工作上。从人力资源的分布来看，现在世界上 90% 的软件人员在从事系统的维护工作，开发新系统的人员仅占 10% 。这一统计数据说明系统维护任务是十分繁重的。重开发、轻维护是造成我国信息系统低水平重复开发的原因之一。

系统维护主要包括以下几个方面的工作。

（一）程序维护

程序维护是指因业务处理的变化使系统功能出现故障时，需要修改部分程序，之后进行验证的过程。由于管理业务处理是通过系统运行而实现的，一旦业务处理出现问题或发生变化，就要修改应用程序及有关文档。因此，应用软件维护是系统维护最主要的内容。

（二）数据文件的维护

业务发生了变化，就需要建立新文件，或者对现有数据文件的结构进行修改。主要维护工作包括以下三个方面：

1. 数据文件的安全性、完整性控制。数据文件（数据库）的安全性是指保护数据库，防止不合法使用造成的数据破坏、泄露或更改。在系统中，安全措施是逐级逐层设置的。

2. 数据库的正确性保护、转存与恢复。

3. 数据库的重新组织与构造。数据库运行一段时间后，随着记录不断增加、删改，会使其物理存储性能变差，降低数据库存储空间的利用率和数据的存取效率，从而降低性能，故需重新组织数据库。

（三）代码的维护

随着系统应用范围和应用环境的变化，旧的代码可能不适应新的要求，必须对其进行改造，制定新的代码或修改旧的代码体系。代码维护的困难在于新代码的贯彻，而不是代码本身的变更。除了代码管理部门外，其他部门的管理人员都要负责贯彻使用新代码。

（四）硬件设备维护

硬件设备维护主要是指对主机及外部设备的日常维护和管理、故障检修、易损件更换、某些设备的功能扩展等。

维护的成本可能高得难以置信。对老程序而言，维护总成本是开发总成本的5倍。换句话说，原来开发成本为100万元的程序，在其生命周期内所需的维护费可能是500万元。程序员花费在维护现有程序上的时间占去他工作时间的50%—70%。此外，随着程序的老化，用于维护的时间和资金总支出也随之增长。运用新的程序设计语言和方法，包括面向对象的程序设计，维护成本有望下降。设计与维护有着直接的联系。前期设计中花的时间较多，则意味着以后花在维护上的时间会较少。大多数情况下，为了设计一个好的程序，多花点时间和费用是值得的。好的设计所需要的仅仅是成本，而如果忽视系统中出现的小问题，必定存在风险，因为这些小问题可能在将来成为大问题。确定更换系统的决策因素是花费在修复上的成本是否大于增强系统功能的成本。

【参考文献】

1. 江兵等，企业信息技术外包的策略分析，管理工程学报，2002年第2期。

2. 郭捷，管理信息系统，机械工业出版社，2008年。

案例8－1　信息系统建设项目典型案例

一、“小脚穿大鞋”——产品不匹配，再好的系统也带不来成功的信息化

在许多人的印象中，肉类加工是个作坊活儿。但像双汇那样，把“杀猪卖肉”做成一个大产业，达到年产值近百亿元水平的，在国内还是绝无仅有。

双汇集团拥有40多个子公司、7个生产基地、80多个销售分公司、上百家办事处、200余家连锁店。随着业务不断扩展，企业的生产、销售、库存等情况越来越难掌握。过去分支机构和连锁店的订货、退货等业务主要靠传真和电话传递信息，总部和配送中心的生产计划、备货计划、发货计划等通过手工汇总统计来完成，工作量极大。几十家分店时就已经有70多个人在忙活，如果按照双汇的计划，在“十五”期间发展到2000家分店，得要多少人来统计数据？而且数据缺乏准确与及时性，经常发生有的店已经没货可卖，而有的店却有余货不得不晚上拉回厂家的情况。全国各地的库存状况、费用状况及应收账款等重要数据无法及时掌握，造成整个分销渠道管理混乱，丢货、串货、账实不符等现象相当普遍。无奈之下，双汇集团向信息化求助。

1999年，经过招投标后，双汇集团与国内一家知名的ERP公司签约。该ERP公司经过调研后，建议系统采用C/S结构，在数据同步问题上，设立Modem池，一天同步一次或两次。可是事实上，双汇有100多个办事处、几十个分公司、200多个连锁店，如果每个门店都要装前台，要装一年才能完成，费用大不说，实际操作也是有困难的。而且，如果系统要升级，还得每个门店跑一回，万一前台出现故障，就是去那调试也是来不及的。

系统设计还有一些其他的缺陷，比如它对计算机型号有要求——双汇当时的计算机就都成了摆设；门店和数据库不能真正实现数据同步——领导不能及时掌握销售状况，无法做出快速响应。

意识到这些问题之后，该ERP公司试图进行修改。可是一旦真的开始修改，ERP公司就发愁了。因为双汇的模式非常特殊，他们既是集团化运作，同时又独立核算，下属企业有属于工业的生产厂商，还有属于商业的直销门店，又有代销的批发商，因此系统复杂，还要能形成模块，可以随时升级，就成了一大难点。更重要的是，由于大部分职工对计算机的认识程度有限，因此要求软件能够易操作、好管理，又是一大难点。该ERP公司不知道该怎么完成任务，只好“交白卷”走人

了事。

双汇从第一次信息化失败中吸取了经验教训，开始了第二次信息化之旅。这次企业采用了J2EE平台，B/S四层结构；ERP软件则采用“一次编码、到处运行”的纯Java语言编写，可以在主流硬件环境及操作系统平台上运行，实现了跨平台应用。这样一来，双汇集团真正实现了内外数据共享，协同商务，工业与商业一体化。

二、来自软件企业的风险，客户怎能抵挡得住

哈尔滨医药集团（简称哈药）下除了上市公司哈药股份所属的9个生产工厂和两个商业公司外，还有13家非主体企业。公司决定借助现代化的手段来管理，按照基层员工的讲法就是“老板信息化决心已下”。

2000年，哈药决定上ERP项目，项目首期工程计划投资1000万元以上。像哈药这种还没有开始建立ERP系统的大企业，1000万元投资计划只是一个起点，厂商们更加看重的是后面的利益，因此，竞争异常激烈。2001年10月，利玛击败华旭成为哈药ERP项目实施服务的总承包商。哈药与利玛正式签订的协议总金额高达700万元，项目实施服务费用为370万元左右。协议还规定，利玛除参与哈药ERP实施服务之外，还将负责后续支持服务工作。

2002年3月，项目正处于敏感时期，哈药ERP实施出现了戏剧性的变化，利玛和大股东光明集团之间的冲突开始激化，实施方利玛副总经理蒋明炜与60多名同事集体“哗变”，利玛哈药ERP项目实施团队全部离职。城门失火，殃及池鱼，整个哈药项目也被迫彻底停顿下来。

2002年11月，哈尔滨医药集团近1000万元的ERP项目在近8个月的停顿后重新启动。充分吸取了第一次的经验，哈药在第二次选择实施伙伴时采取了谨慎的策略，集团副总经理及几位项目组成员更是奔赴山东鲁抗医药集团有限公司取经。最后哈药决定，要求4家新入围的咨询服务公司对哈药相关人员分别进行ERP培训，并且拿出各自的实施方案来参与最终的角逐。这样，哈药集团重新上路了。

三、过于理想化的信息化规划只能再造海市蜃楼

没有人比汽车商更舒服了，车还没造出来就已经被客户订走了。但是，也没人比今天的某些造车企业更难受了，由于长期积累下来的内部管理问题，面对蒸蒸日上的红火市场，只能干瞪着眼看别人挣钱。北京吉普汽车公司这位“老大哥”就面临着这样的窘境，其产销量连年下滑，与人气旺盛的汽车销售市场形成了巨大反差。

与北京吉普的市场表现类似，北京吉普的信息化进程也让人“恨得的牙痒痒”。

北京吉普过去不温不火的信息化着着实实让企业少吃了好大一块蛋糕，他们与其他汽车企业比，是“输在了起跑线上”。

北京吉普十年的信息化磨难历程在国内实属罕见。

北京吉普最早的网络化建设是从1985年开始的，当时投资100多万元，建立了ARCnet企业级网络，并把它作为企业管理信息系统的平台和基础。随着局域网技术的飞速发展，ARCnet网络无论在传输速度、传输协议还是在网络扩展、升级能力等方面都大大落伍了。

为保证公司网络能成为MIS、CAD/CAM等系统可靠和稳定的集成平台，公司在1996年对旧网络进行了彻底改造。新网是100/10MB交换式快速以太网，AT&T布线，从计算机中心铺出的8根光纤连到了公司各主要车间和办公楼。全厂600余台微机，大部分为586以上的PC。通过64KDDN专线及网对网、点对网、点对点的通信系统，公司实现了与国际互联。新网用拨号方式还可以进入克莱斯勒公司远程通信系统，查询、传输产品和销售数据；同时公司在Internet上建立了主页，使公司逐步走向世界。

当时高规格的硬件投入暗示了企业对信息化寄予的深厚期望。而与高规格的硬件设施不匹配的是，北京吉普的ERP建设虽从1993年就开始，却一直没有被使用起来，直至2002年才开始重新调整。从1993年到2003年，整整10个年头，北京吉普终于品足了ERP的各种滋味。

1993年，北京吉普购买了美国SSA公司的BPCS软件，这是当时比较流行的ERP软件。该公司信息化主管对媒体表示，现在看起来当时买这套软件有些超前，本身管理基础没有到位，所以真正使用的时候遇到了问题。最简单但也是最要命的问题，是各部门的零件编号、产品结构都不统一，为出现信息孤岛、协同困难埋下了隐患。在诸多的管理问题还没有解决的情况下，一套软件又能起到什么作用？

过于理想化的信息化规划往往由于脱离实际，只能成为海市蜃楼。

2003年，北京吉普重又拾起了当初没有应用成功的SSA的BPCS系统，但这次的实施却改变了策略。脚踏实地、聚焦核心、抓住问题“准狠”下手，成为北京吉普新的信息化风格。

（资料来源：企业信息化8大失败案例，CIO时代网，中国计算机报，2010。）

【问题思考】

1. “幸福的家庭总是相似，不幸的家庭各有各的不幸”。那些“不幸”的企业信息化项目背后，隐藏着同样的心酸和无奈。在企业信息系统建设过程中，成功和失败的主要原因是什么？

2. 由于软件产品问题而导致的信息化失败案例主要集中在三个方面：首先是软件产品不成熟，软件厂商现炒现卖；其次国外软件产品本土化不到位；其他的基本源于产品不匹配。试分析，企业在选择信息系统开发策略时，应该考虑哪些软件产品本身带来的风险因素？

案例9-2 智慧城市带给我们什么
——IBM助里约热内卢打造智慧城市

经济的发展、收入的增加让我们的生活得到了更多的便利，随着经济发展同时增长的还有汽车销售量和全球的温室气体排放量。同时，汽车的大量普及无疑给交通带来了很大的挑战，因为堵车而造成的交通堵塞问题也愈发严重。据调查，瑞典的首都斯德哥尔摩每天都会有50万辆汽车穿梭于公路。不仅仅是交通，近几年环境污染已经达到了前所未有的程度，由此引发的诸如地震、台风、海啸等自然灾害频繁出现，在国际新闻频道随时都能看到世界各地区因为自然灾害而被严重破坏的画面，而一场灾害所造成的人员伤亡更是让人感到痛心。另外，我们的生活离不开能源，经济的发展更是依赖能源，但是现阶段，因为人们对不可再生资源的攫取使得全球的资源已经越来越稀少，各个城市面临着不同程度的资源难题。我们习惯性地在问题出现后才来想解决办法，然而面对全球性的一系列重大问题，摆在我们面前的无疑是一个大大的问号。如何才能遏制这种局面的恶性发展成了我们面临的最大难题。

2009年当世界各国领导都在为这些问题苦恼时，IBM发现这些问题有很大一部分是由于“信息孤岛”，即信息没有能“整合管理”的平台造成的，由于信息孤岛，人们很难对许多已经发生、正在发生和将要发生的事情做出分析判断，因此，我们只要对这些难题进行信息收集、分析、管理，使其形成一个数据库并加以利用，不管是城市里的交通堵塞还是自然灾害的发生，我们都能找到相应的对策。针对这一系列问题，IBM率先提出了“智慧地球”计划，并希望通过对各个城市信息数据的采集整合来实现对整个城市的有效控制。“智慧地球”以数据化为基础，运用物联网和云计算等高新技术，对包括交通、天气等在内的各种信息进行整合，然后通过运算分析等对问题做出预判，并将数据等信息提供给相关人员以达到辅助决策等目的，使得损失降低到最小。

现以巴西里约热内卢的智慧城市建设为例进行分析。

一、启动智慧城市项目前里约热内卢的状况

里约热内卢作为巴西曾经的首都，面积虽然只占巴西整个国土面积0.51%，却拥有巴西8.74%的人口。这里有60个贫民窟，贫民人数占总人数的20%，严重的贫富差距使得里约成为一个暴力事件频发的城市。每当狂欢节期间，425场桑巴舞

游行表演在350个不同地点，各种突发事件更是让各部门官员感到头痛。同时，里约也同世界上很多城市一样面临着人口、污染以及交通的问题，里约的西北部是该市最为重要的交通枢纽，然而人口以及车辆的超重负荷让里约街道时常出现大排长龙的情景，交通随时面临着瘫痪的危险。另外，作为一个依山傍水的城市，虽然坐拥宜人的自然风光，但是洪水的入侵也是里约人每年无法躲避的灾害，加上大雨频发季节的山体滑坡事件里约每年都要遭受不同程度的人员伤亡和建筑被毁。据报道，2010年里约新一任市长Paes刚上任不久便发生了洪水灾害，洪水造成了很多贫民窟坍塌，暴雨更使洪水来势汹汹，街道上很多轿车和卡车都被冲到了洪水中，然而在整个里约热内卢的街道上却找不到一个供市长视察灾害情况、应急指挥的地点。此外前几年里约发生的游览电车出轨以及三座建筑物坍塌的事件也分别造成了5人和17人遇难。

里约的风光及丰富的资源使其向来都颇受投资者的青睐，然而灾害频发却阻碍了里约经济的蓬勃发展。同时，里约市还面临着2014年世界杯以及2016年夏季奥运会的挑战。为了创建更好的环境，让“两会”能够顺利举行，里约市市长Paes求助于IBM，最终采用了IBM的智慧城市计划。

二、针对里约热内卢采取的措施

在里约市之前，IBM也为其他很多城市设计过智能化运营系统，但是里约市的情况却对IBM提出了很大的挑战。作为总承包商，它需要管理当地的建筑和电信工程、管理思科提供的网络基础设施和电视会议系统以及三星公司提供的数字显示系统，然后利用硬件、软件对从里约市各个部门获得的信息、数据进行分析并制定用户手册。IBM公司为方便里约市运营中心的管理，将城市里发生的事件按性质的不同分为四类，即事件、事故、紧急情况和危机，这四类的严重程度也是逐次升高的。例如：当狂欢节来临时街道上有数以万计的人员在游行聚会，这便被认定为一个事件；在桑巴舞游行时如果因为某一事件引发了争执斗殴，这一行为便被上升为事故；在争执过程中如果双方没能和平解，而是以掏出凶器或其他危害性较强的武器进行争斗并对整个游行活动造成了极大的危害，则被定义为紧急事件；在事件中如果还造成了不同程度的人员伤亡，那么整个活动就成为一个危机。城市运营系统对整个信息进行处理分析，然后根据不同信息对事件进行分类，并使里约市的运营中心能够在第一时间获得整个事件的准确资料。如此一来，各级部门以及官员便可以根据这些信息对山体滑坡、洪水入侵等一系列事件做出准确的判断并采取有效的应急措施。

智慧运营系统的实现，以收集信息并对其进行整合分析为基础，基于此，里约市政府做了以下工作以使整个运营中心能够顺利运行：

（一）建立城市运营中心

里约热内卢政府在距离巴西科帕卡巴纳海滩不远处建立了运营中心，运营中心中没有纸张、没有文件，而是安置了很多高科技仪器用于完成对整个城市的监控管理及数据分析，并选出大量IT界精英对整个运营中心进行操作控制。在控制中心内有一个巨大的显示屏，上面显示的是整个城市的动态监测视频，包括各个地铁站、主要交通枢纽状况，交通事故的处理状况、停电处理状况以及其他城市问题处理状况。

（二）安装虚拟操作平台

这是IBM为里约市建立的整合的虚拟操作平台，是一个Web的信息交互平台，用于整合通过电话、电子邮件、无线网络与文本发送来的信息，系统可以对现在以及历史信息进行整合，确定出容易发生事故的地点。

（三）在城市里安装摄像头

虽然现阶段摄像头的安装在很多城市已经普及，但是却很少有地区能够做到全城无死角监控，而里约热内卢市做到了这一点。他们在城市里的各个街道以及其他地点安置了近7万个摄像头，这些摄像头能够将各路段的情况第一时间反馈给运营中心，方便其做出决定。

（四）完善贫民窟的基础设施建设

里约市政府在60个贫民窟里安置了警报器，并以无线连接方式与智慧运营中心相连接，警报器在山体滑坡等出现后就会自动把这一事件报告到运营中心，同时管理人员通过对各种现场信息的整合可以了解到有多少救护车以及消防人员已经到达现场。贫民窟人口密度之高是里约市的一大难题，为此，里约政府在60个贫民窟进行了不同程度的基础设施建设，以扩大贫民窟人民的生活空间，并让他们有机会了解、接触基础设施服务。通过这一措施的推行，里约市希望到2020年完成贫民窟的城市化，从而彻底将恶性循环转化为良性循环。

（五）设立首席运营官

里约市长Paes采纳IBM高层Banavar的建议，在运营系统设立了首席运营官职位，首席运营官主要对整个城市运营中心的工作进行全面监控。

三、里约市设立智慧运营中心的成功案例

2010年的下半年，也就是里约市刚启动运营中心后的一个夜晚，里约市立剧院

旁边一座20多层的写字楼发生了垮塌，直接危害到写字楼两侧的建筑，事故现场一片恐慌。事故发生时运营中心便接收到运营系统发出的信息，并在第一时间做出了反应。运营中心管理人员通过对信息的了解迅速通知水电和供气部门停止供给以免发生更严重的灾难，同时还临时关闭了现场的地铁，封锁了交通，通知急救部门并让消防部门开展现场清理工作，运营中心同时还在网络上通报了关于事故的最新情况，以便市民了解最新情况，采取相应的措施。

事后，里约市公共管理实务负责善后处理的秘书对这一事故进行了分析，并说这次事故的完美解决全靠运营中心的高效运作，是运营中心完成了全市30多个部门的信息管理协调工作。

据统计，运营系统使得里约市缩短了90%以上的紧急事件响应时间，响应者的效率获得了40%—65%的提高。

里约市作为一个人口、资源大市，加上自然、人为灾害频发，无疑给IBM的工程建设带来了很大的困难。然而现阶段里约市却成为基于数据化城市运营、管理的典范，这一切无疑得益于里约市的“智慧城市”建设。

四、智慧城市建设的利弊分析

在数据化普及的今天，面对世界各地的人员、资源、环境问题以及这些问题所衍生出的自然灾害问题，寻找解决方案无疑是全球各国政府的当务之急，“智慧城市”的推行很好地解决了部分“疑难杂症”。

（一）杜绝了“信息孤岛”，建立巨大“数据库”

在我们生活的城市中其实有很多政府部门或者其他部门都已经拥有了十分先进的数据信息采集系统，它们能依靠系统采集的信息进行单方面的数据分析或者做出相应决策，但是这些部门的信息却缺少一个和其他部门数据整合对比的平台，使得很多数据只能是孤立的。当一个事件同时涉及很多部门时，数据的来源便显得薄弱无力了，相关部门便丧失了对事件进行综合预测分析能力。在智慧城市的建设中，对各种信息资源的整合无疑是最大的亮点，面对庞杂的部门信息，运营中心对其进行处理分析及分享，各个部门的各种信息便自动拥有了一个获取平台，政府部门便能够在事件发生时进行应急处理，同时预测其他事件是否会出现，做到未雨绸缪、有备无患。

（二）为公民提供了了解事故的平台

智慧城市的建设以及其运营中心对事件信息的及时公布使得人们能够在灾难发生时便了解到危害的存在，从而有充分的时间采取应急措施，而以前人们往往只能在事故发生后才通过报道等了解事件。同时，通过运营中心在网络平台上发布的交通信息，人们能准确了解到各个路段的交通运行情况，选择一条更加畅通的路径以节约更多的时间。

（三）提高了各种信息的准确性

据有关信息部门统计，就天气预报而言，未来24小时内晴雨预报准确率多年平均为90%左右，72小时晴雨预报为80%左右；48小时区域性暴雨预报准确率为75%左右，而智慧城市推出的天气预测系统却比现在的普通天气预测系统准确率高出60%左右，为人们的出行以及一些重大活动的实施安排提供了更大的便利。

（四）为政府的决策带来便利

当运营中心的信息被管理人员第一时间通知给政府后，政府的相关人员就能据此对各种事件拟定清晰的处理方案，从而避免了以往的信息盲区。

但智慧城市的推行实施也可能隐藏着潜在的危机：

1. 运营系统故障导致整个城市的瘫痪

一旦运营系统得以建立，城市各部门就会极度依赖系统提供的数据，整个城市的运行也建立在系统正常工作的前提下。但是，系统一旦遭受到攻击，导致信息错误或失真，便会对决策者造成严重影响，从而影响各部门的日常工作，对整个城市也可能造成不可估量的损失。

2. 为犯罪分子提供便利

智慧城市实施后各种信息平台也相应搭建起来，网络上信息以及重大活动举措的公布能够为普通市民提供方便，但是另一方面，如果被居心不良之人利用，那么便利的信息获得渠道也可能演变成为犯罪分子手中的“利剑”。我们的日常生活无疑多了很多隐藏的“杀机”。

3. 投资过于巨大

据报道，里约热内卢在整个运营中心项目上共投资了1400万美元，新加坡的“智慧国2015计划”更是投资了40亿美元，阿姆斯特丹的智慧城市计划截至2012年也已投入了11亿欧元。如此巨大的投资，使得很多落后地区无法享受到智能化带来的好处。智慧地球计划充其量只能完善少数经济发达地区的城市管理。

五、智慧城市对我国城市建设的启示

很多西方国家已率先启动了智慧城市项目，韩国和日本等发达国家也早已对此项目做出了积极回应。如今，不管是瑞典首都斯图哥尔摩利用智慧城市项目指挥交通实现的城市二氧化碳排放量40%的下降，还是法国卡涅利用智能感应器将路灯的能耗降低了20%—40%，都表明智慧城市建设的必要性与有效性，而智慧城市的基础便是利用高新技术对各种信息数据进行分析和管理。

现阶段智慧城市的建设在我国很多地方也如火如荼地开展起来，很多一二线城市也被划为试点。虽然这个项目的成功推行会带来很多实惠，但也不能盲目地跟风。和国外的很多城市相比，国内城市的基础设施建设还相对落后，而智慧城市对整个地区的信息化建设和数字化建设程度有着很高的要求，因此在这些基础方面没做好的情况下盲目投资，不但不能带来实质性的便利，反而会加重政府的负担，浪费很多资源。

在高度信息化的今天，仅仅靠人脑解决问题已经十分困难。面对人口、资源、环境等问题给我们带来的巨大考验以及各种分散而复杂的信息、数据，我们不能依靠自己单方面处理、分析，那样只会形成"信息孤岛"。IBM 公司的"智慧地球"计划便解决了"信息孤岛"的问题，系统对来自不同地方、部门的各种信息进行整合，从而形成一个巨大的数据库，为决策者和普通人都带来了极大的便利。虽然现在智慧城市对我们可能还很陌生，但是，信息管理的智能化时代已开始向我们大步走来。

（资料来源：胡熠，中央民族大学 MIS 课程作业，2013。）

【参考文献】

1. 纽约时报 . IBM 助里约热内卢打造智慧城市，2012。
2. 许继南，中国计算机报，城市"大脑"指挥里约热内卢运营，2012。
3. 国外智慧型城市建设的启示，新华新闻网，2013。

【问题思考】

1. 智慧城市将是我国新型城镇化和信息化建设相结合的最佳形式。在当前的智慧城市建设热潮中，是否存在一些隐忧？比如城市基础设施建设水平的一致性问题、政府部门利益壁垒问题？或其他？

2. 随着物联网、云计算、移动互联网、Web 2.0 等新一代信息技术飞速发展，电子政务正从电子政府向"智慧政府"转变。目前，政府信息化建设中存在的主要问题是什么？智慧城市的智慧政府将会在哪些方面有更好的表现？

第九章　企业信息系统安全

21 世纪，没有危机感是最大的危机。

——理查德·帕斯卡尔，哈佛商学院教授

第一节　信息系统安全保障的发展历程

在当今全球一体化的商业环境中，信息的重要性被广泛认识和接受，信息系统在商业和政府组织中得到了真正的广泛应用。由于计算机网络本身具有联结形式多样性、终端分布不均匀性以及网络的开放性、互连性等特征，网络信息安全和保密成为企业关心的核心问题，同时也对企业信息化管理提出了挑战。

由于信息系统在支持企业战略、变革企业流程、增加企业效益等方面发挥着越来越大的作用，企业对信息系统的依赖性不断增加，另外，鉴于在信息系统上运作的收益、机会和风险，信息系统安全日渐成为制约企业发展的瓶颈，这使得信息系统安全管理也日益成为企业管理越来越关键的部分。

据统计，全球平均 20 秒就发生一次计算机病毒入侵事件；互联网上的防火墙大约 25% 被攻破；窃取商业信息的事件平均以每月 260% 的速度增加；约 70% 的网络主管报告曾因机密信息泄露而遭受损失。特别是近几年来，全球范围内计算机网络犯罪、病毒泛滥、黑客入侵等问题日益严重，使得企业信息系统安全受到了严重的威胁。在企业信息化过程中，加强企业信息安全建设，及时采取相应的防范措施，已成为企业目前的大事。

随着 IT 技术的发展，各种信息电子化后，更加方便被获取、携带与传输，相对于传统的信息安全保障，需要更加有力的技术保障，而不单单是对接触信息的人和信息本身进行管理，介质本身的形态已经从“有形”转变为“无形”。

从信息安全的发展历程来看，安全保障的理念发展分为下面几个阶段。

一、面向信息的安全保障

计算机网络刚刚兴起时，各个业务系统相对比较独立，需要交换信息时往往是通过构造特定格式的数据交换区或文件形式来实现，对信息的安全保障体现在对信息的产生、传输、存储、使用过程中的保障，主要的技术则是信息加密，保障信息不外泄。因此，信息安全保障设计的理念是以风险分析为前提，如 ISO13335 风险分析模型，其主要工作流程是：找到系统中的“漏洞”，分析漏洞可能带来的威胁，评估堵上漏洞的成本，再“合理”地堵上“致命”漏洞，消除威胁。

然而风险的大小、漏洞的危害程度是随着攻击技术的进步而变化的，在大刀长矛的冷兵器时代，敌人在几十米外，你就是安全的；到了大炮、机枪的火器年代，几百米、几十公里外的人都可能成为攻击的对象；而到了激光、导弹的现代，即使你在地球的另一端，也可能随时成为被攻击的对象。由于漏洞往往是随着攻击技术发展、入侵技术进步而变化的，因此，信息技术的安全保障就是被动地跟着攻击者的步调，建立自己的防御体系，即被动的防护。在信息安全管理方面，一般采用防护技术加上人员的安全管理，应用最多的手段是防火墙、加密机等，但世界上大多的防护技术都属于识别攻击特征的“后升级”防护方式。针对加密技术的暴力破解技术随着计算机技术的快速发展而不断升级，加密系统的密钥长度也随之越来越长。

二、面向业务的安全保障

面向业务的安全保障是从信息化的角度考虑信息的安全。随着互联网深入到社会的各个角落，网络成了人们工作与生活的“信息神经”，人们发现各种工作已经脱离传统的管理模式，进入到世纪初还是梦想的“无纸化”办公时代。此时计算机的故障、网络的中断已经不再是 IT 管理部门的小事件，往往是整个企业的大故障，特别是在金融、物流、交通等领域的企业，网络的故障完全可能导致企业业务的中断。此时，需要保护的信息不再只是某些文件，或者某些特殊权限目录的管理，还应包括用户的访问控制、系统服务的提供方式；此时要保障的不再只是信息，而是整个业务系统以及业务的 IT 支撑环境，业务本身的安全需求超过了信息的安全需求，安全保障自然也就要从业务流程控制的角度考虑了。因此称这个阶段为面向业务的安全保障。

从美国的 SOX 法案要求对系统信息进行审计到日益完善的各种行业信息系统保障技术要求，所有措施都不再只是针对某些安全新技术，而是面对整个信息系统的保障提出要求。在国内比较突出的就是公安部发布的非涉密信息系统的等级保护和国家保密局发布的涉密信息系统的分级保护，两者相继颁布了技术与管理标准，并建立完善的测试、评估标准，对一些涉及国家经济基础性产业的基础信息系统，如交通、金融等进行强制性保护。系统性的安全保障不仅关注系统的漏洞，而且从业务的生命周期入手，对业务流程进行分析，找出流程中的关键控制点，对安全事件出现的前、中、后三个阶段进行安全保障。而面向业务的安全保障不只是建立防护屏障，还要建立一个立体的“陆海空”防护体系，通过更多的技术手段把安全管理与技术防护联系起来，不再是被动地保护自己，而是主动地防御攻击。也就是说：面向业务的安全防护已经从被动走向主动，安全保障理念则已经从风险承受模式走向安全保镖模式。

三、面向服务的安全保障

随着网络上业务系统越来越多，各个业务系统的边界逐渐模糊，系统间需要相互融合，数据需要互通交换，若能把多个业务系统的开发与运营统一到一个管理平台上来，不仅方便新业务的开发，而且可以缓解日益严重的运营维护危机。Web2.0 技术不仅继承了免客户端维护的 B/S 架构，而且以方便交互的方式促进业务模式的开发，很多软件公司把它作为面向服务的架构（SOA）的实现基础。随着业务的增多，IT 支撑平台成为公共技术设施，信息系统的安全保障也被分为公共网络的基础安全与业务本身的控制安全。而这两种安全需要有机结合，最终是为了一个目标，就是为客户提供安全、可靠的服务。

第二节　影响企业信息系统安全的因素

信息安全是指保护信息网络中的硬件、软件以及系统中的数据免受偶然或者恶意的破坏、更改以及篡改。信息安全的属性共有五种，分别为信息的保密性、完整性、可用性、可控性以及不可否认性。其中保密性（confidentiality）指信息不应泄露给非法用户，不被非法利用。完整性（integrity）指信息数据的可信赖信、确切性，包括数据完整性（即信息的内容）和原始完整性（即数据来源）。可用性（availability）指信息资源的可被合法授权用户使用的特性。

企业信息系统安全是指企业系统资源及信息资源不受自然和人为的破坏与威胁。主要内容包括：

1. 实体安全：系统设备及相关设施运行正常，系统服务适时。包括环境、设备、存储介质等。

2. 软件安全：保证操作系统、数据库管理系统、网络软件、应用软件等软件及相关资料完整。

3. 数据安全：保证系统拥有的和产生的数据的完整性、有效性、使用合法性，且数据不被破坏或泄露。

4. 运行安全：保证系统资源和信息资源使用合法。

为了防范意外或人为破坏信息系统的运行，或非法使用信息资源，需要对信息系统采取安全保护措施。企业的信息安全管理则是在可以接受的成本范围内，识别、控制并减少或者消除可能威胁企业信息系统的安全风险。

影响信息系统的安全影响因素涵盖了网络、操作系统、应用软件本身的安全问题等，包括信息安全设计技术安全方面和管理安全方面。

目前，常见影响企业信息系统安全性的因素有以下几种：

一、外部因素

大部分外来攻击可分为三类：入侵、拒绝服务、信息窃取。

（一）入侵

最常见的攻击就是入侵，侵袭者通过非法途径扮演合法者，如盗用口令，进入计算机系统，像合法用户一样使用计算机。入侵的手段是比较多的，最简单的方式是猜测用户名的密码；还有一种方法，是搜索整个系统，发现软件、硬件的漏洞（BUG）或配置错误，以获得系统的进入权。

（二）拒绝服务

拒绝服务（Denial of services）是一种对对方机器的功能或服务给予远程摧毁或中断旨在彻底阻止用户合法使用自己计算机资源的一种攻击方式。拒绝服务攻击的手段也是多种多样的，最早出现的是美丽莎（Melissa）“邮包炸弹”，即攻击者用一个程序不断地向被攻击者的邮箱发出大量邮件，同时还匿藏自己的地址信息，以至于邮件使用者几乎无法处理，甚至导致邮件服务系统因为大量的服务进程而崩溃，而被袭击者无法确认攻击者是谁。另一些攻击手段是利用软件本身的设计漏洞进行远程攻击，其中比较著名的是微软的 OOB（Out Of Bond）漏洞，只要对着运行 95 或 NT 的 139 口发出一个不合法的包，就会导致操作系统出现问题，轻则断掉网络连接，重则重启甚至彻底死机。

（三）窃取信息

偷盗有用的数据信息也是攻击的类型之一。有一些攻击手段允许攻击者即使不操作被攻击的电脑系统也能得到想要的数据。比较典型的是用网络嗅查器（Sniffer）监听网络中的包信息，以从中发现有用的信息，如用户名、密码甚至付款信息等。Sniffer 的工作有点类似现实社会里装电话窃听装置一样。在共享式网络环境里，Sniffer是很可怕的，它可以监听大量的网络信息。

二、内部因素

统计数据表明，在所有的计算机安全事件中，人为因素占52%，自然灾害占25% ，技术错误占10%，组织内部人员作案占10%，仅有3%左右是由外部不法人员攻击造成的；属于管理方面的原因比例高达70%以上，而这些安全问题中有95%以通过科学的信息安全管理来避免。

随着各行各业信息化建设的推进，内部泄密已经成为威胁企业信息安全的最大隐患。FBI和CSI对484家公司的信息安全做了调查，结果发现：有超过85%的安全威胁来自企业内部；有16%来自内部未授权的存取，有14%的专利信息被窃取；有12%的内部人员财务欺骗；有11%的资料或网络破坏；中国国内80%的网站存在安全隐患，20%的网站有严重安全问题。

系统内部因素包括：信息系统本身的安全漏洞、信息系统运行平台（OS、DBMS、NOS等）的漏洞，如软件Bug、系统配置不当、口令脆弱、信息（信号）泄露、设计缺陷等。

另外，系统内部因素也包括内部人员的过失、错误和恶意操作。过失是指基于注意力、记忆上的失误等非故意行为的原因造成错误的结果；错误则由信息安全规则和知识上的缺陷导致，它是因为错误的行为（用户认为正常的操作）导致了无意的结果（信息安全被破坏）；恶意操作则是一种蓄意的行为，信息安全被破坏的结果正是入侵者所期望的。

第三节　企业信息系统安全管理策略

企业信息系统安全管理存在必要性。首先，从技术角度，信息系统是脆弱的，因为现在信息交换和传输的网络及其架构（协议）是开放的。开放性意味着所有信息和资源可以通过网络共享，远程和匿名访问变为可能；有些企业虽然花费了大量的资金购买安全信息产品，但是这些防毒软件以及防火墙之类的防护手段都是孤立的系统，没有统一的管理平台，无法实现信息安全管理的目标。信息系统自身的缺陷——如系统分析、设计、实施等环节的疏忽也会导致系统风险。另外，由于认知和实践能力的缺陷，系统在建设过程中不可避免地要留下许多漏洞，给大量的恶意攻击留下可乘之机。

一、信息系统安全技术策略

（一）防范、检测恶意代码和未授权移动代码

计算机网络世界中存在着成千上万的恶意代码（如计算机病毒、网络蠕虫、特洛伊木马和逻辑炸弹等）和未授权的移动代码（如 Javaseript 脚本、Java 小程序等）。这些代码会给计算机等信息基础设施及信息本身造成损害，需要加以防范和检测。

（二）强化信息系统网络环境的安全，强化访问控制

安装防火墙，控制内部和外部网络的访问。

（三）设置访问权限

不同的信息及其应用信息系统应有不同的访问权限，使低级别角色不能访问高级别的信息及应用信息系统。为此，可通过技术手段设定信息的访问权限，限制用户的访问范围。主动地对通讯进行加密，可阻止攻击者了解、修改敏感信息。良好的认证体系可防止攻击者假冒合法用户，防止数据非法泄漏。

（四）使用加解密技术

加解密技术涉及密码、口令、密钥等内容。为保证信息安全，通常做法是对需保密的信息进行加密处理，只有拥有密钥的授权人才能解密获取信息。无密钥的恶意者即使截获传递中的信息也是无法窥视内容的，只能获得零散无用的信息。

（五）建立完善的备份及恢复机制

良好的备份和恢复机制，可在攻击造成损失时，尽快地恢复数据和系统服务。同时，建立强大的数据库触发器和恢复重要数据的操作以及更新任务指令，确保在任何情况下都能使重要数据最大限度地得到恢复。信息系统的故障分类及备份策略如下表 9－1 所示。

表 9－1　信息系统的故障分类及备份策略

故障分类	发生故障可能性	备份策略
计算机软硬件故障 人为操作故障	发生可能性最大，比较频繁 管理较严、人员素质较高的企业，偶尔发生；管理较松、人员培训不足的企业，会经常发生	本地双机热备份，实现系统冗余，增强业务系统的高可用性 提高系统自动化运行管理水平，做好本地数据冷备份，减少人为操作与干预，制定严格的管理规范，避免误操作

续表

故障分类	发生故障可能性	备份策略
计划性停机	随着企业业务的快速增长，会发生如软、硬件升级、系统资源扩充等导致资源不足引起计划性停机 业务增长越快的企业，发生越频繁	实现系统冗余，制定良好的系统升级和切换计划
运行环境灾难	发生概率较小	异地系统和数据备份，形成两个或多个信息系统运行中心

二、信息系统安全的管理策略

信息系统安全管理策略是企业信息系统得以安全保障的关键。企业应建立健全相应的信息安全管理办法，加强内部和外部的安全管理、安全审计和信息跟踪体系，提高整体信息安全意识，把管理安全落到实处。实际上真正的网络安全不仅要靠那些安全产品，更与企业自身长期培养起来的安全意识有关。

（一）制定信息系统安全管理目标，构建信息安全组织架构

企业内部要有严格的信息系统安全管理，通过建立相应的网络信息安全管理方法，加强企业内部的整体管理。信息安全方针和信息安全政策体现了管理者的信息安全意识，管理者应适时对信息安全方针进行评审，以确保信息安全方针政策的适宜性、充分性和有效性。

（二）强化员工信息系统安全风险意识

建立以信息安全为核心的风险管理模式以及针对企业关键资产及业务的风险评估机制和工具，及时找出企业安全存在的问题和威胁，并采取事先准备的控制措施。

有的员工会认为信息安全不属于自己的责任，而属于专门的信息安全管理部门，纠正这样的观念十分关键，因此，要使企业全体员工都关注和认识到信息安全的重要性。

（三）制订安全管理制度，确立信息安全管理原则

创建一个合适的信息安全管理系统，通过加强用户和授权管理，进而提高企业整体的信息安全意识。授权管理原则：

1. 权限最小化。受保护的企业信息系统只能在限定范围内共享。员工仅被授予为顺利履行工作职责而能访问敏感信息的适当权限。对企业敏感信息的获知人员应加以限制，仅对有工作需要的人员限制性开放。最小化原则又可细分为知所必须和

用所必需原则，即给予员工的读权限只限于员工为顺利完成工作必须获得的信息内容，给予员工的写权限只限于员工所能够表述的内容。

2. 分权制衡。对涉及企业信息安全各维度的使用权限进行适当的划分，使每个授权主体只能拥有其中的部分权限，共同保证信息系统的安全。如果授权主体权限过大，则难以对其进行监督和制约，系统就会存在较大的信息安全风险。因此，在授权时要采取“三权分立”的原则，使各授权主体间相互制约、相互监督，通过分权制衡确保企业信息安全。例如网络管理员、系统管理员和日志审核员的权限就不应被授予同一员工。

（四）制订应急计划

确认或排除信息系统的突发事件，保障企业信息系统运行的连续性，是出现安全问题的后备动作。具体任务包括：尽快恢复系统正常运行；使系统和网络操作所遭受的破坏最小化；收集积累准确的原始数据资料，获取和管理有关证据，为下一阶段的分析和处理提供准确可信的资料；在响应工作结束时提交准确的分析统计报告和有价值的建议。

（五）建立全面的企业信息系统安全审计和安全工作考核制度

建立可供企业各层管理者使用的安全管理和实施平台，要求对企业安全问题及时进行信息回馈，以验证管理部门安全管理和实施的状况。建立高效且全面的审计制度，对可疑的访问进行了解和监督，并对企业的安全情况进行评估。

实现信息系统安全管理，不仅要靠先进的技术，同时还需依赖于企业对信息安全严格的管理，只有通过管理、技术以及行政手段，才能实现对信息保密的信息安全目的。在攻击与反攻击、破坏与反破坏的斗争中，企业任重道远。但只要强化安全观念，提高防范意识，在信息安全技术的帮助下，通过适当的安全控制可以大大增加攻击的难度，从而有效地遏制攻击企图，减少企业的损失。

案例9－1　国家安全生产信息系统安全保障体系

为了加快国民经济与社会信息化进程，国家在众多领域实施了一系列的“‘金’字号”工程。国家安监总局是国务院下属安全生产综合监督管理的重要机构，作为资源专网建设的主要项目，处于“国家安全生产信息系统”第一阶段“金安”工程一期已在“十五”期间得到国家发展改革委的批准并正式立项，该项目将在“十一五”期间作为重点项目来实施。该项目的主要目标是从保障业务系统高效、稳定和安全的运行等方面，全面升级系统安全保障等级。经过多方考证与筛选，国家安监总局选择了国内领先的信息安全产品及方案提供商——网御神州作为项目信息安全整体解决方案的提供商，并因本次解决方案的成功实施于第九届中国信息安全大会上荣获“2008 年度中国信息安全政府行业优秀解决方案奖”。

本次国家安全生产信息系统建设（“金安”工程一期项目）包含了网络基础设施建设、应用系统建设和安全保障体系建设三大方面的内容。信息安全保障体系是建立在网络平台设施的基础上为应用系统提供安全运行保障的体系，因此对于国家安全生产信息系统安全系统的建设，必须以全局的眼光看待整个项目的建设需求。根据网络平台体系架构、应用系统架构和业务流程，网御神州综合得出了安全系统的三方面最终要求：

1. 根据国家安全生产信息系统的建设情况提出有针对性的安全解决方案。

2. 充分考虑国家安全生产信息系统未来业务发展的需求，提出有计划的安全体系建设步骤。

3. 根据国家安监总局的产品需求，综合考虑国内外众多安全厂商的主流安全产品，提出有针对性的安全产品解决方案和产品管理部署方案。

基于对需求的深入分析和研究，网御神州专家组认为，国家安全生产信息系统的安全体系建设应当从整体安全的角度出发，纵向联结安全管理、安全技术、服务支持三大体系，建立国家安全生产信息系统安全保障体系。如图 9－1 所示：

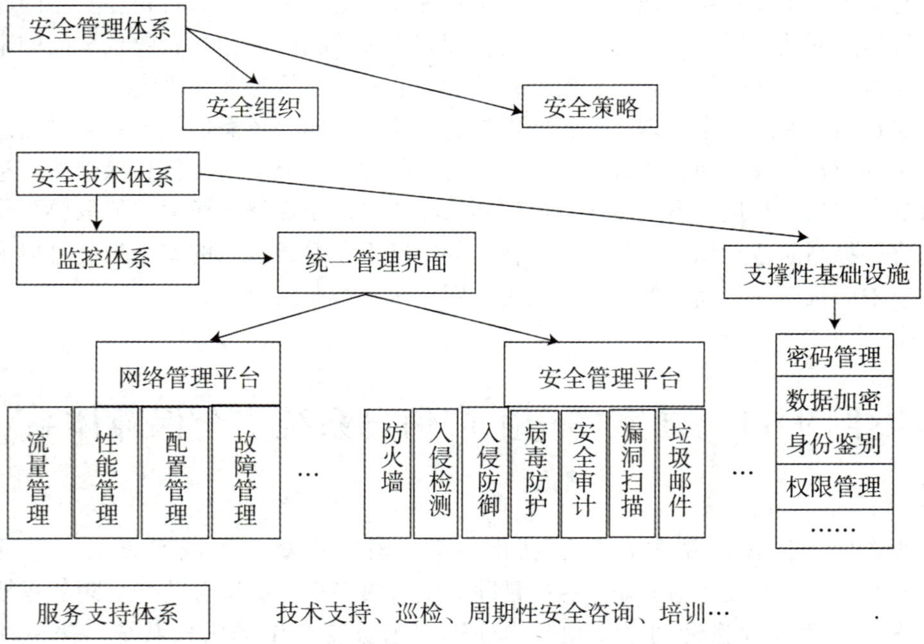

图 9－1　信息系统安全保障体系

该体系架构通过安全管理平台将安全技术和管理相结合，并与网络管理平台相互联动，通过统一管理界面对网络安全系统的风险进行可视化管理，同时依托安全服务业务确保该体系的持续改进。

而在具体操作时，一方面，安全管理体系的设计包括安全组织体系的建设和安全策略体系的建设。安全组织作为安全工作的管理和实施体系，主要负责网络安全策略、制度、规划的制订和实施，确定网络中各种安全管理岗位和相应的安全职责，并负责选用合适的人员来完成相应岗位的安全管理工作，监督各种网络安全工作的开展，协调各种不同部门在安全实施中的分工和合作，保证安全目标的实现。信息安全策略体系则负责为信息安全提供管理指导和支持。国家安监总局制定了一套清晰的指导方针，并通过在组织内对信息安全策略的发布和保持来证明对信息安全的支持与承诺。其中，信息安全策略指的是从网络信息资产安全管理的角度出发，为了保护信息资产，消除或降低风险而制订的各种纲领、制度、规范和操作流程的总和。网络安全策略则是一个层次化的概念，包含上到指导方针，下到实施细则的一系列指导性文档体系。

另一方面，安全技术体系包括监控体系和支撑性基础设施两个方面的内容。安全监控平台又包括网络管理平台和安全管理平台两大平台，其中网络管理平台的管理对象则主要包括网络交换机、路由器以及服务器等；安全管理平台的管理对象则主要是网络安全系统或设备，如防火墙、入侵检测、终端安全管理、病毒防护系统、漏洞扫描系统等，网络安全审计也是安全管理平台的一个功能（或作为管理对象）。安全管理平台可以收集来自于网络管理平台的设备状态等信息，然后通过统一的管理界面进行统一的展示。而支撑性基础设施的建设采取的技术安全措施主要有：访问控制、内容过滤、身份鉴别、授权管理、审计追踪、数据加密、入侵分析、安全加固、容灾备份等。

最后，安全体系建设的根本目标是为了保障支持信息应用的业务系统持续可靠运行，而服务支持体系的建设对系统稳健运行则起到了重要的支持作用。对于以生产及业务为主的组织来讲，往往因为安全专业技术能力欠缺、安全信息缺乏及关注程度不够等问题，无法把握信息安全的发展。通过引进网御神州服务支持体系，有效提高了国家安监总局相关人员的专业技术能力，在保证业务发展的同时，充分利用现有安全技术体系，提升了信息安全保障水平。

整体来看，网御神州信息安全整体解决方案基于业内领先的信息安全防御技术，实现了安全保障与行业特点的深度融合，安全管理、安全技术、服务支持三剑合璧相互联动，相得益彰，有效地增强了国家安监总局信息网络主动防御及持续服务能力，并为其系统信息安全提供了有力保障。

（资料来源：木森鑫，赛迪网，2008. 7。）

【问题思考】

1. 信息安全 = 技术 + 产品 = 防病毒软件 + 防火墙 + 入侵检测系统 + 其他技术？企业信息系统安全管理策略要从技术、管理和人员三个角度来考虑，其中，哪个是最关键的因素？原因是什么？

2. 上述案例中给出的国家安全生产信息系统安全保障体系，对一般企业有哪些可参考性？

案例 9－2　形形色色的网络诈骗

计算机和网络技术无疑是当今世界最为激动人心的高新技术，它们正深刻地影响和改变着社会经济、政治和文化。网络为人类建构起一个快捷、便利的虚拟世界，网络交易日趋频繁，截至 2012 年，中国的网民总数为 5.64 亿人。不可否认，随着全球信息通信业的迅速发展，网络确实给我们的日常生活带来了越来越多的便利和精彩，但同时，网络诈骗行为也日益猖獗。所谓的“在网上，你不知道跟你聊天的是一个人还是一只狗”，则形象地说明了网络诈骗的低犯罪成本、高隐蔽性、高渗透性。形形色色的网络诈骗向这场技术变革提出了巨大的挑战。

一、网络诈骗的特征

顾名思义网络诈骗，是指诈骗者以非法占有他人财产为目的，借助计算机，采取虚构事实或者隐瞒事实真相的方法，骗取他人财物的行为。正是由于网络诈骗犯罪可以不亲临现场的间接性特点，网络诈骗表现出各种各样形式。

与传统诈骗相比较，网络诈骗的犯罪主体呈现智能化、年轻化，客观方面犯罪呈现出隐蔽性、连续性、跨地域性和高危害性等特点。网络诈骗罪和其他类型的诈骗罪获取财物的方式不同，一般的诈骗活动，行为人与一定自然人之间有一定的沟通，即“人—人对话”，而网络诈骗罪则不然，行为人更多通过“人—机对话”的方式，达到初步目的。正是人机对话的技术特点，决定了网络诈骗罪具有一些独特之处。

（一）诈骗主体特征

1. 诈骗主体智能化、专业性强

主要表现为，在网络诈骗中，诈骗者往往才思敏捷、逻辑思维能力强，且具备计算机专业知识。进行这种犯罪行为时，犯罪分子只需要向计算机输入错误指令，篡改软件程序，就能在很短时间内达到犯罪目标且对计算机硬件和信息载体不会造成任何损害，作案不留痕迹。据统计资料显示，当今世界上所发生的计算机犯罪中，有70%～80%是计算机行家所为，而为了达到诈骗的目的，他们使用的诈骗方法越来越难被识破，诈骗内容越来越诱人、越来越具诱惑性、煽动性和欺骗性。

2. 诈骗主体低龄化趋势明显

计算机是20世纪50年代的产物，了解和掌握计算机专业知识并能够使用计算机作案的往往是年轻人。和“网络”接触最多的可以说是目前的青少年一代，而且青少年涉世未深，容易相信别人，给诈骗团伙提供了良好的发展空间。另一方面青少年一代有丰富的想象力和创造力，对新事物的接受能力也很强，而且由于涉世尚浅，对实施后果不甚了解。

3. 诈骗主体目的性明确

仅有少数诈骗者是把此类行为看作富有挑战性的攻关游戏，借此获得满足感，或是过失、恶作剧行为。大多行为人主要还是为了追求物质利益。

（二）网络诈骗的行为特征

1. 网络诈骗行为具有虚拟性

虚拟性指的是诈骗者不需要与受害人正面接触就可以实现诈骗。网络发展形成了一个虚拟的电脑空间，既消除了国境线也打破了社会和空间的界限，使得行为人在诈骗他人财物时有极高的渗透性。随着诈骗的网络化形式发展，使得潜在受害人范围从理论上而言波及所有上网的人。

2. 网络诈骗行为具有连续性

这主要表现在如果行为人诈骗未得逞，必然继续实施诈骗行为，如我们不断收到诈骗短信就是有力的证据；如果诈骗成功，行为人则可能因为利益的驱使继续进行诈骗。

3. 网络诈骗行为的隐蔽性、低风险性

诈骗行为被发现的可能性极大，但是诈骗时间却具有极大的随意性和瞬时性。此外，有些行为人还设置到了一定时间就自动销毁诈骗痕迹的特殊程序。这使得警方的侦查取证难度加大。据统计，99%的计算机犯罪无法被人们发现。在这类案件的受理中，侦查工作和犯罪证据的采集相当困难。

4. 诈骗行为成本低、收益大

犯罪行为人利用计算机网络技术和多媒体技术制作形式极为精美的电子信息，诈骗他人的财物，并不需要投入很大的资金、人力和物力，而且借助互联网的方便，传播速度相当快，传播范围也极其广。诈骗成本低还表现在诈骗行为被发现后，因为没有充足的证据和相关的法律依据，诈骗者往往难以得到应有的惩罚。

5. 社会危害性极强，极其广泛，增长迅速

据统计，在美国已经有5700万成年人受到网络诈骗邮件的侵害，在诈骗过程中罪犯冒用了至少122个知名企业的招牌。截至2012年12底，中国网民达到5.64

亿，手机网民数量4.2亿，而且这个数字还在与日俱增。相比较传统诈骗方法，网络诈骗不管是金额还是人数都多得多，而且，由于这种犯罪的受害者分布广泛，如果不进行及时的防犯和监管必将造成极重的社会危害。

二、网络诈骗的危害

英国政府的一份报告显示，到2015年政府将无力监控一日千里的互联网发展，全国将陷入无政府状态，届时，将由一些高科技的犯罪集团幕后操纵国家经济。2015年网络犯罪是否会主宰全球尚无定论，不管按照乐观还是悲观的看法，现在网络诈骗越来越多、情节越来越严重，已经是一个不争的事实了。而伴随着网络普及化程度的提高，网络诈骗将会呈现更为复杂多变的特点。

1. 网络诈骗会直接造成受害人的经济损失，因为网络诈骗的受害人往往没有报警，所以无法统计其数量及具体损失。

2. 网络犯罪会对管理信息系统的正常运行造成破坏，造成重要数据的丢失，需要专业人员进行修复。

3. 网络诈骗还会直接产生不良的社会影响，会让人们对网络的使用安全产生怀疑。

图9－2为中国网民规模和互联网的普及率，数量众多的网民都有可能遭到日益猖狂的网络诈骗的侵害。随着互联网普及率的提高，诈骗者看到网络平台的广阔前景，诈骗行为可能会随之增多，从而使得网络安全形势更加严峻。

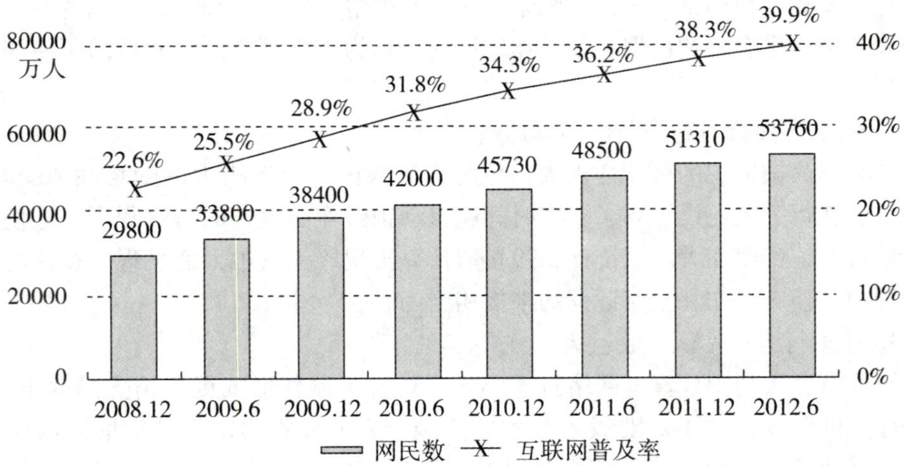

图9－2　中国网民规模及网络普及率发展

三、网络诈骗形式分类

网络诈骗的类型繁多且在不断的增长中。网络诈骗根据诈骗客体的不同可以分为两大类：

第一类主要针对计算机信息系统。主要流程是诈骗者侵入服务行业的计算机信息系统（如餐馆、酒店等），通过修改、发布虚假信息，谎称自己已经预定过该项服务，且已付款，以达到免费享受服务的目的。相对而言，这只是影响较小的一种入侵，近年来影响和危害较大的计算机系统入侵案件，其主谋为黑客组织“匿名者”。

第二类则针对财物。主要是指诈骗者通过网络散布虚假信息或者掩盖事实真相，让诈骗对象主动或被动地交出财物的非法行为。资料显示，当今网民面临的十大“丢钱”陷阱分别是：购物欺诈网站、股票或彩票欺诈网站、游戏盗号、木马劫持网上交易资金、QQ 盗号及借钱诈骗、假冒网银页面钓鱼、网上黑药店、黑客窃取隐私敲诈、虚假中奖信息以及木马删除重要文件后敲诈“数据恢复费”。

四、网络诈骗实施途径

（一）网络钓鱼

1. 网络钓鱼的介绍及防范

网络钓鱼（Phishing 与钓鱼的英语 fishing 相同）是攻击者利用欺骗性的电子邮件和伪造的 Web 站点来进行的网络诈骗活动，受骗者往往会泄露自己的私人资料，如信用卡号、银行卡账户、身份证号等内容。诈骗者则通常会将自己伪装成网络银行、在线零售商和信用卡公司等可信的品牌，骗取用户的私人信息。

近来黑客逐渐倾向于通过注入恶意程序码来入侵合法网站，将浏览器重新导向恶意软件网站。相似的，网络钓鱼客则是利用网页浏览器的弱点和安全漏洞，用复制的以假乱真的网站诱骗使用者透露机密的个人和公司资讯，日后再借此谋取私利。

据 2012 年亚洲反病毒大会（AVAR2012）报告，当前网络钓鱼、诈骗犯罪活动在全球范围内日益泛滥。网络钓鱼组织公布的数据显示，2012 年一季度全球平均有 35.51% 的个人电脑受到相关恶意程序感染，其中以中国市场的情况最为严重。据中国电子商务协会发布的数据显示，仅 2011 年一年，中国因网络钓鱼而遭受的经济损失高达 300 亿元，全国有 6000 万网民遭遇过网络钓鱼诈骗。

2. 网络钓鱼的攻击形式

（1）相似的域名。

钓鱼者在邮件中提供的链接地址一般都是仿冒银行、购物等知名网站的域名，人们对这些网站的网址都比较熟悉，所以钓鱼者会使用看起来非常相似的域名，以达到以假乱真的目的。例如：工商银行的真正网址是 www. icbc. com，而 www. 1cbc. com 或者 www. lcbc. com 就是用数字 1 和小写字母 l 来仿冒小写字母 i。网上还有用 www. taobaoo. com 仿冒淘宝网站 www. taobao. com。总之，收信人稍不注意，就会误认为这些链接指向的是合法网站，从而点击链接访问这些网站。

（2）DNS 域名与实际链接中的 DNS 域名不符。

在网页的源代码中用 a 标记来表示超链接，格式为 < a href =" real_ link " > show_ link < / a >，页面上显示的网址为 show_ link，而该超链接实际指向的地址为 real_ link。假如邮件中包含这样一段 html 代码：< a href =" http：//amdel. cl/archivos/suncorp. html " > https：//internetbanking. suncorpmetway. com. au/sml/logon. asp </ a >用户看到的地址是：https：//internetbanking. suncorpmetway. com. au/sml/logon. asp，但是当用户点击进入该链接时，进入的却是钓鱼网站 http：//amdel. cl/archivos/suncorp. html，普通用户浑然不知自己已经进入了钓鱼网站。

（3）IP 地址。

隐藏一台服务器身份的最简单办法就是使它以 IP 地址的形式显示，如 http：//210. 93. 131. 250。这种技术的有效性令人难以置信，由于许多合法 URL 也包含一些不透明且不易理解的数字，因此，只有懂得解析 URL 且足够警觉的用户才有可能产生怀疑。

（4）弹出窗口。

在浏览器中显示的是真实的网页，但是又会弹出一个网页要求用户输入个人信息，这个就是钓鱼网站。

（5）URL 隐藏技术。

这是利用 URL 语法中一种较少使用的技术。用户名和密码可包含在域名前，语法为“http//用户名密码@ 域名”，攻击者将一个看似合理的域名放在用户名的位置，并将真实的域名隐藏起来或放在地址栏的最后，例如 http：//earthink. net%6C. . . %6C@ 211. 112. 228. 2。目前网页浏览器已关闭了这一漏洞，其方法是在地址栏显示前将 URL 中的用户名和密码去掉，或者只是简单的完全禁用用户名和密码的 URL 语法，IE 浏览器使用的是后一种方法。

（6）隐藏提示

它不是在 URL 上做文章，而是通过完全替换地址栏或状态栏达到提供欺骗性提示信息的目的。有些攻击就用 JavaScript 在 IE 地址栏上创建一个简单的小窗口，显示的是一个完全无关的 URL。

3. 网络钓鱼的防范措施

对于正常的网络浏览，我们可以采用以下办法防范诈骗：

（1）打开 WindowsXP 的“自动更新”功能，随时缝补 IE 浏览器及系统漏洞。强烈建议非 WindowsXP SP3 升级至最新版本。

（2）升级 IE 浏览器 7. 0，新版 IE 浏览器自带反网络钓鱼功能，在 IE7. 0 浏览器中单击菜单“Tools→Phishing Filter”，在弹出的下拉菜单中选择“Turn On Automatic Checking”来开启它。

（3）使用 Maxthon 等具备广告过滤、对话框过滤功能的第三方浏览器。

（4）打开 IE 浏览器，执行“工具→Internet 选项”命令，切换到“隐私”标签，将“设置”中滚动条拖至“高”或“阻止所有 Cookie”项，WindouwsXP SP2 用户一定要确保勾选“阻止弹出窗口”项。

如果涉及网银交易或者网上购物：

（1）可以到银行购买安全锁（U 盾）。在登录网上银行时，需将 U 盾插入电脑 USB 端口并输入 U 盾密码，如不小心泄露了网上银行用户名和密码，只要 U 盾仍然掌握在自己手中，或者连 U 盾也丢失但 U 盾密码仍然掌握在自己手中，他人就无法登录你的网上银行。

（2）用鼠标点击检查网站首页最下方的红盾工商标志或 ICP 经营标志是否真实有效，如果能链接到工商行政部门备案网页，还应注意检查是否与网站名称、经营内容相符。

（二）游戏用户

从产业规模来看，2010 年，中国网络游戏用户数达到 7598.3 万，比 2009 年增长了 15.3%，其中付费网络游戏用户数达到 4300.6 万，比 2009 年增长了 15.8%；从实际营收来看，2010 年中国网络游戏市场实际销售收入为 338 亿元，比 2009 年增长了 26.3%，带动电信、IT、媒体广告等相关产业产值 631.2 亿元。

网络游戏产业是一个新兴的朝阳产业，随着网络游戏产业的快速发展，近年来，针对虚拟网络游戏的诈骗案件不断增多，而青少年网民中有超过 50% 的用户会使用网络游戏，犯罪分子利用网络游戏诈骗常见的方式主要有三种：

1. 低价销售游戏装备，如利用某款网络游戏进行游戏币及装备的买卖，在骗取玩家信任后，让玩家通过线下银行汇款，待得到钱款后即食言，不予交易；

2. 在游戏论坛上发文称提供代练，待得到玩家提供的汇款及游戏账号后，代练一两天后将汇款连同账号一起侵吞；

3. 在交易账号中，虽提供了比较详细的资料，但待玩家交易结束玩了几天后，账号就被盗，造成经济损失。

（三）下载类用户

下载类用户是覆盖面最广的受害用户群体，在此列举网络视频爱好者、热门软件爱好者、电子书爱好者进行分类讲解。

1. 网络视频爱好者

许多网民喜欢看在线视频，有热门大片上映一定要先睹为快。与此同时，一部分专门分享盗版电影、热门影视剧、进口大片的网站就成了毒源。

这些在线视频网站会利用热门视频或不良视频分享为诱饵，吸引这部分网民上钩。在这些网站下载视频，无一例外会被推荐安装一些专用播放器，这些专用播放器中，捆绑病毒的概率接近100%。同时，在这些网站上，还会提供与视频浏览相匹配的大量广告链接，广告链接会直接指向病毒下载地址。

2. 热门软件爱好者

这部分网民对系统有较多的理解，能够主动寻找和尝试新软件，特别是一些破解、盗版的商业软件，但提供这些软件的下载站往往暗藏陷阱。由于提供非法软件下载的网站上广告几乎是网站唯一的收入来源，因此这些网站的广告就成为重要的病毒发布通道。小型软件下载站的广告位，几乎全部被病毒传播者占据，一不留神点击到广告链接，下载的就是病毒。

3. 电子书爱好者

一些提供电子书下载的网站有稳定的流量和访客，某些热门下载可能被人为植入木马进行传播。

（四）网购用户

网络购物的火爆也引发了一系列的网络安全问题。与之前的病毒、木马等通过控制电脑或者盗取游戏、QQ 账号密码等信息并通过交易获取经济利益的方式不同，网络诈骗者对网络购物的利用和攻击能够更直接地获取经济利益。

因网购木马的特殊攻击方式导致网购受害用户呈现总体数量小、但成功率高、经济损失严重的现象。目前截获的网购木马分析显示，病毒木马传播者为求自身安全，并不使用可以让病毒短时间大面积传播的渠道，而是多利用 QQ 或淘宝旺旺一对一地行骗，这种行骗方式成功率非常高，若本地安全软件没能及时拦截，受害者多半会遭受经济损失。另外，网购达人是钓鱼网站最主要的受害者。骗子往往先骗倒淘宝店主，再用店主的 ID 登录淘宝店，继续欺骗更多买家。

购物的安全威胁已经成为影响互联网安全的重要形式。

这些看起来技术含量不高的手段，却让越来越多的网购用户深受其害。其中原因在于骗子网站的制作简单，投资少、见效快。同时，传统安全软件对网站的识别还不够及时、准确。再加上网民的安全意识薄弱，疏忽大意普遍存在，而且一旦上当受骗之后，还存在电子取证难的问题，致使其危害者数量急剧飙升。

（五）社交网络的威胁

Facebook、MySpace、新浪微博、腾讯微博、人人网、QQ 社区及其他 Web2.0 网站，在过去几年内人气暴增，这些社交网络包含了众多隐私信息，普遍支持分享短链接，而短链接就很可能被利用来传播恶意信息。同时，社交网络又具有传播非常快速的特点，若某个社交网络被黑客发现有漏洞可以利用，极短的时间内数量庞大的用户群就可能受到影响。例如，Google 的 Orkut 社交网站曾于 2007 年 12 月遭到利用跨网络攻击程序的恶意软件（cross - site scripting,? XSS）的攻击，成千上万会员的资料受到感染。

（六）移动互联网用户

截至2012年上半年，我国通过手机接入互联网的网民数量达到3.88亿，相比台式电脑的3.80亿，手机已成为我国网民的第一大上网终端。与此同时，手机的上网安全问题不容小觑。2011年，有67.43%的移动终端感染过病毒，比2010年提高了27.58个百分点。

由于其封闭性以及操作系统的分散性，手机平台给病毒木马传播制造了一定的门槛，但伴随着Android平台的开放和移动应用的爆发，风险正在逐步增大。

由于Android平台的逐渐普及以及其本身开放的特性，基于Android平台的病毒泛滥可能性日渐增大。Android平台的第一个真正意义的病毒，就诞生在中国。移动终端病毒感染的途径中，排名第一的是网站浏览，占51.91%；其次是普通短信和电子邮件，分别占到41.67%和29.44%；另外，电脑连接占27.78%，彩信占27.22%。

感染移动终端病毒的后果主要有信息泄露、恶意扣费、远程受控、手机僵尸、手机正常运行受影响等。其中信息泄露是感染移动终端病毒造成的最主要危害，占80.77%。另外，68.57%的用户手机使用受到影响，57.14%的用户则在感染移动终端病毒后被恶意扣费。

五、网络诈骗防范措施

（一）加强网络监管与监控

完善的网络管理机制可以大大提高网络的安全性，许多网络诈骗之所以能够顺利进行都是因为利用了网络管理方面的漏洞。国家制定的安全等级制度、国际互联网备案制度、信息媒体出境申报制度和专用产品销售许可证制度必须要严格执行。另外还应当建立从业人员的审查和考核制度，建立软件和设备购置的审批制度、机房安全管理制度、网络技术开发安全许可证制度、定期检查与不定期抽查制度等。

（二）提高公众的网络知识水平，加强宣传教育

社会各界应该加强对网络知识的科普宣传与教育，使人们对网络有尽可能多的了解，及时披露网络诈骗犯罪的新形式，加大揭露与防止网络犯罪的宣传力度，使公众在虚拟的网络空间中，对诈骗分子在网络上设置的陷阱保持高度警惕，清醒地认识到世上没有免费的午餐，以增强其自我保护的意识及能力。当然，强化打击网络诈骗行为的力度，使“图谋不轨”的网络诈骗者不敢心存侥幸才是根本之途，只

有如此，才能真正减少网络诈骗行为。但预防能力与警惕性的提高是预防网络诈骗的低成本选择。

（三）完善网络技术，弥补漏洞

技术发展的弊端应由技术来克服，法律规范仅仅是不能运用技术状态下的暂时补充。在这个意义上，先进的科技便是预防网络诈骗犯罪的最有力的武器。谁掌握了科学技术，谁就控制了电脑网络，谁首先拥有了最先进的科学技术，谁就将主宰未来。

就目前而言，特别要注重研究、制定、发展与计算机网络相关的各类行业产品，如网络扫描监控技术、数据指纹技术、数据信息恢复技术、网络安全技术等。这些将利于网络诈骗犯罪的侦查与证据的提取保存，在很大程度上将网络诈骗遏制于萌芽状态。因此，国家应鼓励相关的投资与研发，为该领域的技术研发与推广应用提供除税收优惠以外更强有力的政策支持。

从消费者角度，应做好防范措施来降低自己被骗的可能性。例如：

1. 核对网址，看是否与真正网址一致；

2. 妥善设置和保管好密码，不要选诸如身份证号码、出生日期、电话号码等简单的数字串作为密码。

3. 做好交易记录，包括在网上银行、网上证券等平台上办理的转账和支付等业务，定期查看“历史交易明细”和打印业务对账单，如发现异常交易或差错，立即与有关单位联系。

4. 管好数字证书，避免在公用的计算机上使用网上交易系统。

5. 对异常动态提高警惕，如不小心在陌生的网址上输入了账户和密码，并遇到类似“系统维护”之类提示时，应立即拨打有关客服热线进行确认，万一资料被盗，应立即修改相关交易密码或进行银行卡、证券交易卡挂失。

6. 消费者要对所购买的物品目前的市场价格应有所了解。如果卖家所出价格远远低于市场价格，交货期限又很短，就得加倍小心。不要有贪小便宜的思想，避免被超低的价格迷惑。

7. 仔细甄别网络卖家留下的信息。在卖家的联系方式只有 QQ、EMAIL、手机号码，没有固定地址和对应的固定电话联系的情况下不要轻易交易。

8. 消费者可以利用网上搜索引擎，查询供货信息里的联系电话、联系人、公司名称、银行账号等关键信息与真实情况是否一致。如果发现上述信息有不一致的，消费者就应该提高警惕。

9. 不要轻易地将自己的网络账号、信用卡账号和密码泄露给陌生人，尽量不要使用公用电脑进行购物、支付等操作。

10. 如发现网站发布不良、违法信息，涉嫌诈骗或已经掉进网络诈骗陷阱的，应及时到公安机关报案，配合公安机关有力地打击此类违法犯罪行为。

网络诈骗犯罪的日趋严重已是一个不争的事实，而伴随着网络普及程度的提高，网络诈骗犯罪的形成、特点将更加复杂多变。面对严峻的形势，我们必须明确刑法关于网络犯罪的规定，强化网络监管与监控，提高公众预防网络诈骗的自我保护能力与水平。这些措施将使诈骗分子无处遁形，网络诈骗必将得到有效的遏制。

（资料摘自：张冰璇，白琳等，中央民族大学 MIS 课程作业，2012。）

【参考文献】

1. 刘友华，汪晟，论网络诈骗及其预防对策，信息网络安全，2008－01－10。

2. 刘江，企业信息安全管理及风险评估体系研究，复旦大学硕士论文，2012 年。

【问题思考】

1. 当今社会，随着网络环境不断“透明”，网络诈骗技术也日趋复杂多样，任何人和任何组织都不可避免地将卷入到网络诈骗的漩涡中，个体、企业和政府如何在这场反网络诈骗的战斗中做好应对防范准备？

2. 如何利用好信息技术这把双刃剑？